大正新教育の実際家

Practitioners in Taisho New Education

橋本美保 編著

風間書房

まえがき

一九七〇年代に経済協力開発機構（ＯＥＣＤ）によって提唱された「学校に基礎をおくカリキュラム開発（school based curriculum development: SBCD）」の概念は、現在においても二一世紀型カリキュラムを研究するうえでの基礎となっている。教師が学習者にとって意味のある学習活動を組織化できるか否かがカリキュラム開発の成否をわける鍵であり、学校現場こそがその力量を形成するのに有効な場であると認識されるようになった。しかしながら、ＳＢＣＤ概念の提唱者の一人であるスキルベック（Malcolm Skilbeck）も述べているように、この概念は名称こそ新しいが、その理念は古くからあり、それに基づく実践は教育史上の至る所でみられる。

戦前の日本においても、多くの教師たちによって、子どもの生活に基礎をおいたカリキュラム開発が試みられていた。大正新教育運動が生起した時代、実践改革を志向する教育者たちは、教育事実に基づく研究を行うことが「実際家の使命」であると主張するようになった。当時、自ら「実際家」（あるいは実際教育家）を名告った人たちの顔ぶれは多彩であるが、数的にはそのほとんどが小学校の訓導や校長、中学校や師範学校の教員、幼稚園の保姆など、学校現場に身をおく教師たちであった。こうした「実際家」たちによる実践改革の実態を明らかにすることは、彼らがどのようなプロセスを経て成長し、どのような力量を形成していたのかを解明することに資すると考えられる。ただし、従来の新教育に関する研究は、体系的な思想や理論を著した学者や思想家、雄弁な指導者ばかりに注目しがちであり、運動の主体であった教師に注目したものは少ない。現場で実践改革に取り組んでいた教師たちの多くは自身の思想や実践について客観的な記録を残していないため、その実態にアプローチすることが困難だからである。しかしながら、八大教育主張講演会に対する反応や、夥しい数の教育雑誌の普及状況、その内容などをみると、現場の教師たちの実践改革に対する志向の強さがよくわかる。彼らは多くの場合自らの思想や行為について論理的には語っていないが、それは彼らに思想や理論がなかったからではない。教育者としての「使命」を自覚した「実際家」ならば、己が価値として掴んだものを語ろうとするよりも、むしろ具現化しようと努めたはずである。彼らがどのようにして価値あるものに出会い、どうやってそれを具現化していったのかを明らかにすることによって、彼らの実践思想に迫ることができるのではないだろうか。

こうした問題意識から、私たちは大正新教育運動で展開された実践をカリキュラムの視点から捉え直すことによって、「実際家」の能力形成の契機や過程を明らかにすることを試みてきた。ここでいう「カリキュラムの視点からの捉え直し」とは、従来の教育思想史や教育実践史では充分扱われてこなかった、たとえば時間割や指導案だけでは知り得ない実践の生動的実態に迫る試みである。前著『大正新教育の受容史』（東信堂、二〇一八）では、実際家の意識変容のレベルを含む思考過程を解明することで彼らの思想の存在を証明し、語られていない思考内容を浮き彫りにするために受容史の方法が有効であることを提示した。本書においても、彼らが実際家としての生をどう生きたのか、彼らの成長のプロセスやそれを支えた環境を解明することを目的とし、引き続き実践史と思想史を架橋する試みとして受容史研究の視点と方法が駆使される。海外情報の移入事例だけではなく、実際家たちの思想形成や態度変容の過程を解明するために、彼らが受容した情報が教育的営為として表出されていくプロセスを丁寧に検討することを試みたい。「実践」という言葉が存在した当時において、彼らはなぜ自らを「実際家」と称し、子どもたちとの生活を「創造」することにこだわったのか。私たちは、この問いに対する手がかりを、実際家たちの意識や行為の中に見出したいと考えている。

なお、史料の引用に際しては、原史料の文面などを損なわないよう可能な限り原文のとおりに引用した。ただし、漢字の旧字体は新字体に改め、くの字点は開いた。

編　者

大正新教育の実際家 *Practitioners in Taisho New Education*

目次

第1章　二〇世紀初頭の「実際家」による教育学改造

――教育教授研究会の役割を中心に――

遠座　知恵・橋本　美保

はじめに

本章では、教育教授研究会を中心事例として取り上げ、二〇世紀初頭の「実際家」による教育学改造の実相を解明することを課題とする。わが国における教育学研究の歴史は、これまで主として、教育学者の学説の検討を中心とする「教育学説史」として描かれてきたが[1]、筆者らは実際家による教育学研究をも視野に入れた「教育学研究史」へと研究を拡大していく必要性があると考えている。このような立場から、筆者らはすでに、「講壇教育学」を批判し「教育の事実」に基づく教育学の必要性を訴えた澤柳政太郎（1865-1927）の問題提起とその呼びかけに応じた北澤種一（1880-1931）や及川平治（1875-1939）ら大正新教育の指導的実践家による教育学研究を検討し、従来の視点や方法では、彼らの研究の特質を捉えることができないことを指摘してきた[2]。

教育教授研究会は、一九〇九（明治四二）年一一月に第一回研究会を開催し、翌年東京帝国大学で発会式を挙げて結成された研究組織である。同会は、澤柳を会長に推し、学者らを「顧問」、「客員」、「指導」とし、東京の小学校教員を「正会員」として会員を募集した。二〇世紀初頭の教育界では、実際家による教育学研究の重要性を訴える声とともに、理論家と実際家が協力し合うことを通じて、研究の質的向上を図る必要を訴える声が高まっており、「教育理論家と教育実際家とを接近せしめ」ることを掲げた教育教授研究会は、そのような研究を具現化する取り組みとして注目されていた。

しかしながら、教育教授研究会の詳細を記した著作や定期刊行物など、同会に関するまとまった形での史料は残されておらず、先行研究はほぼ皆無の状態であり、澤柳研究の中で会の存在への言及がなされるにとどまってきた[3]。筆者らも、実際家による教育学改造への機運の現れとして教育教授研究会の結成に着目したものの、それ自体を中心事例とする本格的な研究には未だ着手していない。そこで、本章では、広範囲なジャーナリズム調査によって前記の史料的制約を克服し、教育教授研究会の組織の特性や活動実態を解明し、教育学研究史の中に本事例を位置づけたい。なお、本章の直接的な課題は、教育教授研究会を事例として、二〇世紀初頭の「実際家」による教育学改造の実相を解明することにあるが、このような課題を遂行することは、次のような意義を有すると考えられる。

第一に、二〇世紀初頭における教育学改造の動きを解明することは、教育学説史研究を推進するうえでも不可欠の課題である。教育学説史研究においては、明治三〇年代のヘルバルト主義教育学に代表される狭義の教授技術を柱とする「学校教育学」から、大正末期以降、教育の広義かつ本質的概念を軸とする多様な教育学説への転換がみられたことが指摘されている[4]。しかしながら、この間の時期に生じたと考えられる教育学改造の動きが十分に捉えられてこなかったため、こうした教育学説上の転換がなぜ生じたのかは不明なままである。二〇世紀初頭における教育学改造の実相を解明することは、その後の教育学説史の展開を捉えるうえでも必須の作業といえよう。

第二に、教育学研究史を検討する際の新たな視点や方法の提示である。既述の通り、教育教授研究会はまとまった史料を残していないため、特定の人物の著作物を主要史料とみてきた従来の教育学説史研究の視点や方法で検討を行うことは不可能である。しかし、筆者らは、教育学研究史を開拓するためには、こうした史料の存在の有無以上に、従来の研究の視点や方法と異なる新たなアプローチを生み出していくことこそが重要であると考えている。本章においては、「開かれた研究ネットワークの形成」という、筆者らがすでに指摘した実際家による教育学研究の特質に着目し、この視点から史料を収集し、分析を試みる。教育教授研究会を事例に扱うことによって、教育学研究史を描き出す際に有効であると考えられる一つのアプローチを提示したい。

第三に、本課題を遂行することにより、実際家による教育学改造と大正新教育運動の展開を連続したものとして把握することが可能になると考えられる。一般的に、大正新教育運動は教育実践改革の側面が注目されており、教育学研究の歴史の中に明確に位置づけられてこなかった。新学校の設立や師範学校ないし高等師範学校附属小学校などにおける新教育実践への着手は、谷本富による新教育論の提唱や樋口勘次郎による飛鳥山遠足の実践などを嚆矢とする流れとして説明されてきたが、(5) そこには時間的な隔たりがあり、事例間の直接的な影響関係も明らかにされていない。教育教授研究会における研究の実態とその影響を明らかにすることによって、実際家による教育学改造の延長上に現れた大正新教育運動の展開を跡づけることが可能になると考えられる。

そこで本章ではまず、教育教授研究会が発足するまでの背景、会の発足以降の運営方式や研究課題の推移等について検討を行う。さらに、同会における研究活動の具体相や研究ネットワークの中で生じた影響の実態を解明し、教育教授研究会が果たした役割について考察を行うこととする。

1　教育教授研究会設立の経緯

結成の背景と契機

一九〇〇年代に入り、教育界の内外から講壇教育学、思弁的教育学などと批判された学者たちの間では、主体的な教育学改革の模索が始まっていた。欧米教育視察によって実験的な方法に示唆を得た吉田熊次や乙竹岩造らはドイツの実験教育学を紹介し、実証的な研究方法を取り入れて教育学を科学化することを提唱した。(6) 一方で、同時期に実験教育学を学んだ教育学者の中には、実際家による実験の必要性を訴える教育学者もいた。一九〇八（明治四一）年に小西重直は『学校教育』を、槇山栄次は『教育教授の新潮』を著して、教育の現場である学校改善のために科学的な方法を導入することを説いている。とりわけ、『実際的教育学』を上梓して澤柳が行った従来の教育学に対する激しい批判は、学問の方法的改革にとどまらず、実際家を巻き込んだ実践志向の教育学改造を主張したものであった。(7) こうした動きに機敏に反応したのが、教育ジャーナリズムである。一九〇九年の教育雑誌には、早くも「実際」に基づく教育学研究の必要性を訴える論説がみられる。たとえば、『教育実験界』の「主張」欄には主筆渡辺隅川による「貼実的傾向」(5)が、『教育界』の「時評」欄には夢龍の「所謂教育学」(9)が掲載され、教育学を理論と実際に分離する研究姿勢を批判している。一九一〇年代になると、理論家の先導的態度やそれに盲従する実際家の姿勢を批判して両者に反省を促す記事や、実際家による教育学研究の必要性を訴える記事が目立つようになった。(10)

このように教育学改造の気運が高まりつつあった一九〇九年、教育教授研究会は設立に向けて動き始めた。結成時から幹事を務めていた小菅吉蔵は、当時の事情を以下のように回想している。

折柄［澤柳］先生の実際的教育学は発行されて、従来の教育学は空漠である、大に改造すべきであるとて其警鐘に目覚めて、投げられた諸問題につき研究を始むるに至つたのである。

私共は倫理教育研究会を茲に教育教授研究会と改称して、一段の研究を進むるに至つた。元来是が研究に目覚めたのは澤柳先生の実際的教育学に促されたのであるから、先づ澤柳先生を会長に仰がふといふことになつた(11)

（以下、［　］内および傍線は引用者）

会の前身である倫理教育研究会は、一九〇八年頃に「市内小学校の教員で倫理教育を特に研究せらる丶有志」によって結成されていた(12)。『実際的教育学』の刊行を機に教育の事実に基づく研究の必要性に目覚めた会員たちは、倫理教育研究会を教育教授研究会と改称して澤柳の提案に応える研究を始めたという。小菅によれば、澤柳は会長に就くことを快諾し、当初樋口勘次郎（早稲田大学講師）、上野陽一（心理学専攻文学士）、林政穂（有馬尋常高等小学校訓導）、植村道次郎（和泉尋常小学校訓導）、小菅（四谷第三尋常高等小学校長）の五名の幹事が澤柳と相談しながら会の設立を準備した。このうち、小学校教員の林、植村、小菅の三人は倫理教育研究会の幹事を引き継いだと思われるが、なぜ小学校教員が倫理教育の研究のために集っていたのだろうか。

一九〇八年の「戊申詔書」発布以降、学校において国民道徳の徹底が要請されるようになると、現場ではその対応に関する疑問や不安の声が高まった(13)。こうした声に応えて、一九〇九年には有賀長雄「戊申詔書と倫理教育」や井上哲次郎「戊申詔書と小学教員」など、倫理学者や哲学者たちの発言が学校教育への影響力を強めていた(14)。文部省が求める倫理教育を、どのようにして小学校教育の中で実践すべきかに頭を悩ませた訓導たちは、まずは倫理教育や国民道徳について学ぼうとしたものとみられる。井上の日記によれば、幹事の植村は一九〇七年から、林は一九〇九年から井上と交流を持っていた。[15] 植村は、おそらく子ども向け講話集である『教育勅語要義』（井上校閲、一九〇九）出版に向けた相談のために面会を求め、一九〇八年の一一月中旬から一二月末まで週に一度井上の自宅を訪れている。一九〇九年、植村と林は一緒に井上宅を訪れて講演を依頼し、翌月小学校に同道した。倫理教育研究会では「斯道の大家に講義を願つて居[16]」たというから、井上ら哲学や倫理学の学者を会場の小学校に招いて、直接講話を聞いていたようである。

発会の準備と当初の活動

前身からの改称、すなわち教育教授研究会結成の正確な期日は不明である。後述のように、第一回の研究会が一一月に行われていることから、一九〇九年の秋頃であったと推察される。当初幹事の一人であり、『帝国教育』の編集主任をしていた樋口は、しばしば澤柳を訪れて研究会の研究方針について相談したり、同会の「規則改正相談会」に出席した記録を残したりしている。[17] 後に、自身が同会の創立を「斡旋」したと語っていることからも、[18] 樋口が澤柳と相談しながら理論家や実際家をとりまとめて設立期における運営の実務を担っていたと考えられる。

結成からしばらくの間、会には講習部と研究部がおかれていた。築地小学校訓導の及川正蔵によれば、講習部は「教育学、実験心理学、意志教育等の諸科の講習を了し、尚ほ進みて訓練論、教授論其の他の諸科に及[19]」んだというから、講習は改称直後の理論的な内容から次第に実践的な内容に拡充されていった。同会の会員で東京市の准訓導服部カツの無試験検定願に付せられた履歴書には、一九〇九年一〇月一日に教育教授研究会に入会し、「明治四十三年三月三十一日教育教授研究会ニ於テ教育学ヲ講習ス[20]」と記されている。会員には、同会の講習参加は研修歴と認識されていたことがわかる。もう一方の研究部は、一九〇九年一一月一四日の第一回研究会を含め、発会式までに三回の研究会を行っている。第二回については不詳であるが、第三回は一九一〇年一月三〇日に帝国大学第一学生控所で開催され、澤柳が初めて参加して藤本政介文学士の発題による「小学校に於ける分科教授」について討論が行われた。[21]この時期には、倫理教育研究会時代の講習会の性格を踏襲しながら研究討論会の機能が付加されていた。

一九一〇年二月、同会は発会式に先立って『帝国教育』に会員募集の広告を掲載した。[22]広告によれば、澤柳政太郎を会長に推し、井上哲次郎、元良勇次郎、福来友吉、遠藤隆吉の各博士および吉田熊次、大瀬甚太郎、林博太郎、樋口勘次郎を「顧問」、瀧澤菊太郎、槇山栄次、湯本武比古、森岡常蔵らを「客員」、数名の新進学士を「指導」とし、東京の小学校教員を「正会員」として会員を募集した。続いて設立趣意書の内容が紹介され、「教育理論家と教育実際家とを接近せしめ、学者をして学理の応用に注意せしめ、実際家をして、学理の指南を得しめんとする」という会の目的が示された。このほかに、東京には教育学、心理学、社会学、倫理学などさまざまな学者がいるという地の利を活かすべきことや、帝国大学や高等師範学校の卒業生には初等教育に関する実地の研鑽機会が乏しいことが指摘されていることから、設立趣意書を作成したのは「斯道の進歩」に直接関わっていた教育学者であったと考えられる。

広告の末尾には、正会員である小学校教員の募集にあたり、入会の申込場所として「東京麹町区土手三番町女子商業学校内同会事務所」と記されている。女子商業学校は、一九〇八年まで長野県師範学校長、信濃教育会会長であった原龍豊が校長となり、長野県の視学を経て東京市の教育課長となった戸野周二郎らと設立した学校である。[23]加えて、原は、国民教育会が一九一〇年九月に創刊した雑誌『普通教育』の主幹となり、同誌は後に教育教授研究会の議論の内容を詳しく報じるようになっている。原は、戸野や澤柳との個人的なつながりから、当面の入会業務を引き受けた可能性が高い。原や戸野のような長野県教育界の関係者をはじめとして、教育教授研究会には、澤柳、樋口、瀧澤、湯本の他に、北澤種一（東京女子高等師範学校教諭）、濱幸次郎（東京市視学）、伊藤長七（東京高等師範学校助教諭）、市川源三（府立第一高等女学校教諭）など長野県人が多く参加して、その運営に重要な役割を果たしている。当時、長野県人が集い澤柳邸で行われていた私的研究会「教育研究会」[24]が運営をバックアップしていたのではないかと思われる。

2　運営の実態とその変化

発会式の挙行と会則の制定

一九一〇（明治四三）年二月二〇日、教育教授研究会は「法科大学二十九番教室」において正式に発会式を挙げた。当日は、澤柳会長の挨拶、藤本学士から同会の経過報告があり、瀧澤、戸野らが祝辞を述べた。続いて、元良による「人の先見作用」、吉田による「低能児の認知」と題する講演が行われた。[25]会は盛況を極め、閉会後には構内御殿で晩餐会が開かれたという。このほかに、月刊誌『教育教授の研究』や『毎時配当全科教案』を編集・発行する計画があったことが報じられている。[26]研究会は、実践に関わる問題について議論の成果を成案として纏め、刊行することを予定していたが、実際に刊行された形跡はない。

発会にあたって幹事の役割が公表され、専務を植村が、庶務を鷲見剛亮、林、小菅、荒川潔（青山師範学校附属小学校訓導）が、会計を金枝太郎（相生尋常小学校訓導）が担当することとなった。[27]この時点で、幹事は所属不明の鷲見を除く全員が小学校教員で構成されている。このうち、植村、林、小菅、荒川の四名は一九一〇年五月に文部省師範学校中学校高等女学校教員検定試験の願書を出しており、[28]研究意欲旺盛で向上心の強い教員たちであった。

発会式後の八月には会則が公表されている。会則では、同会の目的が「教育教授に関する実際問題を研究する」ことにあり、「教育教授研究会と称し同志者を以て組織」すること、入会方法、会費などのほか、運営については以下のように規定された。

第三条　本会に会長一名幹事若干名を置き会長は会員一同の希望に依り之を推薦し幹事は会員中より会長之を指名す
第四条　本会一切の事務は会長の命を承け幹事之を執行す
第五条　本会は毎月一回研究会を開く
　但し必要に応じ臨時開会する事あるべし(29)

会務は会長の方針に基づき、幹事が行うこととなっている。会則に講習を行う規定はなく、この頃から活動は研究活動に一本化されたとみられる。

例会の実態

発会式に向けて、設立趣意書の作成や式の準備については教育学者がイニシアティヴをとって進めたようであるが、その後の研究会の運営は幹事である実際家に委ねられるようになった。一九一〇年七月一〇日に開催された第七回例会を取材した内外教育評論の記者の参加記から、初期の例会の様子を以下にみよう(30)。

この日会場の本郷真砂小学校には、開会予定時刻の午後二時を過ぎても、会長の澤柳、顧問の吉田、指導の上野、龍山義亮、掘田相爾のほか、幹事数名以外の参加者は七、八人しかいなかった。幹事の一人でこの日の主題者である荒川が、「小学校に於ける休憩時間」に関する研究問題を提示した後、澤柳が口火を切って議論が始まった。記者によれば、論点は休憩時間に目的を設定すべきか否かにあったという。「児童の学習より来る疲労の恢復」という主目的のほかに、訓育や体育という副次の目的が必要であると主張した荒川、吉田、植村、掘田に対して、澤柳と上野は休憩時間に目的を設けるべきではないと反論した。各論者は「自説を飽迄固守」し、「二派は於是愈々分れて了った」が、討論は「立派な品のいゝ紳士の態度、言ふにも聞くにも、角はない」和やかな様子であったという。結局、目的を設けて教育者がそれを遂行しようとすれば「子供が休憩時間になるのが厭だと言ふだらう」という澤柳の言葉に皆が大笑いして、「目的」という言葉を使わないことに決した。続いて、疲労回復研究に基づく休憩時間の取り方と、標準時間割の作成について議論され、疲労研究については学者に任せ、時間割表については後日調査のうえ、九月に再度議論することとなった。参観した記者は、この会の印象を「裃を脱いだ愉快な会」と記し、「実際家が聞かれない或物を学者に聞き、学者は亦又実際家でなければ分らぬ事を聞かれるのは、…［中略］此会の為めに有力な財産である」という感想で締めくくっている。

この参観記からは、学者と実際家がざっくばらんな意見交換によって問題認識の違いを呈したことや、澤柳が議論を盛り上げたり総括したりするファシリテータ的な役割を果たしていたことがわかる。また、さらに探求すべき課題に対しては、担当者を決めて調査を行い、その結果について研究会で再度検討するという進め方が採られていた。

こうした例会は、毎月一回東京市内の小学校を会場として四～五時間程度行われた。研究会の方針は澤柳と幹事が話し合い、毎回「主題者」を招いて講演および論点を提示、それについて討論の後、澤柳が総評するという形式が定着している。例会には、小学校長を中心に二〇名から五〇名程度の教師や学者が参加し、テーマによっては、東京市の教育課長や視学、区長など行政関係者も出席して、各種の実際的な問題について幅広い議論が行われた(31)。例会で取り上げられた主題には、標準的時間割表、修身教授の不成績なる原因、宗教と教育、書方教授法、体操科教授法、思考の機能的見解と教授、国民道徳、成績考査の革新、体罰問題、掃除問題、中等学校入学準備学習の弊害、教育方法の革新、小学教育と斬近教育施設、軍国主義と教育、試験法の改善、教育制度改造論などがあり、このほかに実際家からは教育実践に関わるもの、たとえば理科・図画・地理・歴史など各教科の教授に関わる問題が提示された。

例会での議論が大討論会に発展することもあった。一九一五年三月七日の教育教授研究会は、前年に澤柳が提案した修身科の始期に対する「大討議会」であり、本郷元町小学校講堂に一〇〇名近くが参集して激しい論戦が繰り広げられた(32)。澤柳の提案やこの「大討議会」の様子は、『教育学術界』『教育界』など主要な教育雑誌で詳しく取り上げられ、論争が全国に波及するにつれて、論戦の場であった教育教授研究会は、ジャーナリズムや実際家から注目されるようになった。

運営に関する変化

同会は一九二〇年代に入っても活動を継続しているが、一九二五（大正一四）年一〇月以降の存続は確認できない。澤柳の外遊および死去によって、休会の後解散したものと思われる。約一六年続いた会の運営に関して変化が看取される点を二点指摘しておきたい。第一に、報道のされ方の変化である。倫理教育研究会の改称から大討論会の頃までは、教育雑誌や一般新聞などさまざまな報道機関が、会の結成や例会の開催情報などを伝えていた。そうした記事のほとんどは、記者の取材によって事実関係を伝える短いものが多かった。大討論会の議論やそれに対する反響が教育雑誌の誌面を賑わした後、一九一五年六月から一九一七年六月頃までの二年間は、先述の『普通教育』が例会の議論の内容を独占的に報道した(33)。この間同誌には、例会の主題者や参加者の執筆による議論の詳しい記事が掲載されている。ところが、一九一八年以降、同会に関する報道は激減し、雑誌『児童教育』以外にはほとんどみられなくなった。

第二に、会場と参加者の変化である。設立時から会に参加していた北澤に加え、一九一八年頃から東京女子高等師範学校関係者の発題や参加が増えている。また、結成時より例会は毎月市内の小学校で行われていたが、一九一九年一一月からは青山師範学校が会場となっている。こうした変化が起こった理由は不明であり、世話役の幹事に何らかの変更があったものと推察される。

以上にみたように、教育教授研究会の運営は澤柳がリーダーシップを執り、彼の広い人脈から協力を得つつ、実際家たちに実務が任されていた。研究会は「講習」という形態から、理論家と実際家がともに「研究討議」する形へと移行している。次節以降、同会の活動が実際家たちの研究にもたらした影響について考察しよう。

3 研究活動の具体相

本節では、教育教授研究会における成績考査問題の検討を事例として、その研究活動の具体相を明らかにしたい。筆者らの調査によれば、教育教授研究会では、成績考査問題が一九一五（大正四）年と一九二〇年の例会で複数回テーマに挙げられている。この問題は、澤柳が『実際的教育学』で教育学研究の科学化の例として注目していたものであり、同書で示された教育学改造の必要性を会の中でも再認識させるテーマであったと考えられる[34]。ここでは、理論家と実際家の双方を交えて、最も長期的に研究が行われた一九一五年の研究活動をみていこう。同年の最初の例会は下谷区黒門小学校を会場に四月一八日に開催され、同一会場で五月三〇日の例会でも討論が行われた。

四月の例会の主題者は府立第一高等女学校教諭の市川であった。「成績考査」に対して「不十分の点が多い」とする市川は、さまざまな人物に耳を傾けてきたが、「諸大家［学者］の意見に一致するところなく、実際家の意見何れも習慣に囚はれ、根本の意義を忘れた者ばかり」であることから、その検討と革新を提起したという。すでに『知能測定及個性之観察』（光風館、一九一二）などを著していた市川は、この報告でも、「怪しい試験法」や「極めて略式の整理法」、評価者の主観に基づく「不正確」な考査の現状にふれ、児童の「教育素質」を把握し、指導に活用するため、知能検査の導入が必要であると主張した[35]。午後一時半に開会したという例会は、「今まで余り開拓せられざりし考査問題とて議論百出、更に次回に研究を続くる事となし、漸く午後六時半に散会した」という。市川の発表後、澤柳も従来の成績考査は「因習的」かつ「無意味」であると指摘したが、彼の場合は、その改革が「試験の為めに困しめられ」る「無駄骨折」の解決とともに、教師自身が働きかけの手応えから「楽しみ」を味わうために必要であることを強調した[36]。

翌月の例会では、事前に市川の発表要旨が配布され、植村、森岡、日田権一（東京府女子師範学校附属小学校主事）が批評を行ったことが確認できるが、なかでも初等教育現場に携わる実際家の立場から、植村は全面的に反対論を展開した[37]。植村はまず、「学者」の見解の不一致を問題視する市川に対し、こうした状況は今に始まったことではなく、「教育上の諸問題皆然り、学者より受くる影響極めて少し、実際家為めに迷ふ事なし」と断言した。また、「教授の始めに於ける復習的作業乃至教授後の概括的問答等」により、「教授の良否の反省常に行はる」と述べ、教授の反省が欠けているという市川の指摘は、「中等程度の学校の事のみ」と反論した。さらに、「知的素質を知るに有力なる方法なりとせらる知能測定、方法としては余りに形式的なり」とし、「日常終始接し居り、教へ、語り、遊ぶ己れの教へ子の知能測定」は「日常不断の考察によりて知悉するに苦しまず」と述べて、市川が推奨する知能検査は不要であると主張した。市川と植村の意見の対立をふまえ、森岡は「大体に於て市川氏の意見を賛す」とし、日田は「植村氏の意見を賛す」という立場を表明している。

この二回の例会討論後、会ではさらなる研究の必要性を認め、調査委員会を組織して研究が継続されることになった。この点について、心理学者の上野は次のように述べている。

澤柳博士の会長たる教育教授研究会においては、曾て小学校に於ける成績考査方法の改良を急務と認め、数回研究会を開いて討究を重ねたことがあつた。会では尚これを根本的に研究する必要を感じ、会長は同会幹事の中から数名の委員を選任してこれが調査を嘱託された。その時委員として挙げられたのは、市川源三君・日田権一君・小菅吉蔵君・植村道次郎君及び余の五名であつた[38]

澤柳による委員の人選は、例会での討論に関わった人物に小菅と上野を加えたものであり、理論家と実際家を含む構成となっていた。調査委員会ではその後も議論を行い、「我邦に於ける小学校が成績考査に関して、如何なる工夫を凝し、如何なる実績を挙げつゝあるかを知らうと思ひ、教育学術研究会に嘱し、雑誌『小学校』誌上において、普く全国の小学校に向つて、成績考査に関する改良意見と実際案とを募集」することにしたという[39]。

筆者らの調査によれば、一九一六年一月発行の『小学校』に最初の広告が掲載されており、「成績考査に関する予が研究」もしくは「我が校に於ける成績考査の実際」のうち、いずれかの題目での応募が呼びかけられた[40]。その後四八一件に及ぶ応募作品を市川と上野が審査し、最終的に一九本が九月発行の『小学校』臨時増刊号に掲載される運びとなったが、両者ともに実際家の研究に対する不満を表明していた[41]。とりわけ、上野は、「実際案」が非常に少なく、「真の意味において「研究」と称すべきものは一つもなかつたといつてい、位であつた」と評し、「多大の収穫を期して居つた余は、大に失望せざるを得なかつた」と審査を振り返っていた[42]。この調査結果について、上野が「調査の参考資料としての価値を半減せしめ」たと言及していることや、『小学校』臨時増刊号に、彼と市川のほか、前年の例会討論に参加した澤柳や日田が寄稿していることからも、実際家の研究不振に関する報告が、教育教授研究会の関係者に伝えられたことは間違いないであろう。

教育教授研究会における成績考査問題の研究は、以上のように、一年半以上の月日を費やして展開された。前述の例会討論の様子からわかるように、会の研究活動の一つの特色は、参加者がそれぞれの立場から自由に意見表明することを尊重した点にあったといえる。しかしながら、一連の研究活動をふまえて考察すれば、植村の発言にみる学者の影響の否定や、上野の認識にみる実際家の研究の否定は、理論家と実際家の協力の実現が困難な課題であったことを示している。実際家の研究不振の要因を「研究の方法に関する指導において欠くるところがあるため」とみる上野は、「かうして研究せよと訓へ」るべく『学校児童精神検査法指針』（心理学研究会出版部、一九一六）を執筆したと述べており[43]、理論家の中には、実際家を「指導」の対象とみるまなざしが存在したと思われる。このような状況をふまえたうえで、次節では教育教授研究会に参加した実際家にいかなる変化が生じたのかを明らかにしたい。

4　「実際家」の覚醒——東京女子高等師範学校附属小学校の訓導に着目して

例会への参加と研究意識の高まり

既述の通り、教育教授研究会に関する『普通教育』の記事がなくなると、会に関する詳細な記録は減少した。一方で、一九一八（大正七）年頃から東京女子高等師範学校附属小学校（以下、東京女高師附小）の訓導が例会に参加し、『児童教育』誌上で会の活動への言及がみられるようになった。ここでは、東京女高師附小の関係者たちと教育教授研究会との関わりについて確認したうえで、同会が彼らに与えた影響について明らかにしたい。

筆者らは、北澤が教育教授研究会に恒常的に参加し、一九一六年の例会発表で従来の教育学理論に疑問を提起していたことをすでに指摘しているが[44]、その後の調査により、同校の訓導である渡邊千代吉、五味義武、藤山快隆も一九一八年六月、七月、九月の例会の主題者を務めていたことが判明した[45]。この三名のうち、五味は澤柳邸で開かれていた教育研究会のメンバーでもある[46]。北澤について、藤山は「私どもの研究すべき新方向を暗示せられること多く、研究の機会を提供せられることも亦少くなく、真に学者的の態度をもつて私どもを導かれた」と述べていることから[47]、教育教授研究会への参加も北澤の誘いによるとみられる。教育教授研究会への参加記を記した渡邊は、「先ず講演者の発表があつて後列席の諸君が各々質問したり、批評を試みたりして、意見の交換を行ふのがこの会の定め」として、例会の研究スタイルを紹介し、「頗る有益な会であることは人の周く知る所である」と言及している[48]。

例会への訓導たちの参加は、彼らの研究心を刺激し、附小内における児童教育研究会設立の機運を高めたと考えられる。児童教育研究会設立の動きは一九一八年九月には具体化しており、会の名称は、北澤が考え抜いた末、澤柳邸の教育研究会および教育教授研究会の参加者である依田豊から示唆を得て決定したという。その後会則が作成され、同年一一月に発会式が開かれることとなった[49]。同会の設立は、附小の主事である藤井利誉の不在中に進められた事業であり、この点について彼は、「私の留学中の北澤君を中心として同僚諸君の活動振りは洵に目醒し」く、「私は満期帰朝して学校の進歩発展の有様を見て実に驚いた」と振り返っている[50]。

『児童教育』創刊号において、北澤は、理論家と実際家双方の研究の連関にふれ、前者には「一層深刻なる根柢の上に立つて教育現象」を研究することを、後者には「自己の経験にのみたよらず」に、「学者の言説するところをも味ひ之を己れの事実に適応して考へ以て学説の正否の判断の材料を得ること」を呼びかけた[51]。創刊期の『児童教育』

には、同会の顧問を務めた湯原元一による講演録「最近日本に於ける教育学変遷の回顧」や「教育学は如何なる科学なるか」が収録されたほか、北澤自身も「教育学改造問題」に論及しており、教育学研究への関心の高さが窺える(52)。

例会発表からの研究課題の継承

こうした動きに続き、青山師範学校で一九二〇年四月に開かれた教育教授研究会の例会発表を受け、附小では「成績考査問題」の研究が行われることになった(53)。この例会の主題者である澤柳は、「試験法の改善」と題して、かつて『実際的教育学』の中で、「医学」と異なり「教育問題はまだ実際に入つて研究されてゐない」という教育学研究の遅れや、「試験は第一教育者が教育力を測定するために」行うとする見解を示したことを振り返り、「試験」や「成績考査」の意義が依然として曖昧であると論じた。発表における論点の多くは、同書や前節でみた一九一五年の例会討論でも出ており、澤柳の論自体に進展はみられなかったが、「今はそれらについて研究を必要とするといふ以上、或断案を下すまでに至つてをらぬ。成城小学でもまだ、それについて実行はしてゐない。その手段方法また目的も十分に研究されてゐない」として、彼自身問題解決に資する研究に着手できていないことを率直に吐露するものであった。

東京女高師附小の訓導伊藤米次郎は、一九二〇年六月一日発行の『児童教育』誌上に、前記の「澤柳政太郎先生の「教育教授研究会」に於ける講演の大要」をまとめ、当日の会場の熱気や議論が尽きない様子を紹介し、発表から刺激を得たことを次のように述べている。

「試験の改善」が頗る重大、且つ火急な問題であることはいふまでもない。その影響する所も極めて大である。此の日先生の態度は真摯熱烈であつた。会場は緊張し、会員も熱してゐた。真面目な真剣な質問や議論が多く、いつ尽きさうもなかつた。或はこれが若くはこれに関連した問題が次会の問題になるのかも知れぬ。私共はこれによつて教へられ戒められ、啓発指導せられる所が多かつた。此のお話を中心に私共の顧慮し研究すべき問題はそれからそれへと湧くことであらう(54)

引用にあるように、次の例会でも議論が続いたかは不明であるが、傍線部で伊藤が「私共の顧慮し研究すべき問題」と述べているように、この問題は附小の研究課題として継承されることになった。同年度から主事に就任した北澤は、伊藤が前記の例会の様子を紹介した六月、雑誌『小学校』に「改造の根底」を発表し、「教育学の一部分たる処の効果論を明確にし、次で教育学の他の部面即ち目的論、方法論」などにも「改造」を進めていく必要があると述べ、成績考査研究を切り口とする教育学改造を示唆した(55)。同月発行の『児童教育』に「成績考査問題」に関する附小の最初の研究記録が掲載されていることからも、例会参加直後に研究が開始されたとみて間違いない。

附小で始まった研究では、まず北澤が主題者として提案を行い、自由討論の場が二回設けられた(56)。そこでの議論の中にも「先日澤柳博士が現今の試験は生徒をして徒らに苦しませ疲労させるものだ甚だ不都合だと云はれて居つた」といった発言や、「成績考査を時の上から機械的に行はないで。教材内容の如何によることは賛成だ。教育教授研究会に於ける澤柳博士の主張もそこにあつた」という発言が含まれており、例会発表の影響が認められる。考査の意義や目的に関する議論、既存の試験法に対する批判的検討が行われたのち、「児童の品定めの考査」を廃止し、「教材内容・教授方法改善のための成績考査」に徹することが共有された。そのうえで、「更に十分考究討議する必要を認め、委員を上げて研究調査を委託することになつた」という。その後北澤と五味や渡邊らを含む七名の訓導から成る調査委員会が研究の実施案に関する議論を重ね、「か丶る種類の研究は、更に実地の適用を待つて修正が行はるべき」とする見通しのもと、同年から実行に移されていくことになった。例会からの研究課題の継承だけでなく、主題者の提案に始まる自由討論や、調査委員会の組織によるさらなる検討といった一連の研究プロセスの中にも、教育教授研究会の研究スタイルの影響が窺える。この研究の開始以降、成績考査問題は附小全体で取り組む組織的かつ長期的な研究となったばかりでなく、雑誌『児童教育』は、附小外部からも論考を募り、同問題に関する研究情報の収集と発信に積極的に取り組んでいった(57)。

成績考査問題の研究に着手して間もなく、『児童教育』では北澤と訓導たちによる「実際家」としての自覚の表明が行われた。北澤は、「教育改善と実際家」を発表して、従来の理論家と実際家のいずれもの研究姿勢を批判するとともに、「一二三元的の立場」から研究が行われている状況に疑問を呈し、実際家が「信念」と「実証的精神」を備えて「科学的研究」を開拓することを提起した。この論考において、附小の成績考査研究はその具体例として位置づけられている(58)。「教育実際家として」と題する論考を著した渡邊は、教育学者と実際家の関係は、設計を担う「技師」と「その設計の趣旨に叶ふ様に組立て」る「技手」の関係とは同一視できないと論じた(59)。渡邊によれば、教育という営みの「責任」は、教育学者以上に教育学の「原理を活用した実際家の負ふべきものであ」るため、実際家は「理論」を広く見渡し、「之を尊重して研究する」必要があるという。彼はまた、実際家が「単に教育上の事実を学者に提供するのみでは甚だ情けない」と述べ、「学者は学者実際家は実際家と別れるのは、設計者と工作掛との間には存在すべきであらうけれども、精神生活に即した事業にはそんな区別のあることを許さるべき筈でない」と主張していた。両者を区別するほど「教育の実績の見るべきものは無くなつてしまふ」ため、実際家は「豊富なる学識と高遠なる識見」を備え、「学理と実際とが有効に接触する所に一大問題」を立てていく必要があるという(60)。また、五味も「教育実際家の立場から」と題して、「自分の力に応じた研究のために、余は教育実際家としての責務を果さうと思つてゐる」と決意を表明した。彼は、「今日教育実際家がやゝもすれば自由討究の精神を失ひ、徒に盲従倚頼して一個の識見をも持たぬことを遺憾に思ふ」と述べ、実際家における批判的精神の欠如を指摘した。そのうえで、「教育の事実」は「教育学者が如何に説をなさうと、実際家の拱手して眠つてゐた日には一歩も進」まず、「実際家」が「之れ［学者］に契合し提携するでなければ学説そのものも何等の権威がない」と述べ、実践の改善と学説の価値化の双方に実際家の研究が欠かせないことを主張した(61)。

それぞれの言葉で「実際家」の果たすべき役割が語られているが、いずれにも共通するのは、理論家と実際家の研究の乖離を問題視し、理論と実践の統合を目指そうとする教育学研究の「当事者」としての自覚であった。以上のように、彼らは、教育教授研究会において、問題解決の必要性が認識されながら、課題のままであり続けていた成績考査問題を継承して、教育学研究を担う主体としての意識のもとでこの研究に着手していったのである。

おわりに

倫理教育研究会に端を発する教育教授研究会は、当初は講習会機能も有する小規模な研究会であったが、次第に多彩な顔ぶれが集まり、教育上の問題について議論する場へと転換していった。この転換や会の活動の活性化は、会長を務めた澤柳の人脈や手腕によるところが大きく、会の存続自体が彼の存在と一体的なものであった。

教育教授研究会の意義は、理論家と実際家の「接近」というかねてから実現が望まれてきたアイデアを具現化し、試みる場を創出した点にあったといえよう。ただし、それは、会自体がこのアイデアを理想的なかたちで実現し得たという意味ではない。本章でみたように、会の研究活動においては、参加者が共通の問題に対峙し、それぞれの立場から自由な意見表明を行うことが尊重された一方、理論家と実際家の間に存在する溝は容易には埋めがたく、そこには互いの研究を否定する意識もみられた。教育教授研究会が、当初教育問題に関する議論の成果を成案としてまとめることを企画しながら、そうした刊行物の作成に至らなかったのも、参加者の合意形成の難しさの表れとみることができるであろう。本事例から得られる一つの示唆は、理論家と実際家の協力を言葉として掲げることや、単に交流の場を設定するのみでは、両者の共同研究は実現し得ないということであり、研究の実相に踏み込んだ分析を行うことが、教育学研究史を描くうえでの今後の課題である。

それとともに注目すべき点は、教育教授研究会の取り組みが机上の空論にとどまらず、まさに前記の限界を生み出していたがゆえに、自らの役割を省察しようとする実際家を会の内部から生み出したと考えられることである。本章では、東京女高師附小の実際家たちが、教育教授研究会に参加し、自由な議論を基本とする会の研究スタイルの影響のもと、同会から継承した課題である成績考査問題の研究に着手したことを明らかにした。実践改革のみならず、教育学改造としての意義が示唆されたこの課題に取り組みながら、北澤と訓導たちは、教育学研究の「当事者」としての自覚を共有し、従来の理論家と実際家の境界線を問い直し始めたと考えられる。この研究の展開を明らかにすることで、彼らがいかなる教育学改造に取り組んでいったのかを今後さらに検討していきたい。

また、本章では、教育学研究史の中に教育教授研究会を位置づけることを試みたが、異なる文脈においても、同会がその後の教育改革を生み出す重要な媒介的役割を果たしていたと推察される。教育教授研究会で提起されたさまざまな教育問題への取り組みが、会の関係者たちのネットワークの中でどのように展開されたのかを解明し、同会が及ぼしたより広範囲な影響についても検討を進めたい。

〈付記〉
本研究はJSPS科研費（課題番号：JP18K02272、JP18K02274、JP21H00828）の助成を受けたものである。

註

（1）稲垣忠彦「解説」『教育学説の系譜』国土社、一九七二年、九—四〇頁。稲葉宏雄『近代日本の教育学』世界思想社、二〇〇四年。小笠原道雄・田中毎実・森田尚人・矢野智司『日本教育学の系譜』勁草書房、二〇一四年。
（2）橋本美保・遠座知恵「大正期における教育学研究の変容」『教育学研究』第八六巻第二号、二〇一九年六月、二八—四〇頁。
（3）北村和夫「解説（一）澤柳政太郎における成城小学校創設の構想」成城学園澤柳政太郎全集刊行会編『澤柳政太郎全集』第四巻、国土社、一九七九年、四一五—四一九頁。
（4）前掲稲垣書、九—四〇頁。
（5）中野光『大正自由教育の研究』黎明書房、一九六八年、および同『学校改革の史的原像』黎明書房、二〇〇八年。
（6）白石崇人「澤柳政太郎『実際的教育学』の実証主義再考——二〇世紀初頭の科学史・教育学史・教師の教育研究史における意義——」（『教育学研究』第八九巻第二号、二〇二二年六月、四〇—五一頁）には、教育学研究の実証主義化をめぐる当時の議論が多角的な視点から整理されている。
（7）澤柳の批判が巻き起こした論争と実際家たちの反応については、前掲拙稿を参照。
（8）隅川生「貼実的傾向」『教育実験界』第二三巻第一号、一九〇九年一月、二—四頁。
（9）夢龍「所謂教育学」『教育界』第八巻第九号、一九〇九年七月、一〇四—一〇五頁。
（10）ジャーナリズムにみる教育学改造の気運については、前掲拙稿（二九—三〇頁）を参照されたい。
（11）小菅吉蔵「国民教育者の総師澤柳先生を憶ふ」『帝国教育』第五四八号、一九二八年四月、六二頁。
（12）同前。小菅の回想による記述は同記事（六〇—六三頁）による。幹事の当時の所属は筆者らの調査に基づく。
（13）戊申詔書の発布に対するジャーナリズムや教育界の反応については、千田栄美「戊申詔書の発布とその反響」（『日本の教

育史学』第四四集、二〇〇一年一〇月、四〇―五七頁）を参照。
(14) 有賀長雄「戊申詔書と倫理教育」『丁酉倫理会倫理講演集』第七六号、一九〇九年一月、一―三七頁。井上哲次郎「戊申詔書と小学教員」『小学校』第六巻第九号、一九〇九年一月、二一―六頁。両者は数種の教育雑誌に紹介・転載された。
(15) 調査には、村上こずえ・谷本宗生「井上哲次郎『巽軒日記――明治二六～二九、四〇、四一年――』」（『東京大学史紀要』第三一号、二〇一三年三月、六七―一六二頁）、および同「井上哲次郎『巽軒日記――明治四二年――』」（『東京大学史紀要』第三二号、二〇一四年三月、四七―九五頁）を用いた。
(16) 前掲小菅論文、六二頁。
(17) 樋口蘭林「其の日其の日」『帝国教育』第三三四号、一九一〇年五月、九九、一〇二頁。
(18) 樋口勘次郎「教育界の大革新を要求す」『教育学術界』第三二巻第四号、一九一六年一月、一一〇頁。
(19) 及川正蔵「学者と実際家との融和」『教育実験界』第二五巻第一二号、一九一〇年六月、二八頁。
(20) 「小学校教員無試験検定願に付免許状授与」「第一種文書類纂」学事（教員保姆検定）、明治四三年、内務部学務課（東京都公文書館蔵 629. C8. 13）。
(21) 「教育教授研究会」『教育時論』第八九四号、一九一〇年二月、三九―四〇頁。
(22) 「教育教授研究会」『帝国教育』第三三一号、一九一〇年二月、一八頁。
(23) 「東京女子商業学校設立認可願」「指令案」「第一種文書類纂」学事（私立学校）、明治四一年、内務部学務課（東京都公文書館蔵 628. C6. 06）。織田真一『さゝれの上行く水のごとく』私家版、一九八九年、二〇―二一頁。
(24) 澤柳邸の「教育研究会」については、山岡勘一「北澤先生の片鱗」（北澤正一編『父北澤種一追悼録』私家版、一九三五年、九五―九六頁）に基づく前掲拙稿（三二頁）を参照。
(25) 「教育教授研究会」『教育時論』第八九六号、一九一〇年三月、三九頁。「教育教授研究会」『教育界』第九巻第五号、一九一〇年三月、一〇七頁。
(26) 「教育教授研究会設立」『教育研究』第七三号、一九一〇年四月、一〇八頁。
(27) 「教育教授研究会」『日本之小学教師』第一三五号、一九一〇年三月、六四頁。

(28) 「第一種学校教員検定願書文部省へ進達の件」「第一種文書類纂」学事(教員保姆検定)、明治四四年、内務部学務課(東京都公文書館蔵 630. D8. 04)。彼らは、当初文検受験のための勉強会として倫理教育研究会に集っていた可能性もある。
(29) 「教育教授研究会」『教育時論』第九一一号、一九一〇年八月、三三―三四頁。
(30) 記者「学者と実際家を中心とせる教育教授研究会」『内外教育評論』第四巻第八号、一九一〇年八月、六五―六七頁。第七回例会の様子に関する記述はすべてこの記事による。
(31) たとえば、「成績考査の革新に対する研究」を主題として黒門小学校で行われた第三三回例会には、守屋恒三郎教育課長、法貴慶次郎視学のほか高師の教授、東京府師範学校や府立中学の教諭、市内の小学校長など五〇名近くが参加した(教育教授研究会「成績考査の革新に対する研究(二)」『普通教育』第六巻第八号、一九一五年八月、五一―五七頁)。
(32) 当日の議論の内容やその後の論争については、前掲北村論文に詳しい。
(33) 『普通教育』第六巻第五号(一九一五年五月、八四頁)の次号予告は、「教育教授研究会は其凡ての研究物、講演討論等を爾今本誌上に発表する事とな」ったと報じている。ただし、例会の開催情報などに関する記事は、引き続き他の雑誌、新聞にもみられる。
(34) 澤柳が『実際的教育学』において、教育学研究の科学化の例として成績考査に着目していたことについては、前掲白石論文において指摘されている。筆者らが収集した史料によれば、一九一五年の例会討論の中で『実際的教育学』への言及があったかどうかは不明だが、澤柳政太郎「市川氏の所説に就て」(『普通教育』第六巻第七号、一九一五年七月、三六頁)では、「自分も成績考査について考へた事もある」と記されている。第四節で取り上げるように、澤柳自身が主題者を務めた一九二〇年の例会では、同書で提示した教育学研究の問題点に言及がなされていた。
(35) 市川源三「学業成績考査の革新――教育教授研究会に於ける講演――」『普通教育』第六巻第七号、一九一五年七月、三三―三五頁。
(36) 前掲澤柳論文、三六―三七頁。
(37) 前掲「成績考査の革新に対する研究(二)」、五一―五七頁。この例会での発言はすべてこの記事から引用した。
(38) 上野陽一『学校児童精神検査法指針』心理学研究会出版部、一九一六年、序文一頁。

(39) 同前書、序文二頁。
(40) 「懸賞論文募集」『小学校』第二〇巻第八号、一九一六年一月、広告欄。
(41) 市川「成績考査に関する六個の疑義」『小学校』第二一巻第一二号、一九一六年九月、五―一二頁。上野「児童の一般研究と個別研究」『小学校』第二一巻第一二号、九五―一〇〇頁。ただし、本章では、教育教授研究会における調査委員会の研究経緯についても記されている前掲上野書（序文一―三頁）を用いた。
(42) 前掲上野書、序文二―三頁。
(43) 同前書、序文三頁。
(44) この点については、前掲拙稿（三二頁）を参照。
(45) 『東京朝日新聞』一九一八年六月八日、四頁。同一九一八年七月七日、四頁。同一九一八年九月一五日、四頁。
(46) 前掲山岡論文、九六頁。
(47) 藤山快隆「北澤先生を偲ぶ」前掲北澤書、九八頁。
(48) 渡邊千代吉「教育教授研究会所感」『児童教育』第一四巻第六号、一九二〇年四月、七六―七七頁。
(49) 堀七蔵「児童教育研究会創立十五周年を迎へて」『児童教育』第二七巻第一二号、一九三三年一二月、三〇頁。会の命名については、「児童教育研究会創立二十週年記念座談会」（『児童教育』第三二巻第一二号、一九三八年一二月、七五頁）において五味が述懐している。依田が澤柳邸の教育研究会に参加していたことは、前掲山岡論文（九六頁）でふれられており、教育教授研究会では、一九二四年六月一四日の例会で「欧米教育視察談」と題する発表を予定していたことが確認できる（『東京朝日新聞』一九二四年六月一一日、六頁）。
(50) 藤井利誉「北澤君を憶ふ」前掲北澤書、四七頁。
(51) 北澤種一「児童の環境整理を論ず」『児童教育』第一三巻第一号、一九一八年一一月、五―六頁。『児童教育』は第一三巻第一号が創刊号となる。
(52) 湯原元一「最近日本に於ける教育学変遷の回顧」『児童教育』第一三巻第七号、一九一九年五月、二―七頁。同「教育学は如何なる科学なるか」『児童教育』第一三巻第八号、一九一九年六月、七―一五頁。北澤は「最近教育及び教授上の諸問題」

（『児童教育』第一三巻第一〇号、一九一九年八月、一〇―二一頁）において、「教育学改造問題」や「教育の原理に関する諸問題」について論じている。

(53) この例会発表での澤柳の発言内容については、伊藤米次郎「試験法の改善」（『児童教育』第一四巻第八号、一九二〇年六月、九二―九五頁）による。同記事からは例会の開催時期は不明であるが、一九二〇年五月二六日発行の『東京朝日新聞』（四頁）で「去月、青山師範学校に教育教授研究会あり」として、澤柳が発表したことが報道されている。

(54) 同前伊藤論文、九二頁。

(55) 北澤種一「改造の根柢」『小学校』第二九巻第六号、一九二〇年六月、二三―二五頁。この論考でも、「先日青山師範学校に於て澤柳博士は試験法に対する疑問として試験は生徒の為になすのでなくして教師の為になすべきものではないか、と述べられた」として、例会での発言にふれている。

(56) 児童教育研究会「成績考査問題」『児童教育』第一四巻第八号、一九二〇年六月、七〇―七七頁。児童教育研究部「試験法に関する研究」『児童教育』第一四巻第九号、一九二〇年七月、一四―一七頁。自由討論の発言内容や調査委員会の組織と活動については、すべてこれらの記事の記述に基づく。

(57) 教育教授研究会例会発表を受けて附小で開始された成績考査研究の展開の詳細については、同校における一九一〇年代の研究状況と一九二〇年代におけるその変化を取り上げて別稿で論じたい。

(58) 北澤種一「教育改善と実際家」『児童教育』第一四巻第一〇号、一九二〇年八月、七―一二頁。北澤が従来の理論家と実際家の研究姿勢に疑問を呈したことについては、前掲拙稿（三二頁）を参照。北澤はこの論考で、実際家による新たな研究の具体例として、「本誌本号に於て提供する様な材料」や「前号に於ける試験による成績考査の如きも之を試みる方法と処理の方法とによつては大に此の精神に合せるものとなる」と述べている。これらは、附小の成績考査研究の一部であるため、その詳細については、註57記載の別稿で論じたい。なお、『児童教育』（第一四巻第一〇号、六六―六九頁）には、実際家としての自覚の表明として、本章で引用した渡邊と五味の論考ほか、水谷年恵子「教育実際家としての女子」も掲載されているが、その内容については本書第6章を参照されたい。

(59) 渡邊「教育実際家として」『児童教育』第一四巻第一〇号、一九二〇年八月、六九―七〇頁。

(60) 渡邊「初等教育者向上策」『児童教育』第一五巻第四号、一九二一年二月、一二頁。
(61) 五味義武「教育実際家の立場から」『児童教育』第一四巻第一〇号、一九二〇年八月、七三頁。

第2章　及川平治「分団式動的教育法」の原点
――宮城県師範学校時代を中心に――

冨士原　紀絵

はじめに

本章は及川平治（1875-1939）が一九〇七年に明石女子師範学校に着任し、同校附属小学校主事として「分団式動的教育法」の実践研究に着手した前提となる、彼が「実践的理論主体」[1]という教育実際家として歩む原点に迫ることを目的とする。

橋本・田中（二〇二一）は『大正新教育の実践』の序章「3．及川平治の「実地的研究」」において、「及川にとっての教育実践の実際性」を彼の経歴に沿って体系的に整理し、「及川が理論よりも「実際が先」にあるという信念を持ち、教師には「実地経験」（＝実験）に基づく研究が必須だと考えていた」ことを評価している。[2]橋本は他稿でも及川の実践研究歴を解明しているが、[3]本章では未だ十分に解明されていない及川が宮城県師範学校附属小学校の単級教場の実践者としての歩みに着目する。なお、本章の検討対象とする時期は、宮城県尋常師範学校が宮城県師範学校へと名称が変化する時期に相当するため、本図（二〇二二）の先行研究にならい、宮城県師範学校と統一して表記する。[4]

明石女子師範学校着任以前の及川の実践の有り様を直接示す豊富な史料は存在していない。しかしながら、彼の教師としての第一歩は実践的理論主体としての確立に寄与した可能性が高いことが想定される。史料的限界から傍証的に迫ることしかできず、実態の解明には限界はあるものの、それに値する重要な時期と考えられる。

さらに、この原点を解明することは、これまで中野の『大正自由教育の研究』（一九六八）をはじめとし、笠間（一九八四）[5]、豊田（一九八九）[6]、高橋（一九九六）[7]、楠本（一九九六）[8]等の先行研究で言及されてきた、「分団式動的教育法」が「明治期の単級小学校における教授法の遺産を積極的に評価し、継承しようとする立場」[9]からなされてきたか否かという評価に関わる検討を深めることにもつながるだろう。

1　単級小学校と「分団式動的教育法」の関係をめぐって

小学校の就学率が急増するのは一九〇〇年頃であり、志村（一九九四）の作成した全国の「市町村立・私立尋常小学校および同尋常高等小学校尋常科の学級編成の状況」の表によれば、一八九五年度は尋常科三年制単級学校が七八・三％、二学級あるいは三学級以上の多級学校は合わせて二一・七％、四年制は単級学校が三五・七％で二学級（二八・四％）、三学級（一六・七％）、四学級以上（一九・二％）であり、単級学校の存在が圧倒的多数であった。後述するが、及川が宮城県師範学校附属小学校の単級教場を担当したのはこの時期であった。そして、単級学校が二〜四学級（以上）編成を下回るようになるのは一九〇〇年代を待たねばならなかった[10]。

ここで注目しておきたいのは、前掲の中野、笠間、高橋の先行研究が前記の評価に関わって共通に言及している、及川と同時代を生きた赤井米吉（1887-1974）による「教授法問題史」（一九三五）である[11]。

自身も「児童四十人の単級小学校の校長兼小使」の経験を持つ赤井は「単級教授法は分団教授法であり、自学組織の教授法」であると断言する。赤井は単級小学校設置当初の就学状況的に、その設置は「止むを得ざる事情」に過ぎなかったにもかかわらず、そこでの教育が結果的に「児童の自学又は相互学習を必要としそれが却つてよりよき効果を挙げ得た」、「思はぬ収穫」となり「利益」となったと評価する。しかし、その後の就学率の急激な上昇による多級組織の学校の増加により「学級一斉教授の問題のみ考へられ」る状況になり、「むしろ教師中心の主張によつて単級はその教授能率を減ずるもの」とみなされたとする。[12] 彼は学校組織の変化が教授法の重点課題を変化させたと認識していることになる。

そして赤井は、及川が明石附小主事として一九一〇年に『全国附属小学校の新研究』に寄せた「為さしむる主義による分団式教授法」の報告を解説しながら、それを「単級教授法時代に於て一度闡明せられたその長所たる自働的教育を多級組織の学級に於て分団教授に於て生かさんとする処へ来た」と位置づけ、多級学校組織における教師中心の学級一斉教授の変革を迫るものとし、「こゝに示された児童個性乃至個人差の発見、教育の本質として児童活動の必要の発見は過去四十年の明治教育活動の最後の到達点としてまことに価値高いもの」であり、「氏の功績はむしろ分団式教授の一石によつて一斉教授の夢を破つた点にあり、大正教育にとつては氏は前駆者として見らるべき人であつた」として、明治末期の及川の主張を大正新教育への展開の流れに位置づける。[13]

こうした赤井の評価をふまえ、前掲高橋（一九九六）は、及川の分団式教育が「まったく彼一人の創作であって、歴史上突如として登場したとは考えにくく」、それが登場するに「先だつ条件や思想」を単級小学校の出版物などとの比較において解明しようと試みている。[14] 彼は「児童の直接経験を重視し自学自習を理想とする考え方」という理念は単級教授法の「「自働」という利点を強調した単級教授法（中期以降）の考え方」に近く、「この意味に限って言うならば、〔中略〕単級学校時代の遺産を引き継ぐものであったと見ることは可能であろう」とする。一方で、児童の

「能力別取り扱いを重視する考え方」は単級教授法にはほとんどみられないことから、最終的には単級教授法と分団式教育とは「基本的には別物であったと捉える方が適切であると思われる」と結論づける。[15]

たしかに、赤井は「単級教授法は分団教授法」であると述べつつも、その「分団」が何を基準に作られた分団かを明確に述べておらず、単級小学校の子どもを教師が何らかに「わけた」状態を指して「分団教授法」と称しているに過ぎない。さらに「児童の自学又は相互学習」に単級小学校一般の価値を見出していることからみても、及川に継承されたと評価しているのは主に「自働」の部分であるとみられ、高橋の結論は妥当なものであると言える。

ただし、ここでの高橋をはじめとする先行研究は、及川が実際に勤めた単級小学校の実態をふまえた分析をしておらず、彼の単級小学校の教授法の継承の側面を厳密に検討しているとは言いがたい。そこで、本章では先行研究が一様にふれていない、及川の勤務していた宮城県師範学校附属小学校の単級教場の実態をふまえて、可能性として彼が単級小学校から継承したものが何かを検討したい。次いで、同時期に彼が教育雑誌に投稿していた論文をもとに、「分団式動的教育法」の研究に至るまでの及川の実践的理論主体へと至る経過を明らかにすることを試みる。

2 宮城県師範学校附属小学校の単級教場

宮城県師範学校附属小学校（以下、附小と略す。）の単級教場創設は一八九三年五月一日である。附小では一八九六年から「一般の教生をして単級教授の練習を行はしめんが爲め去月より三名づゝ三週間交代の方法にて実地授業を行はしむる」体制となった。[16] 一八九三年四月に一九歳で宮城県尋常師範学校に入学した及川にとり一八九六年は師範学校卒業前年であることから、この制度が導入されたときに単級学級で「練習」を行っていることになる。

及川の師範学校の生徒としての評価を示すものに、同校出身の高橋勇三郎による印象記がある。それによれば、一八九七年の師範学校卒業と同時に及川に附小訓導の辞令が下ったことについて「是は抑師範学校の諸先生が将来を嘱望されたからであらう。此の人よりも成績の良い者が有つたかも知れない。否有つたのだが、其は附属小学校の将来を嘱する人物で無い事を透視された」ことによると回想している[17]。同じく同校に縁の深い四竈仁邇（一八八三年から一九一一年まで在籍・在職）は「当時当師範学校附属校の訓導たりし、石川榮司氏始め、単級教授法を唱道し其方法の斯界に激賞せられたる〔中略〕当時其指導せる卒業生の一人に及川平治氏ありて同氏を翼賛研究を進めたりし」と述懐している[18]。さらに、明石女子師範学校を退職した及川を一九三六年に仙台市教育研究所所長として招聘した仙台市長の渋谷徳三郎は、及川の死去を受けた追悼文で「当時本県師範学校訓導として専ら単級教授を担当し石川榮司氏の後を承け頗る令名あり、全県単級学校の模範として活動したのである。予が君と相知つたのは実に此の時代であった」と語る[19]。

これら知己の述懐をふまえれば、及川は師範学校の生徒としての附小の単級教場の実地指導において、すでにその才を見出され、実践研究を精力的に続けていたこと、そして師範学校卒業と同時に附小の単級教場の訓導として着任し、前任の石川榮司の任をそのまま引き継ぎ、石川同様に一定の成果を挙げていたとみられる。

それでは、実際に及川が附小訓導であった一八九七年四月から一九〇〇年三月までの間、単級教場でいかなる実践を行っていたのか。その実態を示す資料は残ってはいないものの、及川に影響を与えた人物として繰り返し名が挙げられている、単級教場初代訓導石川榮司（一八九〇年―一八九七年三月まで宮城県師範学校に在職）が行っていた実践の一端を示す記録は残されている。そこで以下では石川の単級教場の実践とその同時代的評価をみていきたい。

石川の手によるものとみられる単級教場の状況の記録は『宮城県教育雑誌』第五号（一八九五年一月一〇日）に「本

県尋常師範学校附属小学校単級教場の現況」として掲載されている。[20] 当時の状況は、児童数一一一名で三学年の尋常小学科と二学年の補習科を合わせて単級としていた。「教授上の便宜」上、一〜三学年相当別に「一ノ組（五三名）」「二ノ組（三九名）」「三ノ組（一五名）」を編成し、補習一学年相当して「四ノ組（四名）」を作っていた。補習科は募集を始めたばかりで人数が少なかったため、尋常科に含めて指導を行っている。ここでは組みわけの基準を示していない。「現今児童は満七年以下四五名を除くの外多級に比して年齢長し居るなり」という記述があり、当時の単級小学校に一般的な等級あるいは年齢に応じて緩やかな組みわけをしていたとみられる。教科目は規定の修身、読書、作文、習字、算術、体操、三学年相当と補習科の男子に手工、女子に裁縫を課している。

石川は『宮城県教育雑誌』第一六号（一八九五年一二月一五日）と第一七号（一八九六年一月三十日）の二号にわたり「単級学校各学科教授案例」として修身科と読書科、作文科の指導例を掲載している。[21] 読書科と作文科では一時間分の教案を紹介している。いずれもヘルバルト主義の五段階教授法（「予備、排列、比較、倍托、応用」と表記）である。

読書科は「矯正の練習多きものにて場合によりてハ児童各自に読ましめ語らしむる多く随て音声の衝突を来すべければ〔三組…筆者注〕同時に同学科の組合せをなすは甚だ不利なれば他の自働的学科即ち習字の如きものと組合するを便とす」としつつ、「一週の教授時間相等しからざるより或は三組若くは四組に同時に読書を課することあるべけれ」として、前者の「自働的学科」と組み合わせた一ノ組に習字を課し、二ノ組、三ノ組、四ノ組に同時に読書科を実施した教案を紹介している。[22]

作文科は「既得の智識経験を基礎として、考慮筆述せしむる、所謂自働によりて、なし得べき性質の課業なれば、同時に同学科の組合せをなすを以て便利とす、去れど其の智識経験たる、縦令同種のものとするも、学年を重ぬるに従ひて、内包は愈々精密に、外延は益拡大せらるゝものなれば、各組其の程度を異にして授くべきものなり」として

「てがみをかく」という全組共通教材を各組に応じた課題にアレンジし、五段階教授法で指導する教案を示している。[23]

修身科の教案は掲載されていない。そもそも修身科の目的は「人道実践の方法を授くるにありて平易の事実嘉言善行を以て児童を訓練するものなれば其の事項たる学力に闕せざるを以て普通に一団となして教授するを便とす」とし、組にわけず児童を一団として指導している。また、「余は現在二学年相当の書物の順序事実を基として他学年相当の書中より材料を選探して之れに附加して教授し居るなり」、「尤も児童各自に書物を携へしむる場合あるとき自ら教授力の分配等を要する」として、石川が教材を選択し、児童自身に読み物を選ばせることも行っていた。[24]

当時の単級学校論を「大枠において方向づける役割を果たした」と評される一八九四年に出版された高等師範学校附属学校編『単級学校ノ理論及実験』と比較すると、修身科は全組を同時に指導することや、読書科の指導を習字や手工といった教科目と組み合わせることは当時一般的に推奨されていた方法であり、石川の教授法に独自性がみられるものではない。[26]

そして石川が「自働的学科」や「所謂自働によりて」という言葉を用いていることから、彼は組みわけをした単級小学校において「教員が直接教授していない組は放置されてしまうという事態」の「短所を長所に変えた」ものとしての「自働」という概念の有用性を理解していたことがわかる。[27]

単級学校における教授法を「自働」概念の変容に着目して分析した楠本（一九九六）によれば、単級学校設置当初は「自働」が「直接教授以外での作業が、ただ単に授業時間内の穴埋め的な、もしくは児童の管理のための作業」だったにもかかわらず、その後「知識を定着させる意味ある作業へと質的変化を遂げ」たことを指摘する。[28]すなわち、児童が自らの手で学ぶ自学への価値づけがなされたということである。石川は単級教場設置当初から楠本の指摘する、この変容を遂げた「自働」概念を積極的に引き受けていたのである。このことは次に示す規定の教科目以外の指導を石川が積極的に導入していたことからも明らかである。

第一に、規定の教科目に加え補習科には「自修学科」を課している。この授業の運営は「学校にて教授するの外其学力に相当の読本を貸与し日数を定めて其間に自修し終らしむるの方法を設け教師は其質問に応するのみとせり」と説明されている。[29]児童の「学力」に応じた内容を勘案して教師が課題を与え、その「自修」（自習）の成果を持ち寄る時間を取りたてて設けていたということになる。

第二に「実業及労働の興味を喚起し且殖財のため」に「特殊の課業」を課していた。その内容は以下のとおりである。[30]

一農業　新に二畝歩余の地を開拓し児童及教師にて時間の余暇四時の菜物を作る之れを販売して得たる収益金は本年一月より本月まで《ママ》に一円六十二銭二厘なり凡て是等は児童の共同貯金となす

二養豚　本月初より一の小屋を作り飼養を始む其数は当分牝豚一頭にして其食物は本校男女子部寄宿舎賄より生する廃物を与ふるものとす是等の扱は皆児童のなすものにて成長の後子を取り親豚を販売して共同の貯金をなさんとするにあり

三新聞配達　東京諸新聞の配達にして本年六月より始む最初は当地某売捌店と特約を結ひ本校職員生徒其他四五の得意を与へて学力年齢長せし児童三名に配達せしめ一新聞に付一ヶ月金七銭つゝを売捌店より児童に支払はしめしに何れも勤勉正直にて配達依頼ありし程にて現今は四名の児童売捌店に雇ひ入れられ勉学の余暇一人一ヶ月金一円二十五銭の給金を受け居れり而して是等の児童は夜間其他東京新聞の着する都度停車場等の繁華地に出て別に読売をなす此の収益は間々一円七八十銭に出つることあり現今児童は一人一ヶ月三円内外の金を得るもの

あり

四洗濯　補習及三学年相当の女生中年齢学力の長せしもの六名には裁縫科の一部として洗濯をなさしむ此の洗濯物は本校男子部生の肉糯袢袴下敷布等にて市中西洋洗濯と殆んと同法を以てなすのみならす其破綻等は之を繕はしむるを以て好評を得現今は其収益も頗る多きものにて一枚平均一銭に当り本月の収入は石鹸其他雑費を支払ひ一人二十銭に相当せり此洗濯に要する洗濯板ブラッシ、アイロンの如きは本校より借受けたり

これらの課業にかかる費用について「課業資本　豚小屋築造豚石鹸種物等の入用品買入れは従来の共同貯金及生徒貯金中より一時借受け支払に置けり」とあり、児童の得た収益については「児童貯金　貯金をなす児童は現今六十一人にて本月までの現在合計十七円〇七銭〇五毛に至れり是等の貯金は児童の労働上の収益若くは父兄より与へられたるもの日々三厘五厘つゝ貯へて今日に至りしものにて補習生によりては一ヶ月六七十銭を貯ふるものあり此貯金は主任訓導之を保管す」とある。(31)

前掲の高等師範学校附属学校編『単級学校ノ理論及実験』の中でも生徒貯金の実践が紹介されており、(32)単級小学校における児童の貯蓄は推奨されていたとみられるが、石川の導入した「特殊の課業」の類いをここまで徹底して実施した例は稀有であるとみられる。重要なのは、これらの活動が石川はすべて単級教場の正規の教育活動として営んでいた点である。つまり、教科の学習のみならず労働の指導を通し、児童の生活そのものの指導を行っていたということになる。

こうして学んでいた児童の「学業成績」について、石川は当時学んでいた児童は年齢が高い者が多いことから、単級教場の教育の成果として高い学力を有しているのか、年齢が高いことによるのかの判別がつかないとしている。た

だし、「教科の進度は多級に比するときは頗る遅緩にして予定の如くならさる」も「習熟の度に至りては頗る見るへきものあり」という状態として把握している。(33)その理由は述べられていないものの「教科は別に教科書なきを以て教師自ら配合撰択をなし其科連絡又は各学科は連絡統一を保つにとを得るなり即ち一日の各課業若くは一週の課業は其如何なる学科をも連絡を有せしむ是を以て教師の労力は多級に比して多きを免れす」という記述(34)や、作文科では各組に教材をアレンジして与えるといった工夫をしていたこと、さらには自修学科の取り組みから、児童の実態に応じて石川が教材を選択したり、教科を関連させて学習させるといった労多き工夫を行っていたことで、効果があがっていたと推察される。

こうした石川の実践について、中島半次郎は一八九六年一一月二五日発行『教育時論』第四一八号の「東山道三県学事視察記（下）」に次の評価をよせている。(35)

宮城の師範校附属校は、流石に整頓せり。〔中略〕同校の教授法は、皆五段を追ひ、管理も相応に行き届けり。殊に此附属校の単級教場は、石川榮司氏、全身を捧げて其整備に尽し居るが故、教授法といひ、生徒の学力、操行といひ、頗る見るべき者あり。石川氏は、此教場を以て、殆んど其住家とし、学校の掃除、実業の実習等、皆自ら先だちて生徒を督せり。氏の談に依れば、単級生徒中、放課後より仙台市中の新聞を配達して、家計を助け居る生徒三名ありて、其学力は、却りて他生徒に抜んで居ると言へり。氏が此教場を学校めかず、学科の外、勉めて生徒をして種々の実習を為さしめ、其間に道義的の動作を為さしめんと力め居る所は、同感に堪へず。

ここでの「学校めかず」という表現は単級教場の性格を端的に表現しているだろう。すなわち、外部の目から見ても、学校が単に「教科（学科）を学ぶ場所」ではなく、子どもの学習と労働が一体化して、学習のみならず社会生活そのものを主体的に学ぶ生活の場となっていたのである。ここに石川の「自働」概念の、相当な拡張をみることができる。なお、この石川の実践への高評価は附小独自の単級教場の性格に裏打ちされたものでもあった。附小の歴史を検証した小松（一九九六）によれば、及川が附小から県内の尋常小学校校長に異動した直後の一九〇一年、附小の佐々木訓導が単級教場の参観者から受けた質問の中で最も多かったのは「『単級学校は貧民学校にあらずや』というもの」であり、これに対し佐々木は「かゝる質問は教育を味ひざる俗人の発すべきものなり」と断じたという。そして小松は、佐々木が「山田邦彦県視学官や里村勝次郎師範学校長の子弟、野村前知事他県属の子弟の多くが単級で学習している事実」を挙げ、授業料の納否により学級編成を異にするのは小学校令の精神に反するものと述べている点に注目し[36]、卒業生名簿から山田と里村の子弟が在籍していたことを確認している[37]。

ここから明らかなのは、宮城県師範学校では附属の単級教場を、単に地方の単級学級の実態に応じる模範的実践を提供すべく研究を行う場にとどまらず、むしろその教育的意義を積極的に認めていたということである。児童に確実に学力や生活力を育成するための学校教育のありかたを石川は身をもって追究していた――まさに、子どもに即した実践研究を行っていたという事実である。

藤枝（一九九六）は一八九一年に公布された「尋常師範学校附属小学校規程」（文部省令第二六号）において「単級ノ制ニ依リタル学級」の設置義務が示されたことで各地の尋常師範学校附属小学校が附小にそのための学級（単級教場）を「特設」したことと、この学級の児童からの授業料不徴収規定がなされたことで「貧民学校」のイメージがつき、単級学級に対する附小側の消極的態度がとられ、単級学級＝貧民学校＝厄介物という捉え方がなされていたとする[38]。同時代的には『単級学校ノ理論及実験』のなかで「生徒家庭ノ貧富ハ毫モ単級小学校ノ編制ニ関係スルモノニアラザルコトヲ但人口稀少ナル地方ハ即チ田舎ニテ概シテ農業漁業ヲ営ムモノ多キ地方ナレバ単級小学校ハ中等以下ノ子弟ヲ教育スル場所ナリ決シテ中等以上ノ子弟ヲ教育スル場所ニアラザルナリ」と書かれており、単級小学校は「中流以下の家庭」を想定した学校であるという認識を広げたとみられる。(39)師範附属の単級小学校をはじめとし、これが当時の全国の単級小学校への認識であった。

しかし、附小の単級教場は、そうした全国的な傾向と明らかに性格を異にしていた。すなわち、一八九〇年代の末だ単級小学校が全国多数を占める中、附小の実践は、その取り組みの具体的内容もさることながら、「貧民学校」と卑下されがちであった単級学級・単級学校に積極的に教育的価値を見出し、しかも師範学校がその存在を厄介者扱いせず、むしろその実践を支援する体制をとっていた。だからこそ、注目を浴びたのである。中島は前掲記事の中で「仙台市中新聞の配達は、東北学院労働会の生徒と、師範校附属単級教場の生徒とにて持ち切り、一切其他に托せず、社会が次第に斯く学校生徒の自治自活に同情を表するに至らんこと切望に堪へず。」と記録している。(40)単級教場の児童を仙台市として支える体制をとっていたことも石川の大きな支えとなっていたに違いない。

「自働」の価値を創設当初から認め、それに加えて「自修学科」という自学の能力を付けるための教科までをも設置し、「特殊の課業」を精力的に実践していた石川の、県内外において著名だった単級教場の実践を引き継いだ及川が着実に成果を挙げていたことは、前掲の彼の知己による評価からも明らかである。

及川が明石附小着任後に記し、赤井が引用していた前掲の「為さしむる主義による分団式教授法」において、及川は「為さしむる主義教育の本質」を五点挙げており、その中に「(二) 児童の独立的活動、自働的仕事を激励すること」という記述がある。ここからも、少なくとも同稿発表時の一九一〇年までは「自働」の概念を引き継いでいたことがわかる。(41)

及川が明石附小主事に着任し『分団式動的教育法』で名を馳せた後に、雑誌『教育界』に掲載された「及川平治氏の印象」に寄稿された及川と長年の交流のある二名が「私は及川氏が宮城師範の訓導時代よりの経験を基礎として、発生心理学の上に論理学の上に新教育法を組織せられ」（山田武臣）、「先生の今日主張せられて居る分団式動的教育に於て、能力不同と云ふ事実的見地は早くも此の当時〔宮城県師範附属小学校訓導時代〕から根柢を以て居たものと云つてもよい」（高橋勇三郎）といった評価からも、単級教場の経験が及川の原点として知られていたことが窺える。(42)

3　石川榮司と及川を実践研究でつないだ『教育実験界』

ここであらためて、及川の生涯にわたる教職生活初期に多大な影響を与えたであろう石川榮司という存在を取り上げる。前田（一九九三）は、石川（一九〇六）の著作『理想の小学教師』を紹介した際、「蟹穴庵主人と称する著者の石川榮司については、経歴その他詳細はわからない」としているが、他の先行研究において石川の存在が取り上げられているのは雑誌『教育実験界』との関係においてである。(43)『教育実験界』の当時の教育界に果たした役割を詳細に検討した先行研究に小熊（一九九〇）(44)と下山（二〇一七）(45)の研究がある。『教育関係雑誌目次集成第二〇巻』（一九八七）には書誌情報とともに雑誌の性格が端的にまとめられており、(46)古くは木戸（一九六二）の紹介がある。(47)

小熊と下山ともに、石川の経歴は東京書籍商組合編『東京書籍商組合史及組合員概歴』（一九一二）によっており、石川は書籍商「育成会」初代として掲載されている。(48)それによれば石川は一八六五年に千葉県長生郡日吉村の生まれ、一八八四年に千葉師範学校卒業、一八九〇年に宮城県尋常師範学校附属小学校訓導に着任する。この間の経歴は定かでは無い。

及川が附小に着任した一八九七年四月に、女子高等師範学校附属小学校訓導（以下、女高師附小と略す。）に栄転している。女高師附小の在職期間は一八九七年四月から一九〇〇年三月までの三カ年である。退職後は育成会の業務に専念している。

石川は女高師附小に着任して一年も経たぬ一八九八年一月一日に育成会を創業し、同時に『教育実験界』第一巻第一号を発行していることからすると、上京時からそもそも訓導を長く続ける気持ちは無く、女高師附小訓導という地位と肩書を得、それを活用して人脈を広げ、出版業に専念する野望を抱いていたとみられる。それは、『教育実験界』第七巻第三号（一九〇一年二月一〇日）において、「余が広く教育実際界に尽さんと志したるは今を去る十年以前のことにして某県師範学校在職の際なり。爾来公務多忙のため且は僻在の地にありしを以て志を果す能はざりしが、職を茗渓に奉ずるに及び此の念慮は益々昂まり到底抑止する能はざるに至りたり。当時小学教育の実際に当り常に教鞭を執りつゝありしを以て思潮は教壇上の研究に向ひ、「教育の方法につき多くの実験研究が記録せられたるものあらば余もかくまで苦心工夫に及ばず一般教育実際家も亦労を省くの便あるべし」と思惟し、是に於て余は研究報導のために尽さんことを決意せり。是れ此の教育実験界が発行せられたる所以にして、又本会が設立せられたる所以なり。」と述べていることからもわかる。(49)

木戸は石川について『教育実験界』の「編集顧問格」であり、実践経験歴からして「『教育実験界』にふさわしい人だつたようである」と評している。(50)石川は実質的に編集の中軸ではあったものの、彼が名義上も実質上も編集者となるのは一九〇三年からである。それまでは「育成会主幹」という肩書きで示されている。一九一六年六月一日発行の第三七巻第五号に「告別の辞」を載せ、稲毛詛風に編集を譲るまで長期にわたり同誌に関わり続けた。

雑誌に掲げられ続けた「発行の趣旨」については、既に小熊らによる十分な解説があるのでここでは省くが、理論と実践の断絶を埋めること、その融合を図ることを目的に、とりわけ教師による「実験談」をすくい上げることを目的とした誌面作りが意図されていた。何度か誌面構成の変化を遂げるが、同時期、多数発行されていた教育雑誌の中における同誌の誌面構成の特徴は、教師の手による研究や実験を掲載する「実験界」欄の充実であった[51]。

全号を通して著名な教育研究者、教育行政関係者、高等師範学校関係者、全国師範学校附属小学校訓導が執筆の多勢を占めている一方で、徐々に一般の教師による記事も増えていく。「「理論」と「実際」の双方、つまり「学問知」と「実践知」との往還的な研究を行なおうとしたメディア」であり「日本に適した教育方法を構築しようとした」こと[52]、これが全国の教師の支持を得、同誌が当時の「教育関係雑誌中、最大の発行部数」を示し[53]、一八九〇年代以降、多数の教育雑誌が発行された中で、廃刊の憂き目に遭わず長期にわたって発行され続けた理由であった。

及川は附小訓導時、『教育実験界』に①「修身科教授案」（第三巻第二号、一八九九年一月二五日）、②「教育所感（宮城県、及川生）」（第三巻第五号、同年三月一〇日）③「習字科教案」（第三巻第一〇号、同年五月一〇日）④「数へ方教授の方法（茂貫平治名）」（第四巻第八号、同年一〇月二五日）⑤「尋常小学校筆算教授細目試案」（第五巻第六号、一九〇〇年三月二五日）の五本の原稿を寄せている。著者名が「及川生」となっている原稿の執筆者は別の及川という姓の人物である可能性もあるが、石川との縁故による雑誌への寄与度の高さ、当時、時折掲載されている雑誌の会員名簿に及川姓の人物は一人も存在しないことから及川平治とみて間違いない。③の原稿は及川が指導している師範学校の教生の教案の紹介であり、及川の実践ではない。

なお、一九〇三年二月（当時の及川は東京市本所尋常高等小学校訓導）に、及川は宮城県師範学校で同年の卒業生の熱海安吉と共著で『新教育学』を育成会より出版している。同著は育成会が「初等教育学の懸賞募集の原稿中師範学校女子部并に簡易科講習科の教科用書として材料分量共に適当なるものと認めて」採用したとされているもの[54]の、師範学校時代の教え子である二人との関係性の下、石川が積極的に出版したものとみられる。さらに育成会より及川の単著として一九〇六年四月に『如何に歴史を教ふ可き乎』、同年九月に『如何に国語を教ふ可き乎』、翌年一一月には『教育実験界』掲載の第五巻第一号から第五号の原稿を元にした『如何に地理を教ふ可き乎』を相次いで出版している。この事実も及川と育成会を通した石川との関わりの深さを示している。

前掲の附小訓導時の及川による五本の原稿中、石川と及川の継続的な関係性を示しているのが、④「数へ方教授の方法」である。これは尋常一学年の児童に「一乃至二十の計方及加減乗除」を教える方法論について、五時間分の指導経過を論じたものである。この原稿には「（い、ゑ、）」による「（評）」が文末に付けられている。「（い、ゑ）」とは石川榮司の頭文字で間違いないだろう。「（評）」の内容は以下のとおりである。(55)

> （評）編者亦同様の意見なり、只編者は今二つ程のことに注意せられんことを望む、即ち一は数は排列の如何によりて其の値のかはるものにあらずといふこと、二は用ゐる実物は初めは小なるものよりして漸次大なるものに及ぼし終に数は実物を離れて存在することを悟らしめたきこと是れなり。

ここからわかるのは、石川は及川と地理的に離れながらも実践上での研鑽を促し続けていたことである。及川の『教育実験界』に掲載された原稿に「評」がついているのはこの一本のみであるが、彼がこの後、三本継続して算術の指導法に関する原稿を寄せていることから、算術の指導方法の実践すなわち実験で、石川の期待に応えようとしていたとみられる。

そして、この一連の算術の指導法に関する原稿について特筆すべきなのは『教育実験界』に及川の最初に掲載された①「修身科教授案」の内容とは大きく異なっている点である。

「修身科教授案」は渡邊政吉による『日本修身書入門』の中の一話を「教材」として、話のあらすじをまとめた後で「恩をうけては必わする丶ことなくこれを報いんことを心がくべきこと。」という「報恩」を「目的」に設定し、「予備」→「排列」(二回)→「比較」→「統括」の各三〇分、全五回にわたる授業において、それぞれの回の教師による発問を一覧的に並べたものであり、原稿の書き方はヘルバルト主義による修身の教授案の典型である。(56) 発問は実践の結果を示しているのかもしれないが、そこに教師と児童との関わりの具体的姿を読み取ることは不可能であり、実践・実験を行っているという自覚のもとで書かれたものとして読むことはできない。

しかし、この次の及川が意識する現在の教育問題について論じた②「教育所感」では「二、教材及教授方法の宜しからざること」という題目で「各教科目の教材及方法につきて簡単なる批評を試んとす知らず肯綮に中るや否や」として修身科、作文科、読書科、算術科の四教科を批評し、修身科について「実行の問答を疎にすること　児童の境遇より事例を撰ぶことの少きこと　教訓と実行と相伴はざること」を挙げている。四教科の問題点を挙げた後に、「以上の批評に触れざる教材を撰ぶと同時に教授の形式に拘泥せず、つとめて児童の天稟と嗜好とに適する方法を採ることは目下の急務なり余は左の諸項に専ら苦心しつ丶あるものなれども未た良成績を見ざるは甚遺憾なりす。」と述べている。(57) 前稿の「修身科教案」は「児童の境遇より事例を撰ぶこと」をせず、「実行」がともなわないヘルバルト主義の「教授の形式」にこだわった教師の一方的な問答授業そのものであり、ここで及川が批判している観点は彼自身の実践そのものであった。だからこそ「良成績」を挙げておらず、反省的にその後も自らの課題として取り組もうと試みていたのである。

「教授の形式」にこだわらず、むしろ算術の適切な教材と指導法のあり方を追究した④「数へ方教授の方法」以降の論述は、「修身科教案」とは全くの別人の書いた原稿のようである。②「教育所感」を経た④「数へ方教授の方法」以降、『教育実験界』誌上において、及川は自らの実践の背景にある考えを論述的に披瀝するようになる。

附小訓導として最後に掲載された⑤「尋常小学校筆算教授細目私案」は小学校教則大綱に示された内容を「教授細目」に落とし込むという目的ではあるものの、筆算の教え方には三種類があることを論じ、その三種類を折衷し「実験上の考案」を加えて作成したこと、細目とは「材料の予定案」であり、「細目の精否は大に教授の効果に関する」ものとして、細目構成の要点も論じている。(58) 及川が教科の専門的な知見に学びながら実践上における「材料」すなわち「教材」の価値に着目し始めたことは注目に値する。彼は同原稿で「苟くも児童をして安全強固なる智識を得せしめんには、(イ) 精選したる材料を確実に授け、(ロ) 既修の智識は益之を緻密ならしめ、(ハ) 内部の充実と共に其の外方に向ひて範囲を拡めざるべからず、是れ何れの学科に於いても遵ふべき要件なれども、〔略〕」と述べている。(59)

前掲の一九〇六年と翌年にかけて相次いで育成会から出版された三冊の単著の中で、及川は法令に示された教科内容を「法定の教材」と呼んでいる。彼はそれを確実に授けるという目的のもとで、教師が「法定の教材」としての「教材」を「精選」する必要性を論じている。そして「法定の教材」を及川自身が「精選」してみると、一九〇三年に導入された国定教科書は満足のいくものではないことを国語、地理の学術的な教科内容の知見に即して指摘している。⑤の原稿で見られた及川の教材に対する考え方の変化は、彼が一九二〇年代以降に取り組むカリキュラム改造論にも関わる問題にも継承されていくのである。

附小退職後も及川は宮城県内、東京市内、明石へと移動する先々で『教育実験界』に多数の原稿を寄せ、主要な活躍の場としていた。とりわけ、同誌上で一九〇一年から英語の文献の翻訳紹介を始めたことは、彼の理論的実践主体の「理論」を補強するうえで重要な役割を果たしたとみられるが、紙幅の都合上、詳細な分析については別稿を参照されたい[60]。

石川の興した『教育実験界』は、彼の指導生である及川が「分団式動的教育法」を生み出す理論的実践主体として着実に成長していく場・契機を与えていたことについて、本章と同様に及川の研究活動の起点を単級教場に据える本図（二〇一二）の研究に示唆を得たい。

本図は「怨嗟がつきまとう閥とは異なる」、「ソーシャル・キャピタル」という概念で及川平治の活動と教育論の展開を「宮城県師範学校附属小学校を媒介とする外部性を有する社会的ネットワーク」に位置づけ、それが「「この子ども」、「すべての子供等の為に」という規範を包含している」ことに注目している[61]。宮城県師範学校で共有されていたこの規範こそが、長年にわたり及川に実践上の実験＝研究を推進させる土台となっていたのである。

おわりに

及川が理論的実践主体として成長する原点は、師範学校生徒のときから彼の才を認めた石川榮司が「自働」に着目して作り上げた単級教場での取り組みの継承が起点になっていることは、傍証ながらも十分に推察できる。さらに、石川の発刊した『教育実験界』の投稿を通し、学校で実践に役立つ実験＝研究を行うことの重要性も理解していったに違いない。

「分団式動的教育法」と単級小学校の特徴の継承の有無についてみれば、「はじめに」で取り上げた高橋（一九九六）の結論通り、「分団」の組織法が単級教場の「組」の組織を継承していたとみなせないことは確認できた。では、「自働」についてはどうか。石川の取り組みを積極的に継承していた及川は、単級教場での実践を通し実感として「自働」の考え方を吸収し、明石附小に着任して以降の一九一〇年の「為さしむる主義による分団式教授法」に、この言葉を用いていることから、少なくとも「言葉」としては継承されていたとみられる。

しかし、同論文の一部をふまえた一九一二年の『分団式動的教育法』の記述において、「為さしむる主義による分団式教授法」の「(二)児童の独立的活動、自働的仕事を激励すること」の「自働的仕事」という表現は消えており、同著では「(三)児童の独立的活動を激励すること」という表現に変わっている(62)。そのうえ、「習慣の訓練においてはコントロルの発展か《ママ》重要であつて単なる自働的運動の訓練は比較的価値の少いものである。習慣の奴隷となつて働く人よりも習慣を使用する人が貴いのである」(傍点、及川)(63)という記述も見られることから、及川は『分団式動的教育法』の出版される一九一二年までのわずか二年間のうちに、単級小学校において教師によって「訓練」された「自働」を否定する立場に変わり、動的教育の研究を深める過程で「自働」概念を相対化したと考えられる。

かといって、及川の、当時において独特の宮城県師範学校附属小学校の単級教場経験は何ら継承されていないとも言い切れない。

単級教場と、そののちに多級学校の両方を経験したことで、及川は集団が単級小学校のように学校全体が一集団単位であっても、あるいは多級学校での一学級単位であっても、それぞれの単位の中における個々の児童の能力は違うという事実に直面し、指導法に苦慮したことで、それを追究すべき重要な研究課題と決定したと考えられないだろうか。

本章では紙幅の都合上ふれなかったが、明石附小着任前の東京市での中学受験を目指す私立小学校での教師経験も、いくら中流以上の児童を集めた集団であっても、そこには現前とした個人差が存在していることを及川に突きつけた(64)。一定規模の児童集団をいくら小集団にわけたとしても「わけ切れる」ものではない。石川の方針を継承したであろう単級教場において、児童の間の、殊更に大きな「能力不同の事実」と向き合った経験が、後の「分団式動的教育法」の着想に与えた影響は少なからずあったと言えよう。

註

（1）稲垣忠彦『増補版　明治教授理論史研究』評論社、一九九五年、四四四頁。なお、研究者的実践者といった「理論的実践者」とその趣旨において似た表現もあるが、ここでは稲垣の表現を用いる。

（2）橋本美保・田中智志「教育実践のプラクティス――大正新教育の「実際的」とは何か――」橋本美保・田中智志編著『大正新教育の実践――交響する自由へ――』東信堂、二〇二一年、一三―一九頁。

（3）橋本美保「及川平治による個別化教授プランの受容とその実践」『東京学芸大学紀要　総合教育科学系』第五七集、二〇〇六年、二九―三七頁。

（4）本図愛実「仙台市教育研究所に連なる教師たちのソーシャル・キャピタル――宮城県師範学校附属小学校を媒介とする社会的ネットワーク――」『宮城教育大学教職大学院紀要』第四号、二〇二三年、三一頁。

（5）笠間賢二「高等師範学校附属学校における単級学校論の形成過程」『東北大学教育学部研究年報』第三二号、一九八四年、七七―一〇六頁。

（6）豊田久亀「及川平治の「動的教育論」再考」大阪市立大学大学院文学研究科教育学教室『教育学論集』第一五巻、一九八九年、一―一二頁。

（7）高橋克己「明治期における「学級内小集団」論――単級教授法における組と及川平治の分団の関係――」『名古屋大学教育学部紀要（教育学科）』第四三巻第一号、一九九六年、一二九―一三九頁。

（8）楠本恭之「単級学校における教授方法の形成――「自働」概念の変容に着目して――」『広島大学教育学部紀要　第一部（教育学）』第四五号、一九九六年、一八七―一九六頁。

（9）中野光『大正自由教育の研究』黎明書房、一九六八年、一一六頁。

(10)　志村廣明『学級経営の歴史』三省堂、一九九四年、一〇頁。
(11)　赤井米吉「教授法問題史」『教育』第三巻第二号、一九三五年、一四—二七頁。
(12)　同前論文、二四頁。
(13)　同前論文、二五頁。
(14)　高橋前掲論文、一三〇頁。
(15)　同前論文、一三六—一三七頁。
(16)　無署名「単級教授の練習」『宮城県教育雑誌』第二八号、一八九七年、三七頁。
(17)　高橋勇三郎「及川先生のこと」『教育界』第二一巻第八号、一九二二年、一三九頁。
(18)　四竈仁邇「懐古片々録」宮城県立盲唖学校『創立二十五年記念誌』一九三九年、五九—六〇頁
(19)　渋谷市長「追悼の辞」『仙台市広報』第一一七号、一九四〇年、六一三頁。
(20)　無署名「本県尋常師範学校附属小学校単級教場の現況」『宮城県教育雑誌』第五号、一八九五年、二八—三一頁。
(21)　石川榮司「単級学校各学科教授案例」『宮城県教育雑誌』第一六号、一八九五年、一七—二〇頁。同「単級学校各学科教授案例」第一七号、一八九六年、二四—二六頁。
(22)　同前論文第一六号、一八—二〇頁。
(23)　石川前掲「単級学校各学科教授案例」第一七号、二四—二六頁。
(24)　石川前掲「単級学校各学科教授案例」第一六号、一八頁。
(25)　笠間前掲論文、七九頁。
(26)　高等師範学校附属学校編『単級学校ノ理論及実験』茗渓会、一八九四年、一一四—一一九頁。
(27)　楠本前掲論文、一九三—一九四頁。
(28)　同前論文、一九四頁。
(29)　前掲「本県尋常師範学校附属小学校単級教場の現況」二九頁。
(30)　同前、三〇頁。

（31）同前、三〇—三一頁。
（32）高等師範学校附属学校前掲書、二二一—二二二、二三一頁。
（33）前掲「本県尋常師範学校附属小学校単級教場の現況」二九頁。
（34）同前、二九頁。
（35）中島半次郎「東山道三県学事視察記（下）」『教育時論』第四一八号、一八九六年、三五頁。
（36）小松教之「承前・宮城県師範学校附属小学校　特別学級「第十三学級」について」『東北大学教育学部研究年報』第四四集、一九九六年、二二八頁。
（37）小松教之編著『私たちの学校の歩み——史料編——』宮城教育大学附属小学校、一九九三年、七頁。
（38）藤枝静正『国立大学附属学校の研究——制度史的考察による「再生」への展望——』風間書房、一九九六年、四五—四七頁。
（39）高等師範学校附属学校前掲書、五一頁。
（40）中島前掲論文、三五頁。
（41）及川平治「為さしむる主義《アクチュアルドーイング》による分団式教授法《グループシステム》」金港堂編集部編『全国附属小学校の新研究』金港堂、一九一〇年、九六五頁。
（42）高橋勇三郎前掲論文、一四〇頁。山田武臣「及川氏と私」『教育界』第二一巻第八号、一九二二年、一三八頁。
（43）前田一男「解題」『日本の教師22　歴史の中の教師Ⅰ』ぎょうせい、一九九三年、一一三頁。
（44）小熊伸一「明治後期における教育学術・実際雑誌の創刊とその役割——『教育実験界』と『教育学術界』を中心として——」『立教大学教育学科研究年報』第三四号、一九九〇年、七五—八九頁。
（45）下山寿子「近代日本準専門職（「特別支援教員」）形成史研究（2）——教育総合雑誌『教育実験界』①何故、このメディアに注目するのか——」『高崎商科大学紀要』第三二号、二〇一七年、五五—六五頁。
（46）教育ジャーナリズム史研究会編「各誌解題『教育実験界』／『創造』」『教育関係雑誌目次集成第Ⅰ期・教育一般編第20巻』日本図書センター、一九八七年、一〇六頁。
（47）木戸若雄『明治の教育ジャーナリズム』近代日本社、一九六二年、八四—八六頁。

(48) 東京書籍商組合編『東京書籍商組合員史及組合員概歴』東京書籍組合事務所、一九一二年。七〇―七一頁。青裳堂より復刻版『日本書誌学大系2　東京書籍商伝記集覧』一九七八年、七〇―七一頁。
(49) 石川榮司「明治三十四年に於ける本会の新事業」『教育実験界』第七巻第三号、一九〇一年、一頁。
(50) 木戸前掲書、八五頁。
(51) 小熊前掲論文、七六―八一頁。下山前掲論文、五六―五八頁。
(52) 下山同前論文、六三―六四頁。
(53) 小熊前掲論文、七五頁。
(54) 育成会編集所「緒言」熱海安吉・及川平治共著『新教育学』育成会、一九〇三年。
(55) 茂貫平治「数へ方教授の方法」『教育実験界』第四巻第八号、一八九九年、二二頁。
(56) 及川平治「修身科教授案」『教育実験界』第三巻第二号、一八九九年、一〇―一三頁。
(57) 及川平治「教育所感」『教育実験界』第三巻第五号、一八九九年、四四―四六頁。
(58) 及川平治「尋常小学校筆算教授細目試案」『教育実験界』第五巻第六号、一九〇〇年、一三―一五頁。
(59) 同前論文、一四―一五頁。
(60) 拙稿「日本の学校教育における「実践」と「実験」の関係――及川平治『分団式動的教育法』の原点を探る（2）」――『お茶の水女子大学人文科学研究』第一八巻、二〇二二年、九五―一〇七頁。
(61) 本図前掲論文、二九―三一頁。
(62) 及川平治『分団式動的教育法』弘学館書店、一九一二年、六六頁。学術出版会より復刻版『及川平治著作集　第二巻　分団式動的教育法』二〇一二年、六六頁。
(63) 同前書、三二頁。
(64) 豊田前掲論文、一〇頁。橋本前掲論文、二九―三〇頁。

第3章　和久山きそによる保育研究・実践の実態と特質

――自然研究のプロセスに着目して――

永井　優美

はじめに

アメリカ人宣教師のハウ（A. L. Howe, 1852-1943）は、日本にフレーベルの思想を紹介し、それに基づき頌栄幼稚園および頌栄保姆伝習所を通して日本に保育実践のあり方を示した。本章では、その弟子である和久山きそ（1865-1943）の保育研究と実践に着目し、その実態と特質を解明することを試みる。筆者はすでに、頌栄保姆伝習所などのキリスト教系保姆養成校が当時の一般の保姆養成に比べ、保姆の専門性を意識した高度な養成を行っていたこと、また、ハウが同伝習所やキリスト教系保育団体 Japan Kindergarten Union（以下、ＪＫＵとする）において、保育実践の質の維持・向上のため研究的志向を持った実践者としての保姆の育成を試みていたことを指摘した[1]。本章では、頌栄保姆伝習所の第一回卒業生である和久山きそを取り上げ、指導者からの影響を受けつつも、保姆自身が主体的な研究活動を通して継続的に自己の実践を形成していったプロセスに注目する。

倉橋惣三はハウについて「その「フレーベルの」説を実地に行ひ、幼稚園の一つの型を、我国人の目に指示せられた」ことから、「幼稚園教育に於ての教師の教師」であったと述べ[2]、ハウを実際家として高く評価している（以下、

［ ］内は引用者）。しかし、頌栄幼稚園の主任保姆として最前線で実践を担った和久山については、キリスト教保育史では知られているものの、[3] ハウに隠れてその実績が十分に評価されてこなかった。[4] ハウと共鳴しながらも自己の関心に即して研究・実践に自律的に取り組んだ和久山の学びのプロセスを解明せずに、日本の幼稚園のモデルとなった頌栄幼稚園の実践を保育史上に位置づけることはできないだろう。

和久山が自然研究を自己の専門分野としていたことは、西垣光代によって明らかにされている。[5] しかし、和久山が保育における自然研究の意義をいかに捉え、それを実践にどのように活かしたかについて本格的に検討されていない。そこでまず、明治三〇年代の関西地区における研究交流活動にみられる和久山の自然研究への取り組みの実態について検討する。次に、研究・実践の展開の契機となったネイチャー・スタディの手法の導入に着目し、大正期の頌栄幼稚園の実践の特質を明らかにしたい。それを通して、和久山が日本の保育実践に果たした役割について言及したい。

なお、本章では、史料の引用に際しては、適時句読点を加えた。

1　関西地区の研究交流に果たした役割と自然研究の基盤の獲得

和久山きそは一八六五（慶応元）年、摂津国三田町に生まれた。[6] 三田藩主九鬼家の重臣の家柄で、両親についで一八八二（明治一五）年に受洗し、神戸英和女学校を一八八五（明治一八）年に卒業すると、その後、同志社女学校の舎監兼教師となった。女学校教師の立場を捨て、軽視されていた保姆になることを決めた和久山は、一八八九（明治二二）年に頌栄保姆伝習所に入学している。当時は人材不足もあって、入学直後から和久山は頌栄幼稚園の保姆と伝習所のオルガン教師を務めた。一八九一（明治二四）年に第一回卒業生として二年間の養成課程を卒業すると、保姆および伝習所の教師としてハウの働きを支えていった。ハウがアメリカに帰国していた一九〇三（明治三六）年から一九〇六（明治三九）年には園長として、さらにハウが定年となり帰米した後一九二七（昭和二）年以降は園長兼所長としてハウの後任者となっている。ハウから絶大な信頼を寄せられ、その取り組みが高く評価された和久山は、一九三四（昭和九）年に引退するまで頌栄幼稚園における実践の中核を担っていた。本節では、まず和久山の関西地区における研究交流活動の実態を検討し、初期の保育研究の動向を概観したい。

京阪神聯合保育会での研究交流活動の実態

一八九七（明治三〇）年一〇月一六日に、京都、大阪、神戸の三市による聯合保育会が創立された。京都市保育会が創立時にハウの講演会や頌栄幼稚園の視察を行ったことや、大阪市保育会がハウの講演を契機として結成されたことから、関西保育界においてハウが指導的役割を果たしていたことは知られている(7)。一方、聯合保育会発足に際して組織された神戸保姆会の会長には、ハウではなく和久山が就任し、同組織を主導していった。聯合保育会ではハウは講演や情報提供を行うことを主とし、実質的な運営や交流の旗頭は和久山であった。

第一回保育会は同年一一月に京都にて開かれ、神戸市からはハウ、和久山含め五名、大阪市からは二〇名、京都市からは八〇名の参加者があった(8)。大会の談話会において、京都市保育会が「恩物の取捨選択」というテーマを提示した。この自由な討議の場で、和久山は恩物の実際的な使用方法について積極的に発言している。たとえば、粘土細工を大阪では廃止したという発言に対して「幼児の最も喜ぶもの故に之を廃するを憾む「フレーベル」も巳が思を形に表はさしむるを得るに最適当なるものなりと云へり」と述べ、フレーベルの考えに基づいた見解を表明している。その後も多くの発言があったが、今後は恩物と自然物との関連について保育会全体として議論していく方向が示され、次回に続く継続的な課題と認識され終了した。それは後述するように、和久山による積極的な恩物と自然物の関係への言及がこのときからなされていたためではないかと推察される。

第三回の保育会は一八九八（明治三一年）年一一月に神戸保姆会が幹事となり、和久山会長のもと頌栄幼稚園を会場として開催された(9)。同大会は岡山市師範学校教員、滋賀県の保姆、姫路の保姆・園長などの非会員にも開かれたものとなり、計一〇五名の参加者があった。和久山は開会の主意を次のように述べている。

私共は大阪京都の会に出席して諸先生方より保姆の経験談を伺ひ敏捷なる幼児をして満足を得せしめ大に利益を得ました。其後皆様と御談合も致たいと思ひましても公務の為め満足のお話しを致す暇もござりまぜ《ママ》んでしたが、今日は幸ひ賑々しく御来会下さいました故、此際充分に研究して子供等に新式の方法もて教授致し度思ふ処でござります。殊に敏捷なる子供等が多くの物を始終私共に向て求むるに対し、之に与ふる材料に乏しくして困り居りまする処でござりますから、皆様に御胸襟を開かれ多くの材料を戴き度此の望を就くる事は本会の尤も望む処でで《ママ》ござります(10)

和久山は実際家としての視点から、保育の経験による意見交換と保育の材料を互いに紹介し合うことを目的とした会にしたいという主旨の話をした。それは神戸保姆会が目指した研究交流のあり方であった。「神戸保姆会規則」第一条の目的には、「保姆互ニ保育実験談ヲナスコト」とあり、第五条には「保姆ノミ会員タルコト」とある(11)。京都、大阪の保育会は、小学校長などの男性が指導的立場にあり、講習や研究、保育法の研究・改良が目指されたものであったのに対し、神戸保姆会は女性である保姆の主体性が尊重された「保育実験談」を持ちよる、より実際的な交流を目指したものであった。

この第三回大会ではハウによって演説が行われている。その中で、ハウは「真の保姆」はフレーベルの方法だけではなく原理を研究して実践にそれを応用する人であると言い、保姆たちにフレーベルの著作から直接研究することを勧めている。(12) また、和久山による論説「幼稚園に於ける秩序之必要」が第三回大会後に発刊された『京阪神保育会雑誌』に掲載されている。(13) 和久山は、フレーベルの保育法のみではなく原理を探索して真の保育法を得るべきであり、「天然界の大真理を能く察知致し、其法則の如何に秩序正しくあるかを了解」しなければならないと述べている。そのうえで、フレーベルが天然界の法則を研究し、「天然界を簡単に縮め其標準として彼恩物手芸を編出されたるものなれば、彼恩物手芸には実に深き原理を含み居る」ものであると、フレーベルが自然研究を通して恩物を考案したことを強調している。当時、同会では恩物の理論はほとんど顧みられず、扱いやすさなどが恩物選択の基準になっていた。そのような状況の中、和久山は関西地区の保姆らが恩物の意味に目を向けることができるよう促し、フレーベルの方法のみならず原理を理解する重要性について示したのであった。

さらに、同論説において、恩物を保育に用いることで「容易に此自然界の理法を幼児に照介する事が出来ます」といい、子どもたちによる「時々刻々自然界の奥妙の理を推尋ぬる其疑問に満足の答を与へられましよう」と述べている。和久山は恩物を通して、子どもに「自然界の理法」や「自然界の奥妙の理」への気づきを促したり、子どもの疑問に答えたりすることができると考えていたことがわかる。この点は和久山の自然研究の捉え方の骨子となり、頌栄幼稚園の実践を貫く原理となっていくが、当時の一般の保育実践とは異なる意図を持つものであった。たとえば、同年代の保育実践として、江戸堀幼稚園が自然物を保育に導入したことが知られている。大阪市内の自然に乏しい環境にあって、子どもが自然とふれ合う機会を保障する必要から、自然物を実践に取り入れるようになった同園は、一九〇五（明治三八）年の文部省による学校園奨励策の影響により、自然保育の模範幼稚園としてみなされた。小山みずえは同園の自然物利用における教育的意図を「想像力や構成力の養成」、「豊かな感情の育成」、「身体の発達を促進すること」、「自然な欲求を満足させること」の四点としている。このうち「自然な欲求を満足させること」については、自然物遊びを通して、子どもが興味を持って没頭して物事に取り組む習慣を身につけることが意識されていたようである。[14]このような幼稚園における自然保育と比べ、頌栄幼稚園の自然研究は「自然界の理法」を子どもが知ることを目指していることから、特に目的論の面で異なるものであったといえよう。

第六回大会は一九〇〇（明治三三）年四月二一日に再び頌栄幼稚園を会場として行われ、和久山が会長挨拶を行っている。[15]和久山はフレーベルの「小児の霊は人間より来れりと思ふなかれ、小児は人間の子であり、天然の子であり、神即ち造物主の子である事を思ひて之を発育せしむべしと」という言葉を挙げ、「保姆自らが自然の法則を充分に研究してフ氏が如何斗りこの幼稚園の原理を作るために其生涯を自然物に接せしやを親しく研究して、各自も接して幾分かなりとも天然の幼児にある意を知りて幼児に接する」必要を説き、保姆はフレーベルが行ったように、自然を研究して、「天然の子」である子どもたちの教育に従事すべきであると主張している。そして、「今日此事業に従事する吾々は、氏の教へを中心として研究に研究を重ぬる事は最も必要と思ひます」と述べ、集まった保姆たちにフレーベルの教えを中心に研究を重ねるよう訴えた。

研究問題の討議においては、和久山は司会を担いつつも活発に発言している。たとえば、京都市保育会提示の議題「会集の良策」において、和久山は頌栄幼稚園の実践の様子について「其時分々々の事を話して、天然のこと及び時分柄のことを了解せしめて、例へは花の咲く事から蝶々のことを話し、卵より虫にかへる事等も話し、成るべく実物を示して説話し又生徒に言ひ付けて此頃は如何なる花咲くやを問ひて其花を一々持参せしめ又実物なければ図によりて説明」すると述べ、時期に応じて実物を使用した自由な質疑応答による会集を行っていることを示した。それを受けて京都の会員より「天然物は如何にして御授けになりますか」という質問があり、議論が活性化していることから、和久山の発言に反響があった様子が窺える。

このような研究交流を通して、和久山の研究活動は深まったと考えられる。和久山の発言は自然物に関連するものが多く、和久山がこの頃から自然研究に関心を持っていたことは明らかである。和久山は恩物の原理を研究することを通して、恩物と自然物に深い関係があることを認識しており、頌栄幼稚園において恩物と自然物を併用する実践を遅くとも一九〇〇年には行っていることが判明した。また、子どもの「自然界の理法」への興味に着目し、その疑問へ応答するという視点は、その後の和久山の自然研究の方針となっていったのであった。

第三・六回大会を主導し、実践的な研究交流に意義を見出していた和久山であったが、一九〇〇年一一月の第七回大会後、開催日や祈祷に関する宗教的理由により神戸保姆会は京阪神聯合保育会を脱会することとなった(16)。早期の離脱ではあったが、このような和久山の実際家としての交流活動があったからこそ、フレーベルの原理研究を土台として実践的な研究を行うことの意義が関西地区の保姆たちに示されたのではないだろうか。アメリカ人宣教師であるハウよりむしろ和久山が保姆たちにとっては身近なモデルであり、著名なハウを後ろ盾としつつも、実質的には和久山が指導性を発揮し、関西地区の保姆たちの研究活動を啓蒙した時期があったといえよう。

岡山県教育会夏期講習会における活動内容

和久山は、一九〇三（明治三六）年八月、ハウとともに岡山県教育会が開催した夏期講習会の講師を務めた。水野浩志は、岡山県近郊の幼稚園関係者が多数参加した同講習会について「この夏期講習会は十日間に及ぶ長期のもので…［中略］…このような長期間にわたる夏期保育講習会の開催は、岡山県はもちろん、大阪以西でははじめてのことであり「ハウが当時いかに関西地区保育界から重要視されていたかを物語るものであった」と述べている。[17]この講習会でハウは一一回、和久山は五回の講話をしており、ハウが主で和久山は付属的な扱いにもみえよう。しかし、前述のように、関西地区において和久山の指導性は高く評価されていたと考えられるため、和久山の講話にも期待がよせられたのではないだろうか。この夏期講習会の直後、ハウは帰米している。このとき、ハウは再来日する計画ではなかったため、今後、頌栄幼稚園の園長を引き継ぐことになる和久山による講話はむしろ必然であったようにも思われる。いずれにしても、同講話とその内容の出版によって、ハウの一番弟子としての和久山の存在は保育界に周知されたであろう。

和久山はこのとき、第一講「幼稚園遊戯」、第二講「自然界の研究」、第三講「活動の本能即筋肉の教練」、第四講「認識の本能即意志の教練」、第五講「正義の本能即正不正の罰」として各テーマに基づいて講話している。前半の二講はウィギン（Kate Douglas Wiggin）とスミス（Nora Archibald Smith）の共著である『幼稚園の原理と実践』（*Kindergarten Principles and Practice*, 1896）[18]の内容をもとにしたものであった。後半の三講はハリソン（Elizabeth Harrison）[19]の『幼稚園の観点による子どもの性質の研究』（*A Study of Child-Nature from the Kindergarten Standpoint*, 1890）の解説を主としている。両書はアメリカの幼稚園運動を促進した影響力のあるものであり、とりわけ『幼稚園の原理と実践』は幼稚園の普及に最も貢献した文献として長く影響力を保った。[20]頌栄保姆伝習所では両書ともに一九〇三（明治三六）年に翻訳され、その後教科書として使用されていくが、[21]『幼稚園の原理と実践』は一九一七（大正六）年に『幼稚園原理と実習』[22]として同伝習所から出版されており、明治期から大正期にかけて頌栄保姆伝習所における保姆養成の指針となるものであった。

和久山は一連の講話について「私の作話でもなく、私の考でもなく、即ち米国の或地方で永く保育に従事して居られます御方が、書かれた書物を紹介する」[23]と前置きしているが、これは単なる紹介ではなかった。水野浩志は「それは決して訳文そのものの紹介ではなく、彼女自身よくその骨子を消化して、具体的にいろいろ自己の経験で例証しており、彼女自身の保育思想を表明したものだといってよいと思う」[24]と述べている。たしかに、和久山の講話には、日々の実践のエピソードや、ハウから学んだことなどが含まれている。しかし、水野は『幼稚園の原理と実践』の原典と和久山の言説とを対照しておらず、どの部分が「彼女自身の保育思想」であるのか検討していない。そもそも、『幼稚園の原理と実践』は一二章からなっており、その内、「幼稚園の遊び」（Kindergarten Play）と「自然研究」（Nature-Study）の二章だけが取り上げられている。和久山は「幼稚園の遊び」において、子どもの自発活動のために自由を与えることなど、遊びの基本理念について説明したうえで、「自然研究」の解説を行っているのである。[25]講話では「自然研究」の全一七項目中、前半の八項目について比較的詳細な説明を行っているが、時間の制約があったのであろう、後半は省略され、特に強調したい生命尊重の内容だけが語られた。

ここで和久山による「自然研究」についての解説内容を原典と対照して分析していこう。まず、『幼稚園の原理と実践』の中で子どもが最も興味を持つのは命ある生物（動植物）であるため、生物の研究を主とすることが示されているが、生物以外の偶発的な環境の活用についても述べられている。原典では、「降ってくる雪の結晶を調べたり、大気の変化についてコメントしたり、やかんから出る湯気や炎や立ち上る煙を子どもたちと一緒に観察したり、小川で見つけた滑らかな小石について子どもたちと話したり、一緒に散歩しながら岩の色や地層に注目したりする」[26]とある箇所について、和久山は「子供は雪が降り、雨が降り、霰が降るにつけては、なぜあんな綿のやうなものが降るであらう、あの水はいづこに居つたであらうかと、種々の疑問を起します。又河のほとりに行きては、小石を見て、なぜ之れはこんなに円いであらうかと、屹度疑問を起す、そこで斯る時に当り、保姆たる者は、能く注意して余り高尚なる科学的の答でなくて、極平易に、面白く説き聞かす事が必要である」[27]（以下、傍線部引用者）と、子どもの疑問に注目し、傍線部分のように自身の言葉を添えて説明している。

また、自然を愛する態度の形成について、原典では「科学的真理は長く、忍耐ある研究と対象に対する熱烈な興味によってのみ発見される。そしてそれを獲得したら、愛と尊敬がそれとともにきて、観察力、集中力、精密さ、知識はその後についてくる」[28]と記されている。和久山はその箇所について、何度もくり返し忍耐を持って研究することを通して「児童彼等が自ら此真理を捕ふる事を得たならば、之れに興味を持て来る。興味を生ずると、遂には之れを敬ひ、之れを尚びて、益々物を愛するやうになる。従て自然物に対する智識を得て、愈々種々なる疑問を生じ、彼等は熱心に研究して、此疑を解かんとするに至ります」[29]という。子どもが自ら興味を持って研究することで、自然への愛を抱くようになり、それが諸能力の獲得につながるという文脈の中、和久山は特に子ども自身が疑問を持つことが自然研究の動機や意欲となる点を強調しているのである。

また、フレーベル自身が植物を愛し、園芸を子どもたちにとって最も価値ある作業の一つと主張していたことが示されている箇所の解説では、子どもが園芸を行うことについて、自身の言葉で「児童をして自動的に遣らしますと、其種が芽となり、茎となり、葉となり、花となり、実となる間には、何か一のかくれたる掟に従つて出来て居る事を発見する。猶彼等自らの働きの結果を認むるからに、一層満足する」[30]と述べており、子どもの自発性を尊重していることがわかる。それ以上、このことについて和久山は講話では言及していないが、原典には、フレーベルの主著『人間の教育』から次の部分が引用されている。

人間はそこで（庭で）初めて、有機的で、必然的に限定された、知的に正当な方法で、彼の活動から生じる成果、つまり、自然の力の内なる法則に従いつつも、多くの点で彼の活動に依存する成果をみるからである。庭作りは、少年の自然と共にある生活、自然に対する疑問、自然を知りたいという切実な願望に、多面的かつ全面的な満足を与える。そして自然もまた、このような願望や仕事に特に好意的であり、幸運な結果によってそれらを特に祝福するように思われる(31)

ウィギンらは『人間の教育』から多く引用して論じているが、この箇所は園芸の価値についての説明であり、とりわけ子どもの疑問や願望を強調しているわけではない。和久山は講話では直接的にこの引用にふれてはいないものの、フレーベルの著作を直接的に研究し、子どもの疑問に答えることの重要性を見出してきた和久山にとって、傍線部のように「自然に対する疑問」や「自然を知りたいという切実な願望」という部分が『幼稚園の原理と実践』全体の理解に影響を与えていたと考えられよう。このように、和久山は幼稚園での自然研究について、頌栄保姆伝習所のテキストであった『幼稚園の原理と実践』から学び、フレーベル思想を土台としながら自己の実践経験によって子どもによる自然研究のあり方を理解し、実際家としての視点でそれを伝えていったのであった。

2　ネイチャー・スタディの手法の導入と研究・実践の展開

頌栄幼稚園における自然研究の目的

一九一七（大正六）年のＪＫＵ年報に和久山による論文「幼稚園での自然研究」（"Nature Study in the Kindergarten"）

が掲載されている。これをもとに和久山の大正期における研究・実践の展開について検討していきたい。

和久山は保育における自然研究の目的を「神の御力を知る[32]」ためとしている。岡山県教育会夏期講習会では宗教的な言及は避けたように思われるが、『幼稚園の原理と実践』には、科学は事実の獲得のみならず真理を理解するためにあり、科学と宗教は相互に関連していることから、自然研究の中で等しく養われるべきであると明示されている。また、科学的に自然を研究するためには、宗教心と敬虔な精神を育まなければならないともある[33]。すなわち、当時のアメリカの幼稚園におけるスタンダードな自然研究の目的論は、キリスト教的世界観の中に位置づいており、和久山の自然研究の目的もそれと一致するものであった。そのことはハウの自然研究の認識からもみて取れる。ハウは伝習所の卒業生へのメッセージ集『幸福なる可能事』（一九一七）の第一章「自然に対する愛」で次のように述べている。

子供の好奇心は実に熱烈であります。「これはなんですか」。「あれはなんですか」。「なぜこれがあるの」。「なぜそれがあるの」。と見るにつけ、聞くにつけ、何かにつけて、疑問の矢を放ち、父母を困らせ、人をうるさがらせること実におびたゞしいのであります。これは私共お互の常に実験して居る所で、何人も否定することの出来ぬ事実であります。児童は生物に対し、最も鋭敏な好奇心と興味とをもつておる様に見へます。…［中略］…私共はこの児童の好奇心を満足させなければなりません。この好奇心を満足させること、これやがて彼等のために豊富なる生涯の基礎を据えることになるのであります。…［中略］…彼等の好奇心を活用して、宇宙に充満して居る神様の霊異と栄光とを悟る様に彼等を導くべきでありませう[34]

ハウは、子どもは自然、とりわけ生物に対して鋭敏な好奇心と興味を持っているため、多くの疑問を大人に対して発

表1

	1　自然における視覚芸術—色	2　自然における幾何学—形と数	3　自然における音楽
A鉱物と宝石	(1) 石英—白・灰色・ピンク・紫・黄 (2) 蛍石—白・緑・黄 (3) ガーネット—赤・黄・緑・黒 (4) ダイヤモンド—黄・赤・黄緑色・青 (5) サファイア—青 (6) ルビー—赤 (7) 瑪瑙—赤・赤みがかった茶	(鉱物の結晶体—形) (1) 長石—柱状のもの (2) ガーネット—等軸結晶体 (3) 水晶—六面体の柱状のもの (4) 金—板状のもの、頭皮状のもの、コケ状のもの、葉のような形のもの・髪のような形のもの (5) 岩塩—立方体、ある鉱石は八面体・十二面体・菱面体・四面体	
B植物	菊・バラ・カーネーション—赤、花菱草・金蓮花—オレンジ色、ダリア・孔雀草—黄色、蘭—緑、矢車草・朝顔—青、菖蒲・しおん—紫	花弁、萼片、雌しべ、雄しべ—2、4、5、6、8 リンゴ、梨、柿、メロンの花粉室—4、5、8	
C昆虫・鳥	バッタ—緑、松虫—淡い茶色、鈴虫—黒、馬追虫—緑 チョウ—黄色・オレンジ・紫、黒と緑、黒と紫	チョウ・トンボ・セミの羽、脚、触角の数 ハチの巣—三角形、四角形、六角形 クモの巣—幾何学的	鳥の美しい歌声—カナリア 秋の昆虫の歌声—松虫、鈴虫、キリギリス

『Annual Report of the Japan Kindergarten Union』第7巻、1985年、236-241頁より作成。

するものであるとし、自然への好奇心を活用して、「神様の霊異と栄光とを悟る」ように導くべきであると教えている。このような子どもの姿の捉え方は、これまでみてきたように和久山の子ども理解と合致するものである。そのうえで、和久山は自己の関心に即して自然領域において子どもの疑問に着目した実践的研究を重ねていったのであった。

ネイチャー・スタディの影響

前述の目的を達成するための方法として和久山は、一、「自然における視覚芸術—色」二、「自然における幾何学—形と数」三、「自然における音楽」の分野を挙げ、〈表1〉のような分類を行っている。

このように自然界のあらゆるものを観察を通して分類する方法は、アメリカのネイチャー・スタディ運動の影響であるといえよう。一九〇八（明治四一）年にハウは兄であるE・G・ハウ（Edward Gardnier Howe）へ宛てた手紙の中で「保母伝習所で自然科学を担当している和久山さんは、あなたの「システマティック・サイエンス」を糧としています[35]」と記している。このことから先行研究では、E・G・ハウ著『システマティック・サイエンス』（*Systematic Science Teaching: A Manual of Inductive Elementary Work*, 1894）を活用した系統的な理科教育が頌栄幼稚園で実施されていたといわれてきた[36]。しかし、和久山による実践にどのような影響があったのか、特にネイチャー・スタディの影響については具体的に検討されていない。

筆者の調査により、和久山がハウの兄と直接手紙のやりとりをしていることが判明した。一九一三年の和久山からE・G・ハウへの手紙には、「私が科学の仕事に興味を持つ最初のアイデアを与えてくれたあなたの科学の本にいつも感謝しています。最近、私はますます科学の仕事に興味を持つようになりました。この本は、小さな子どもたちのワークにとってとても重要だと思います。」と記されている[37]。和久山は『システマティック・サイエンス』を「科学の本」と捉え、科学としての自然研究を深めていったのであった。

同書は、最良の教育書を提供することを目的としたインターナショナル・エデュケーション・シリーズ（International Education Series）の中の一冊として一八九四年に出版され、広くアメリカの小学校の理科教育の参考にされたものであった。このシリーズの編者であるセントルイスの教育長ハリス（William Torrey Harris）は、一八七三年にアメリカ初の公立幼稚園を創設する以前の一八七一年に初等科学カリキュラムを提示し、小学校教育課程への自然科学の導入を先駆的に主張している。その方法は観察による分割と分類であり、ハリスによる課程案は、同じトピックを上級学年で反復して学ぶスパイラル構造をとっていた[38]。

ハリスは『システマティック・サイエンス』の序文を執筆している。その中で、子どもの観察力を養うことの重要性を提示し、「分類を教える際には、これまでに蓄積された観察と実験の結果を説明し、子ども自身の実験によってそれを検証する手助けをする」[39]と述べている。『システマティック・サイエンス』は七歳から一五歳を対象としたスパイラル構造で編成された課程であり、トピックもハリスによるものと類似していることから、『システマティック・サイエンス』の内容は、ハリスの理科教育の系譜に属するものであることがわかる。

さらに、同書はハウの母校であるパットナム（Alice H. Putnam）の保姆養成校で行われたＥ・Ｇ・ハウによる一八七九年の授業内容が土台となっているものである。それに加え、進歩主義教育運動の父と言われるパーカー（Francis W. Parker）の要請を受け、小学校低学年の教師の協力のもと作成されたものであった[40]。クック郡師範学校の校長であったパーカーは自然科学を重視し、「真の学習」とは、「主の御心の顕現を通してなされる、造物主についての学習」であり、そのための中心教科に自然科学をおくよう主張している。パーカーのもと、ストレイト（Henry H. Straight）やジャックマン（Wilbur S. Jackman）によって観察を通して現象や事物の関係を認知していくことをねらいとした学習が行われていった。この過程で、子ども自らが自然を研究する「ネイチャー・スタディ」（Nature-Study）が形成されていき、それは、子どもが自然と関わる中で真理の探求がなされるものと捉えられていったのであった[41]。野上智行は「アメリカの初等学校における自然を学習の対象とした科学の教育は、ハリスとパーカーによってその道が開かれたといえる」[42]と述べている。『システマティック・サイエンス』は好評の結果、続編が刊行されている[43]。したがって、同書はアメリカのネイチャー・スタディ運動に大きな影響を与えたとみてよいだろう。

ハリスは同書について「本書で紹介されている自然研究の四つの分野では、生徒が常に興味を持てるような題材をうまく選んでいる。しかし、本書の最も価値ある特徴は、科学的観察の正しく正確な習慣を身につけるための、教師と生徒への詳細なヒントと指示である」と述べている。[44] E・G・ハウは「石、植物、動物など、賢明に選ばれた包括的なシリーズを子どもにみせ、扱わせる」、「より詳しく観察するように導き、それによって子どもの知っていることを増やす」、「判断力を養い、知っていることの範囲をさらに広げる」、「物事の相互関係を体系化し、観察する」という流れのもと、ワークを「星と地球」、「鉱物界」、「植物」、「動物」にわけ、それぞれを細かく分類したうえで、各自然物に対して色、形、数などの詳細な分析のあり方を紹介している。それは単に教師が科学的知識を提供するためのものではなく、子ども自身が感覚を通して自然物を観察する手順や方法の工夫、ワークを通して得られる心情や態度などを示した実践の手引書であった。具体的には、たとえば果実と種子に関する項目において、その分類に使用するトレーの長さや深さ、個数などの具体的な準備物、実を食べてしまう子どもへの対応のあり方、子どもが興味を持つゲームの内容が示されており、各項目においてあらゆる角度から自然研究に必要な実践的情報が記されたものであった。[45]

以上みてきたように、アメリカでは、ハリスやパーカーらにより、まず、一八七〇年代から小学校教育に自然科学を取り入れようとする主張がみられるようになっていった。その後、一般的に一八九〇年代から小学校は幼稚園の目的や方法を取り入れ、教育内容に園芸や動物の世話、観察による自然の探求が導入されていき、幼稚園教育の自然に対する態度が小学校教育に影響を与えていった。[46] パーカーはフレーベリアンを自称しており、ハリスも公立幼稚園の創始者であることから、アメリカでは、ネイチャー・スタディ運動は幼稚園運動と不可分なものであったことがわかる。一方、日本では成城小学校が一九一七年に設立された際に自然科を採用していることから、同校が「わが国における Nature Study の受容において先駆的な役割を果たした」とされている。[47] それに対して、頌栄保姆伝習所では、

『システマティック・サイエンス』発行前の一八九〇（明治二三）年から継続的にE・G・ハウの理科教育の手法が紹介され、頌栄幼稚園において実物を中心とした自然研究のあり方が段階的に取り入れられていった。一八九七（明治三〇）年にはE・G・ハウの作成した理科の授業計画が伝習所で活用されており、一八九八（明治三一）年には『システマティック・サイエンス』をもとに授業が行われていたことが確認できる。[48] また、前述した一九〇三（明治三六）年の岡山県教育会夏期講習会で和久山は「彼等自ら其花に就き、此色、此形と云ふやうに、自動的に観察を遣らせねばならぬ[49]」と述べており、遅くともこの時点で分析的に植物を観察するネイチャー・スタディの影響が部分的に看守される。したがって、頌栄幼稚園では、日本の小学校教育がネイチャー・スタディの影響を受ける前から、その手法を導入し、子どもが自ら科学的に自然を観察する実践が展開されていったのであった。

自然研究の意義

次に「幼稚園での自然研究」から、植物に関する説明についてみていこう。〈表1〉をみると、「自然における視覚芸術―色」として植物の欄に各種の花とそれらの色が分類されている。和久山はそれらを『聖書』から「栄華をきわめた時のソロモンでさえ、この花の1つほどにも着飾っていなかった」と引用したうえで、誰が花に色を与えたのか「本当に不思議」であると述べている。もちろん、この答えは神であると和久山は述べたいのである。和久山による自然研究はこのように保姆自身が自然にふれ、驚きと畏敬の念をもって進められたものであった。保育の中で和久山が植物の色について、子どもたちに談話をしようとした際のエピソードがある。

> 4月に新しい子どもが入ってきたとき、色を第一恩物や過去のことで教えるつもりでした。しかし、子どもは本

物の花の方がよくわかりました。植物が生命をもっているので、子どもは植物にひきつけられ、それらは神からの授かりものだと感じます。花だけでなく、秋に見られる色のついた葉や熟した果物は子どもに神のなすわざの神秘さを語り、子どもが神を恐れ、そして愛するようにさせます(50)

当初、和久山は色について六色の毛糸のボールである第一恩物を活用した実践を計画していた。しかし、この場合、実物の花からのほうが子どもたちが真理を探求しやすいことを発見し、その計画を再編していった様子がみて取れる。前述のとおり、和久山はフレーベルが自然の象徴として恩物を考案したことを認識していた。そのため、和久山にとって、恩物を用いて自然物の説明をすることは、当然のことであったであろう。しかし、実際に子どもの反応にふれたことで、最初から実物を使用するほうが子どもが色に興味・関心を持ちやすいことに気づき、恩物に固執せずに観察法を中心とした自然研究に転換していったことが読み取れる。

また、和久山は植物の数・形を詳細に分類することでその特徴を捉えたうえで、神が創った幾何学的な美をフレーベルが自然研究によって見出し、教育に活用したとして次のように説明している。

植物の生育と構造が数学的であることは明らかです。その花弁、萼片、雌しべ、雄しべは2、4、5、6と8という決まった数字をもっています。種を蓄えておく花粉室は4、5、8に分けられます。次の年を約束する重要な種は組織的に、そして巧みに保存されています。リンゴ、梨、柿、メロンを半分に割れば、この事実がはっきりとわかります。神はその天地創造においてこのような形の美を使ったのです。フレーベルは彼の教育方法においてこの形を使いました。それゆえ、幼稚園の先生が、この形を子どもに紹介することは大切なことです。…

［中略］…フレーベルは自然を研究し、それを彼の教育方法のために使いました(51)

ここではネイチャー・スタディの分類による観察法を用いて植物の数的構造や形の美に目を留めている。フレーベルが自然界の形を教育方法に用いたことを強調し、保姆はその形を子どもに示す存在であるとみなしていることがわかる。

次に〈表1〉に示した鉱物と宝石の項目に着目しよう。新天新地である「新しいエルサレムの都」が宝石で表現されていることを導入とし、「幼稚園の先生が、自分自身、これらの石についてよく知らなければ、どうして、彼女は子どもに新しいエルサレムの壮大さを理解させることができるのでしょうか。もし、先生が宝石について科学的に研究すれば、彼女は子どもに興味を起こさせ、天の住まいの美しい絵を与えることができます」と述べている。(52)「科学的に研究」するとは、〈表1〉にあるように、鉱物と宝石の各種の複雑な色の構成や、鉱物の結晶体としての形の詳細な分析を行うことである。それを通して、子どもは真理に近づくことができると和久山は考えていたのである。フレーベルが鉱物学の研究をし、結晶の形を恩物に反映させたことはよく知られている。そのことをふまえ、保姆自身が自然を研究することで、子どもの興味を喚起し、子ども自身による真理の追求を助けることを意識していたといえよう。和久山は自身の実践経験から次のように述べている。

私たちはまた、宇宙が神の本質をはっきりと示していることも知るでしょう。もし、これらの鉱物について研究しなかったり、知らなければ、質問をもってやって来る小さな子どもの心を満足させることはできません。私たちは子どもがもつ鉱物への興味の新しい芽をむしりとってしまうことがしばしばあります。子どもの興味が止められたら、子どもは決して、鉱物学者にはならないでしょうし、神の栄光を称賛したいという気持ちが起こらなくなります。私の経験を話しましょう。ある日、子どもたちが庭で遊んでいたときに、1人の子どもが手に小石を持ってやってきて、私にこれは何かと聴きました。その子どもは、1度にいくつかの小石を持ってきて、同じ質問をしました。長石とかガーネットがどんなものであるか知らなかった私には、それらの石が何か、子どもに面白く説明することはできませんでした。私は鉱物についての知識が全然なかったので、子どもに名前を教えてやることができませんでした。このように、私は大変無知だったので、その子の興味を鉱物学の面で切り取ってしまったことに罪悪感を感じます。それを考えると悔やまれます(53)

ここでは、被造物に神の本質である神性が宿っているというフレーベルの世界観に立脚し、「子どもの心を満足」させるために保姆が子どもの問いに答えるための備えをすることの重要性が示されている。教科書のない保育実践では保姆の中にある程度の知識が蓄積されている必要があり、子どもとの自由な質疑応答による方法を中心とすることから、自然物の本質を即時的に「面白く説明する」という柔軟な対応が求められる。明日調べて答えるというのでは子どもの「興味の新しい芽をむしりとってしまう」ことになるということを日々の実践の中で感じていた和久山だからこそ、このエピソードにみられるような罪悪感や後悔を感じ、それを教訓として自然研究に邁進したのであった。和久山にとって、自然研究は一保育分野ではなく、実践を貫く原理に気づかせてくれるものであった。和久山は自然研究を通して、子どもの興味に応じた実践を試行することの重要性を認識していったのであった。

和久山の影響もあり、頌栄幼稚園の実践は自然研究を中心に展開されていったといっても過言ではない。ハウは和久山の保育実践を高く評価し、ＪＫＵの中で実践モデルとして提示している。それをみると、一九二三（大正一二）

年時の頌栄幼稚園の保育実践が聖書教育と自然教育を両輪としていたことがわかる。とりわけ、ハウが和久山の実践を記録した日誌によれば、聖書教育の中でも自然研究が取り入れられ、自然研究が保育実践の主軸となるものであったと指摘できよう。[54]一九二六（昭和元）年の「幼稚園令」では、「観察」が保育項目として加えられた。フレーベルが重視した植物栽培を土台とした幼稚園での自然研究がネイチャー・スタディの手法を導入したことで観察法による探求へと展開していく流れの先駆的なものとして、和久山の保育実践を位置づけることができるだろう。とりわけ和久山はフレーベルの原理を自己の自然研究の基盤とし続けたことで、最先端の科学的な視点を受容しつつも、あくまで真理の探求のための自然研究としての実践を継続していくことになったと考える。

おわりに

以上、和久山の自然研究に対する主体的で継続的な研究プロセスに着目し、その保育研究・実践の実態について検討してきた。師であるハウから研究のための情報のみならず、研究の視点や手法を受け継ぎつつも、和久山はそれを自己の専門領域である自然研究で深化させ、頌栄幼稚園の実践を形成していった。実際家としての研究姿勢をもって研究交流を行う中、フレーベルの原理を基盤としてアメリカ幼稚園運動の基本文献から自然研究についての理解を深めていった和久山の実践は、一般の保育実践に比べ、アメリカの幼稚園教育と連動した最先端の実践であった。検討の結果、和久山の研究・実践の特質として次の三点を挙げることができよう。

第一に、フレーベルの方法のみならずその原理を保姆自身が研究する必要性を認識し、フレーベル思想を土台とした自然研究に継続的に取り組んだことである。恩物と自然物の関係に関心を持ち、フレーベルのいう「天然の子」としての子ども観を持って自然研究に傾倒していった和久山は、フレーベル自身が自然研究を行う過程で幼稚園教育を形作ったことを意識し、自然を通して真理を探求していくことを保育の目的と位置づけていった。

第二に、自然研究における子どもの興味や疑問による自発的な研究活動を尊重した点である。「天然の子」である子どもは、自然物に興味を持ち、それが自然への愛となり真理の探求に入っていくものと捉え、子どもの自然への疑問に答えることを重視した。その過程で、子どもの興味の持続のために保姆が自然に精通している必要を覚え、保姆による自然研究の意義を見出していった。

第三に、ネイチャー・スタディの影響を段階的に受けたことで、科学的視点から自然を研究する手法を獲得し、実物による観察を中心とした実践を展開していったことである。一八九〇年頃より世界的にフレーベルにより取り入れられた植物栽培という保育内容に、ネイチャー・スタディの視点が加えられたことで自然研究に新たな展開が生じていた。その動向を受けて進められた和久山による自然研究は、大正期に入る頃には、それまでの研究の蓄積によってすでにネイチャー・スタディの視点が定着したものとなっていた。当時の一般の自然保育とは異なり、自然物を通して体験的に子どもたちが神を知ることを目的とした独自の実践は、ネイチャー・スタディにみられる真理を探求するための分類を基本とした観察法を取り入れることで深化し、和久山の教えを受けた頌栄保姆伝習所の卒業生らによって全国各地の幼稚園で実践されていったのであった。

和久山は明治期には関西の保育界において、方法論研究に偏りがちな保姆たちに原理研究の重要性を訴え、実際家のモデルとなり、自ら保育研究のあり方を示した。とりわけ、フレーベル理論との関連から自然研究の必要性を伝えたことは同時期の保姆にはみられない研究の視点であった。さらに、大正期には独自のルートによって段階的に受容してきたネイチャー・スタディによる実践を創出し、各地に自然研究（観察）中心の保育実践モデルを提供した。それは、小学校の自然学習に先行する形で実施されていたことから、小学校におけるネイチャー・スタディの受容プロセスの解明に示唆を与える可能性がある。したがって、これまでのように頌栄幼稚園の実践を単に宗教色の強い特殊なものとみなすのではなく、和久山の保育研究・実践に照らし合わせてみることで、日本の教育実践史上、自然研究の先駆的な事例と位置づけることができよう。

註

（1）拙著『近代日本保育者養成史の研究――キリスト教系保姆養成機関を中心に――』風間書房、二〇一六年、一六〇―一七二頁、三〇九―三一一、三五三―三五四頁。

（2）倉橋惣三「ハウ女史」『幼児の教育』二九巻一一号、一九二九年、三五頁。

（3）キリスト教保育史の中では、和久山はキリスト教保育に尽力した人物として知られている（岩村安子『日本基督教幼稚園史』基督教保育連盟、一九四一年、一〇頁。キリスト教保育連盟編『キリスト教保育に捧げた人々』キリスト教保育連盟、一九八六年、一六―一七頁）。

（4）たとえば、一九一九年の頌栄幼稚園の保育日誌を分析した研究によれば、担当保姆がいるにもかかわらず（頌栄短期大学乳幼児研究所「頌栄幼稚園の保育日誌一九一九年度の記載概要――一九一九年度保育日誌からハウが伝えたフレーベルの教育理念を探る㈠――」『頌栄短期大学研究紀要』第四四巻、二〇二〇年、五一頁）、ハウが記録者であることから「ハウの保育実践」として紹介されている（村岡敏子「大正期の頌栄幼稚園の保育主題「風の働き」――一九一九年度保育日誌からハウが伝えたフレーベルの教育理念を探る㈢――」『頌栄短期大学研究紀要』第四四巻、二〇二〇年、六三頁）。なお、同研究所による保育日誌の公開は現時点では行われていないため、担当保姆の名を確認することはできない。

（5）西垣光代『A. L. ハウの生涯――日本の幼児教育にフレーベル精神を導入した婦人宣教師アニー・L. ハウの働きと思想――』神戸新聞総合出版センター、二〇〇七年、一五九―一六〇、一六五―一六七頁。

（6）和久山の経歴については、同前書（一五四―一六一頁）などを参照した。頌栄保姆伝習所の保姆養成の内実については、同前拙著（一二一―一九六頁）に詳しい。また、ハウは和久山を宣教団体の刊行物の中で紹介し、高く評価している（Annie L. Howe "KISO WAKUYAMA" *The Missionary Herald*, Vol. CIX, No. 8, September, 1923, pp. 395-397)。
（7）『京阪神保育会雑誌』第一号、一八九八年七月、五五―五八頁。
（8）同前書、二八―二九頁。
（9）『京阪神保育会雑誌』第二号、一八九九年四月、三一―三五頁。
（10）同前書、三三頁。
（11）前掲『京阪神保育会雑誌』第一号、六二頁。
（12）前掲『京阪神保育会雑誌』第二号、二五頁。
（13）和久山きそ「幼稚園に於ける秩序之必要」『京阪神保育会雑誌』第二号、二八―三一頁。
（14）小山みずえ『近代日本幼稚園教育実践史の研究』学術出版会、二〇一二年、一三九―一五二頁。
（15）『京阪神保育会雑誌』第五号、一九〇〇年一〇月、一六―二三頁。
（16）『京阪神保育会雑誌』第六号、一九〇一年五月、六五頁。『京阪聯合保育会雑誌』第八号、一九〇二年七月、四四―四七頁。
（17）水野浩志「「保育法講義録」解説」『明治保育文献集』別巻、日本らいぶらり、一九七七年、二四〇頁。
（18）Kate Douglas Wiggin, Nora Archibald Smith, *Kindergarten Principles and Practice*, The Riverside Press, Cambridge, 1896.
（19）Elizabeth Harrison, *A Study of Child-Nature from the Kindergarten Standpoint*, The Chicago Kindergarten College, Chicago, Fourth Edition, 1892.
（20）Nina Catherine Vandewalker, *The Kindergarten in American Education*, The Macmillan Company, New York, 1908, pp. 169-170.
（21）『頌栄幼稚園保姆伝習所三十年間小略史』一九二〇年、頌栄幼稚園、一七―一八頁。
（22）ウィギンス、スミス共著、エ、エル、ハウ訳『幼稚園原理と実習』頌栄幼稚園保姆伝習所、一九一七年（『大正・昭和保育文献集』第二巻、日本らいぶらり、一九七八年、所収)。

(23) 「神戸幼稚園保姆和久山きそ嬢講述」『保育法講義録』私立岡山県教育会、一九〇三年、五五頁(『明治保育文献集』第九巻、日本らいぶらり、一九七七年、所収)

(24) 前掲「『保育法講義録』解説」二四八頁。

(25) 前掲「神戸幼稚園保姆和久山きそ嬢講述」六〇―六五頁。

(26) Kate Douglas Wiggin, Nora Archibald Smith, op. cit., p. 25.

(27) 前掲「神戸幼稚園保姆和久山きそ嬢講述」六〇―六一頁。

(28) Kate Douglas Wiggin, Nora Archibald Smith, op. cit., p. 27.

(29) 前掲「神戸幼稚園保姆和久山きそ嬢講述」六一頁。

(30) 同前書、六四頁。

(31) Friedrich Froebel, Translated by Josephine Jarvis, *The Education of Man*, A. Lovell & Company, New York, 1885. p. 67. 訳書については、荒井武訳『人間の教育』(上)(岩波文庫、一九六四年)などを参照。

(32) 和久山キソ(吉田尚子訳)「幼稚園での自然研究」(Kiso Wakuyama "Nature Study in the Kindergarten" *Eleventh Annual Report of the Kindergarten Union of Japan*, Karuizawa, August, 1917, p. 14.)『Annual Report of the Japan Kindergarten Union』第七巻、日本らいぶらり、一九八五年、二三四頁。

(33) Kate Douglas Wiggin, Nora Archibald Smith, op. cit., pp. 26–27.

(34) エイ、エル、ハウ著『幸福なる可能事』頌栄幼稚園、一九一七年、一二―一五頁。

(35) 山中茂子訳『A. L. ハウ書簡集――日本の幼児教育に生涯を捧げたアニー L. ハウがアメリカの両親に宛てた手紙 一八八七～一八二九年――』頌栄短期大学、一九九三年、二六七頁。

(36) 西垣光代『主に望みをおいて――日本の幼児教育に貢献したアニー L. ハウ――』キリスト新聞社、二〇一四年、九六―一〇一頁。前掲『A. L. ハウの生涯』八八―九一頁。

(37) 和久山からイ・ジ・ハウへ宛てた書簡(一九一三年五月九日付、ニューベリー図書館蔵)。

(38) 野上智行『アメリカ合衆国におけるゼネラルサイエンスの成立過程の研究』風間書房、一九九四年、二一七—二三一頁。

(39) Edward Gardnier Howe, *Systematic Science Teaching: A Manual of Inductive Elementary Work for all Instructors*, D. Appleton and Company, New York, 1894, p. x. なお、ハリスの理科教授論が自然研究（Nature Study）へと発展し、二〇世紀へと引き継がれていったとされている（庭野義英「一九世紀末米国における理科教育に関する考察——W. T. Harris の理科教授論——」『上越教育大学研究紀要』第二〇巻、第一号、二〇〇〇年、一六頁）。

(40) Edward Gardnier Howe, op. cit., pp. 11-12.

(41) 前掲『アメリカ合衆国におけるゼネラルサイエンスの成立過程の研究』二五〇—二五九頁。

(42) 同前書、二六八頁。

(43) Edward Gardnier Howe, *Advanced Elementary Science: being Part II of Systematic Science Teaching: A Manual of Inductive Elementary Work*, D. Appleton and Company, New York, 1900.

(44) Edward Gardnier Howe, *Systematic Science Teaching: A Manual of Inductive Elementary Work for all Instructors*, op. cit., p.x.

(45) Ibid., pp. 1-17.

(46) Vandewalker, op. cit., pp. 224-228.

(47) 山田真子、磯﨑哲夫「Nature Study がわが国における小学校低学年の理科に与えた影響——大正期の成城小学校の事例——」『理科教育学研究』第五七巻、第二号、二〇一六年、一四四頁。

(48) 前掲『A. L. ハウ書簡集』九三—九五、一二七、一四五—一四六、一九一、一九七頁。

(49) 前掲「神戸幼稚園保姆和久山きそ嬢講述」六二頁。

(50) 前掲「幼稚園での自然研究」二三七頁。

(51) 同前書、二三九頁。

(52) 同前書、二三六頁。

(53) 同前書、二三九頁。

(54) Annie L. Howe, "The Bible in the Kindergarten and Training School", *Read at the Seventeenth Annual Convention of the Japan Kindergarten Union*, July, 1923, pp. 26-37.

第4章　平田華蔵における修養概念の深化
——実際家による研究の臨床性——

宮野　尚

はじめに——教育実践における教師の存在

教育実践の複雑さは、一つには、教師の存在自体が子どもの人格形成に影響を与え得るところにある。すでに「潜在的カリキュラム」や「モデリング」として理論化されてきたように、子どもは教師とともに学校生活を送る中で、教師の立ち居振る舞いから知らず識らずのうちに生き方を学び取っている。いいかえれば、教材や単元活動の内容において教えていなくとも、教師の行為や態度が子どもに価値観を教えていることが往々にしてある。はたして、教師は、自らの存在が実践となる状況において、どのように自己と向きあい、また子どもと関わればよいのだろうか。

この教師と子どもの関係性における人格形成は、現代において初めて議論されるようになったわけではなく、日本では近代以前から強く意識されてきた。三好の論考によれば、古来日本の教育者には、自ら道徳的な生き方を体現することによって「思わずしらずの間に」弟子を感化していく「道徳の教師」としての役割が求められてきた(1)。そうした伝統は、明治期の急速な近代化にともなう「官吏的教師」の発生によって衰退しつつも、「修養」として受け継がれていく(2)。その展開を整理した伊津野は、明治末期以降の教師論が、「すべて「修養」論を含み、教師の人格的修養とその感化としての教育論を、その中核にすえようとする傾向がみられる」と指摘している。[3]そのうえで、子どもの主体性や自律性を志向する大正新教育の思潮と交わりながら、修養論が次のように発展したと論じる。

明治末期以降の「修養」運動に呼応して幅広く展開されていった教師「修養」論は、自ら自己を向上させる意味での「自己発展」と、教師の子供に対する人格的感化による子供の「自己発展」を期待する教育論へと発展する。それは知識技能の詰込みに終始する旧教育と異なり、一般的修養論と同様に、「内観」「反省」によって心を生き生きとたもち、あらゆる経験を養分として吸収しながら自己の目標にむかって自ら向上をはかる「自己発展」を基本にする、「自学」的な新教育論であった。[4]

伊津野の見解では、明治末期以降、教師自らが自律的な自己形成としての修養に努め、子どもに人格的感化を施すことが理想とされていた。それは、徳目主義のように特定の価値規範を押し付けずに、子どもの自己形成的な営みを助成する教師の関わり方として受け止められている。伊津野は、そうした教師の修養が、「自ら自己をかえりみて自己のいたらなさを知るという、極めて仏教的ともいえる自己観察の発想を出発点」としていたと指摘する。[5]一方で、香山・遠座、小笠原の研究は、現状の理解を超える子どもとの出会いが自己研鑽としての修養に向かう契機となっていたとする見解を示し、そこに教育者の「科学的精神」あるいは「児童中心主義的な姿勢」の修養を指摘しており、本章も多大な示唆を受けている。[6]

しかし、教育者としての修養の契機が、なぜ目前の子どもである必要があったのかについては、先行研究では論究されていない。その点を明らかにすることが、修養の方法的変容だけではなく、修養概念そのものの変容に迫る鍵になると思われる。

そこで本章では、明治末期から大正期にかけて、修養論の代表例と評される谷本富（1867–1946）の新教育論の影響を受けつつ、学校現場での子ども研究を通して教育者の修養について悩み考えた人物として、平田華蔵（1883–1968）を取り上げたい。

浄土真宗本願寺派住職の家に生まれ仏教布教家を志していた平田は、一九〇九年から一九一一年にかけて京都帝国大学に在籍して谷本富の薫陶を受けた後、一九一六年に大阪市大宝尋常小学校（以後、大宝小学校）訓導兼校長および大宝幼稚園長に着任する。(7) そこで彼が訓導や保姆とともに創設した児童教育研究会は、現場の実践課題に即応した研究を行う研究団体であった。(8) 一九二〇年までには、全国から総勢六〇〇人もの訓導や保姆、研究者が会員として同会に参加し、「旧臘本会主催の児童教育講演会の如きは会衆堂に充ち、各自熱心なる修養研究の態度を示された」と報告されている。(9) そのことから、児童教育研究会を中心とする平田の取り組みは、大正新教育における教育関係者の修養概念に広く影響を与えていたと推測される。

本章では、まず平田が谷本の新教育論の影響を受けて、子どもの自学を重視しつつ、それを輔導する教師自身の自学について思索していたことを確認する。それによって、小学校・幼稚園教育の実践者になる前に、彼が形成していた修養概念を分析したい。次いで、訓導兼校長・園長に着任した平田が、大阪市の研究ネットワークに導かれながら、自ら実地研究に取り組む過程を検討する。最終的にそうした研究活動を通して、平田がどのように修養概念を再考していたのかを明らかにする。

なお引用文中の傍線および［　］内は、特に断らない限り、引用者によるものである。また漢字の旧字体は新字体に直し、くの字点および合字はひらいた。

1　学生時代の平田における理想の教育者像

谷本富の新教育論の影響

谷本富は、欧米留学時に新教育思潮を学び、帰国後に新設された京都帝国大学文科大学の哲学科教育学教授法講座の教授に就任した[10]。その時期に谷本が提唱した新教育論は、大人によって価値づけられた所与の教材を一方的に教え込む「注入主義」を批判し、子どもの「意志」に基づいた「自学」を尊重するものであった[11]。彼は、「意志」こそが、人間の主体性や自律的な価値判断の本源となると考えていた。「意志」は、外界の刺激によって呼び起こされる個人の内なる「衝動」を起点とした行為によって形成されていく[12]。この「衝動」による行為とは、正しいとされる規範に従って目的合理的に実施される行為ではなく、相手との関わりあいや偶発的な出来事によって思わず突き動かされてしまう自己目的的行為であり、そこにこそ、その人の価値判断の主体性が見出されるということである。谷本は、子どもが自らの「衝動」の現れである知的好奇心や関心を追求することによって、対象との関係から自己の価値認識を問い直していき、固有の「意志」を形成するという自己形成的な学びを重視した。

彼の新教育論において教育者に求められるのは、そうした子どもの「自学」に必要な環境構成を行う「輔導」の技術だけではない。谷本は、教育者が「自学」的態度であることを、子どもの自学輔導を実現するうえでの要件としていた[13]。すなわち、彼は教育者が自分自身の自学輔導を行い、絶えず自己形成する「新教育者の修養」を求めた。そうした谷本における教師と子どもの双方の自己教育を主張する新教育論は、ちょうど同時期に谷本の指導を受けていた平田の教育論および教師論に影響を与えていく。

平田は、教育学教授法講座で修学するだけでなく、谷本が主催する教育学研究会に出席して、研究の指導を受けていた。谷本自身も、平田が卒業論文「児童信仰の教育的研究」をもとに出版したと思われる『布教の心理』に序文を寄せて、「予の教育学講堂に馳参じて、前後三個年の間、一意専心に教育教授の学理を研究するあり」と述べており[14]、また後に平田が創設する児童教育研究会にも顧問として参画し続けていた。そうした緩やかな師弟関係のもとで、平田が谷本の自学輔導論を宗教教育の文脈で理解していたことが明らかにされている[15]。平田は、当時の仏教布教家の間で一般的であった「征服的布教」を批判して、それに代わる新しい考え方として「教育的布教」を重視する。そして、前者に注入主義や徳目主義、後者に谷本の自学輔導を重ねていた。「征服的布教」とは、相反する主義主張を排斥し、自己の価値観を規範化して相手に強制したり、相手がそれを自発的・自主的に学ぶように仕向けたりする布教者の態度を指している。平田は、相手の「意志」に基づく主体的行為を軽視する点に「征服的布教」の問題があるとみていた。彼によれば、「信念は先づ知によりて疑を解き感情の興奮によつて作用するもので此感情が動力となつて行為に顕はるゝもの」である[16]。この感情の興奮である「衝動」は、まず「自己の現在の状態の不完全を自覚する」ことで生じるもので、「修養努力の根源」となる[17]。いいかえれば、人は外界との交渉から自己の不完全さを自覚することで、さらなる向上を求める「衝動」が生じ、探求活動へと突き動かされる。その探求の過程で、個々人が自身の固有性を認識して発達させていくことによって、「意志」が形成されていくと平田は考えた。「教育的布教」は、そうしたメカニズムをふまえ、幼少期から「衝動」に即して活動し個性を伸長できるように、各発達時期における子どもの特性や興味に応じた環境構成を教育者に求めるものであった[18]。それは、子どもの発達特性や興味に即した自学と、それによる自己形成を重視する点で、谷本の自学輔導論と軌を一にする。

このように平田は谷本の影響を受けて、子どもに価値を教化する徳目主義を批判的に捉え、子どもの自己形成としての自学を重視するようになった。そのうえで、心理学研究をふまえて、子どもの自己形成が教育者の影響下にあることを示し、理想的な教育者の自学について論じている。

子どもの模範となる教育者の自学

平田は、「社会の人と人との間に暗示の力が強く作用するとき、暗示を受けたる人は、不知不識の間に之を模倣するものであって、風俗習慣が伝達せらる、のは多く之による」として[19]、人がほとんど無意識的に暗示と模倣の作用によって学んでいることを指摘する。人と人との間で生じる暗示は、人の言動から心の機微を感受して自らの心に観念を想起する作用であり、価値判断が含まれた言外の意味や行為のメタメッセージを受動的に想像する心の働きといってよい[20]。一方で模倣は、相手の言動やそこから想起される観念をモデルとして、自らの動作や認識を変容させていく作用である[21]。相手に見習おうとする模倣の「欲動」によって暗示の「感性」が強く働き、相手の心意を読み解こうとする暗示によって動作だけではなく観念レベルでの模倣が遂行される。こうした相互補完的な暗示—模倣作用によって、「何等合理的なる内容なきにも係らず、容易に之を受け容れ、一の信念となり、進んで永久不可壊の信仰となることもある」という[22]。発達時期の中でも幼少期には、可塑性が高く想像力や感受性が豊かなためにこの作用が生じやすく、人格的感化を強く受ける傾向にある[23]。とりわけ幼少期の子どもは、自らと関係の近い存在でありつつ自分とはかけ離れた「特異点」を有する父母や教師に対して「憧憬」の念を抱きやすい[24]。その「憧憬」の念が「模倣欲動」や「暗示感性」を呼び起こす「有力なる動機」となり、結果として、子どもは教育者の態度や言動からそこに込められている価値判断を学び取ることが多いという[25]。

このように平田は、子どもが教育者との間に生じる暗示—模倣作用によって自己形成していると考えていた。それにもかかわらず、「今の布教者は概ね知の伝達に熱中して、自然の間に行はるゝ、此知情意融合の暗示模倣を顧みない傾向がある」として、意図せずして生じる暗示――模倣学習の次元が看過され、教材による意図的な学習のみが配慮されている宗教教育の現状を批判する(26)。その現状の問題点について、平田は次のように考察している。

> 此等［＝教育的布教］の原理も之を適用する人によつては生命なきものとなるのである。即ち此原理の運用は布教家の人格如何によりて其効力を発揮する［の］である。如何に合理的の理論や方法が案出されても、又如何に重要なる事実が研究せられ発見せられても、之が自己のものとならざる限りは原理は依然原理、方法は依然として方法であつて何等其効力を発揮するものではない。元来、教育の方法や布教の方法や凡て人格と人格との交渉を研究した結果は、それが人格に体現せらるゝところに於て初めて其価値が生ずるのである。是れ布教家論の必要なる所以である(27)。

平田は、教える理論や方法が卓越していたところで、教育者の意志の現れである態度や言動などが教えていることと一致していなければ、教育の効果がほとんどないどころか、むしろ真逆の結果をもたらす可能性すらあると考えていた。つまり、教育者がいくら子どもの自学輔導を巧みに行ったとしても、教育者自らが自学的でなければ、形式的な営みとなってしまう。では、教育者はどうすればよいのか。そのことについて、彼は「然らば心術の修養とは如何なることかと云ふに、先づ至誠なるべきことである。至誠とは云ふ迄もなく自信教人信のことである。自行化他のことである。自己の信ぜざることは如何に巧妙に発表せられても他を信ぜしむ力はない。」と端的に指摘する(28)。自ら信じるということは、身をもって信念とする価値を体現し、その経験に裏打ちされた認識がともなっていることを意味しており、「自行」の状態を指す。その「自行」こそが、相手に尊敬される人間的モデルとなって「化他」を実現していくための要件であり、結果として「教人信」を可能にする。そのため宗教教育では教育者による「自信」「自行」が何よりも重要となるが、平田にとってそれは、「社会」を鏡として「内省」に努めることであった[29]。そこには、あらゆる経験から「従来買ひ被つて居た自己の知識の怪しいことや不足なこと、自己の己惚れてゐた意志の薄弱なこと」といった自己の不完全性を認識し、自らの研鑽に励むという、自律的な自己形成としての修養概念がみられる[30]。

しかし、こうした修養概念は、教育者としての実地経験から形成されたものとは言い難い。そのことについて、平田自身も、『布教の心理』の自序で「先輩学者の研究をなるべく通俗的に紹介せんとしたもの」であり、「唯心理的原理の応用に於て少しばかり我観私見を加へたに過ぎない」と断り、彼の主張がほとんど文献や先学者の指導から培われたものであることを吐露している。では、一九一六年以降、彼が大宝小学校訓導兼校長・幼稚園長として研究活動に取り組む中で、彼の修養概念はどのように変容していったのだろうか。次節では、彼が赴任した大阪市に根付いていた実際家の研究ネットワークをふまえながら、彼がどのような研究に従事していたのかをみていく。

2　教育現場での研究活動を通した平田の自己省察

大阪市における実地研究ネットワークへの参入

明治期から大阪市では、「京阪神聯合保育会」を中心とする幼児教育者間のネットワークが、全国的にも他に例をみない水準で発達していたことが知られている[31]。水野の論考によれば、「京阪神地区の幼稚園は、まことに積極的であよいと思われることはすぐに取り上げ実践し、その成果を三市聯合保育会で発表し、協議する機会に恵まれたのであり、同地区の幼稚園教育は、つねに全国の範として戦前の保育界を指導していったといっても決して過言ではなかった」という。[32]加えて機関誌『京阪神聯合保育会雑誌』では、同会活動の情報が広く公開されていた。本雑誌の性格について、水野は、「三市聯合保育会大会報告を中心としながら、さらに三市の保育会がそれぞれ有意義な論説（各保育会で実施した講演会の内容）や協議、研究課題や記事・報告を持ちより、編集されたもので、現場の保育問題や悩み、あるいは研究協議の過程などを詳細に掲載すると共に、所属幼稚園の各種実態調査や新しい試みなどを紹介して」いたと指摘している。[33]特に、そこでの協議内容を分析した大森の研究によれば、同会および本雑誌は、幼稚園現場での保姆と幼児の関わりから生じた具体的な悩みや葛藤を共有し、解決に向けた調査研究や実践方法について、保育関係者が共同で検討する場であったことがわかる。[34]いいかえれば、同会は、実践の当事者が目前の子どもに向きあい、その子をわかろうとするために行う、実地研究のネットワークであった。

まさに平田は、新参者として、そうした実際家の凄まじいネットワークに飛び込んでいったのである。平田が赴任した一九一六年頃の大宝幼稚園では、保姆の尾崎登代が京阪神聯合保育会（大阪南区域）の役員を務めており、翌一九一七年には平田や他の園職員も役員として会活動に従事している。加えて大宝幼稚園の保姆とともに平田は、「保育の実際に関して平素経験せし事項を交換討究し及び特定の問題につき研究調査を行ひ本市保育の進歩に資する為に」組織された「大阪市立幼稚園共同研究会」にも参加し、研究報告を行っていた。[35]また当時の京阪神・大阪市のネットワークでは、欧米の幼児教育情報が頻繁に紹介されており、同時期の平田も、フレーベル（Friedrich Fröbel）の英訳本や北米の幼児教育に関する研究論文を渉猟している。[36]そうした数々の取り組みからは、彼が、大阪市のネットワークにおける幼児教育の研究活動に学ぼうとしていた様子が看取される。それだけではなく、平田と大宝幼稚園保姆・大宝小学校訓導が一九一八年に組織した児童教育研究会の創設趣旨には、「私共は理論と実際経験とを密接に関係せしめ有効なる教育上の研究生活を続けたい為めに、今回児童教育研究会を創立し、なるべく実際的なる真摯な問題を学問的に研究」する、と掲げられている[37]。そのことからは、平田が京阪神聯合保育会で重視されていた実地研究に惹かれ、自ら着手していたことがわかる。

はたして平田は、実際家の研究ネットワークで活躍する保姆たちに導かれながら、いかなる研究活動に取り組み、またその中で、どのように自己を反省していたのだろうか。

実地研究としての「転地保育」

大宝幼稚園の保姆と平田は、児童教育研究会を創設した一九一八年に「幼稚園では初の試み」として「転地保育」を実施している。この試みは、当時の京阪神において盛んに取り組まれていた自由保育に関する実地研究の流れを受けたものと推察される。桜井の研究によると、『京阪神聯合保育会雑誌』では、一九一三年頃から自由保育の議論が始まった[38]。特に、平田が大宝幼稚園に赴任する前年（一九一五年）には、京阪神三市の保姆が集まり、「子どもの「心のままに」「気の向いたときに」、「大人は干渉的なこと」はしないで、「一定の目的を強いない」点を」重視した「園外保育」の協議を行っている[39]。

大宝幼稚園による「転地保育」の方針も、この「園外保育」とおおむね共通している。実施の直接的な理由として「吾園は大阪市の中央部、所謂土一升金一升の所にあつて、設備極めて不完全、周園頗る雑閙、加之小学校に附設してあるから、遊戯場もなければ砂場もない。学校の教授時間の隙を見て其運動場を借らなければ、遊戯も運動も出来ない有様である。従つて自然の恩恵には遠ざかつて、青い物も見ず、日光にも触れず、薄暗い室の内に可憐な幼児が蠢動してゐる。幼児の家庭生活も亦大都市中央部の住居として大差はない」ことが挙げられているが、後述するように、転地先の自然環境で子どもの自発的な活動を観察することに重点がおかれていた[40]。具体的には、八月一日から八日までの八日間にわたり、保姆五名と一部の保護者および園長の平田が、京都の山林部で園児と寝食をともにすることで、園児の感情や認識に共感的に接近していく参与観察を行っている〈表１〉。

〈表１〉の「保育の場所」や「臨地保育」の叙述は、学校に附設されている大宝幼稚園が教育者の都合で恣意的につくられた環境であることを反省し、無作為に刺激があり、園児にとって自由度の高い環境であることを考慮して、転地保育の場所が選定されたことを示している。また②⑥⑦からは、子どもの活動を大人の時間感覚で区切ることなく、できる限り子ども自身の感覚や欲求に基づいた意志に委ねていることがわかる。活動の内容についても、①②③④⑤のように、教育者の思惑で提案するのではなく、子どもが衝動的に抱いた関心や趣味趣向によって遊戯を創意工夫できるように、最大限の自由を認めている。ここからは、教育者や親といった大人の価値基準で子どもの言動を抑制したり、値踏みしたりするのを徹底的に避けようとする意識が読み取れる。

彼らは、そうした子どもの活動を観察する際に、「保育者の特に留意せし要点」として、次のことなど意識したという。

（イ）大自然に対しての幼児の反応如何
　幼児の発問、感想、書き方等に現はるゝものによりて知る
（ロ）幼児の観察力如何
（ハ）幼児の最も喜ぶ場所如何
（ニ）自然物に接触して起る遊びの種類如何

表1 「保育実施状況」からの抜粋

活動の場所と項目	活動内容の記録
保育の場所	嵯峨村附近一帯の地は都市炎熱雑閙の域を離れ西に打つゞく愛宕山小倉山、嵐山の峯高く、大堰川の流れの清きに加へて、神社あり、古刹あり、数知れぬ名所古跡各所に散在し、且到る処樹林竹藪あり、蝉鳴き、鳥遊び蜻蛉飛ぶ、草花咲き乱れ、畠には蔬菜の種々豊かな実を結んでゐる。[①] 此自然界の無限の趣味は事毎に幼児の興味を引き、好奇心を惹起し、不知不識の間に幼児の叡知を啓発させ、為めに幼児活動量平日に倍し、而も疲労の様を見受けなかつた。
臨地保育	毎日午前中は幼児を引率し、別表の如く神社仏閣名所古跡を訪ねて臨地保育をした。日々異りたる場所に赴くことは幼児の最も喜ぶ所であつた。且電車、自動車等の刺激もなく、静かな野邊に草を摘み、花を採り、松毬を拾ひなどして目的地に到り。幼児の小さき脳裏に了解し得る程度に簡単たる説明を加へ、神仏に対して礼拝させた。尚風冷しき樹下、清浄なる石階等 [②] 彼等の意に任せて休憩し、談笑、描き方、自然物を利用して種々の遊びを工夫し、或は自由遊戯をなす等全く幼児の意の嚮ふがまゝに遊ばせた。
室内保育	[③] 室に在りては幼児の思ふまゝ、談唱をさせ、摺紙切紙等の材料を与へ、家族合せ、絵合せ、玉落し、糸掛等をさせた。就中彼等の最も好むところは、自然物を材料として玩具を工夫製作し、又実生活の模倣をなすことであつた。
自由遊戯	午後付近の林間或は校庭に於て行つた。[④] 全く何等の拘束を加へず、幼児のなすがまゝに委せた。小川に水遊びをなし、目高を追ひ、樹間の蝉を取り、蜻蛉を追ひ、又は庭に出でゝ鞦韆をなすものゝ台を使用するもの、或は植込の木陰に茣蓙を敷きて談笑し、家庭遊びをなす等 [⑤] 凡て幼児の自発活動に任せた。
食事	附近の旅館より運ばせた。保姆も幼児も附添ひも同時に食堂に会し、一定の副食物に些の不平もなく、談り笑ひ、時には争つて保姆の給仕をなすこともあつた。多くは人手を借らず、自分の事は自分でさせ、一同和気藹々の裡に食堂を閉づるを常とした。[⑥] 又臨地保育中幼児が帰ることを忘れ、遊びに余念なき時は、便宜食物を附近の林間に運ばせ、蝉の声を聞き、池の蓮を見ながら昼食させることも度々あつた。
睡眠	睡眠は幼児に最も大切なる上に、全く環境の異つた地に変化ある生活をなす事とて、其活動量も平日に比して遥に増加した為め疲労も之に伴うて甚しかるべきを想うて、夜七時頃より、就床の用意をなし、一同集まりて在阪父母の健在を祈り、相互に挨拶して就蓐させ、[⑦] 朝も自然に目覚むる迄で放任して置いた。保姆は各蚊帳の内に一人づゝ附添ふ予定であつたが、都合上隣室に臥床することとしたので、幼児は四人づゝ交代に保姆の所へ「お泊りに行く」と称し大喜びで枕を携へ附添者を離れて保姆と共に就寝した。

出典：平田華蔵「転地保育の実際」『教育学術界』第三八巻第二号、一九一八年、三三～三四頁。

模倣か、創意か、平素の保育より現はれたるものか、環境より誘導せられたるものか等

（ホ）幼児の機械的遊具に対する態度如何

平素都市の中央にありて機械的遊具のみによりて保育せられつゝ、ある幼児が田園の自然に接して後此等の機械的遊具に対し如何なる態度をとるかを仔細に観察する事

（ヘ）幼児の神仏に対する崇敬心如何

（ト）食欲の変化如何

（チ）食物に対する好悪如何

（リ）遠足による疲労の程度如何

（ヌ）幼児の活動量の測定

（ル）幼児個性の観察[41]

ここからは、保姆と平田が、学校附設幼稚園という大人の価値観に支配された環境から園児を解放し、自由な場におくことによって、通常時には見聞できない園児の趣味趣向や喜び、学び方などについて観察していたことがわかる。この「転地保育」において、日常的に見落としてしまっている子どもの姿を観察する経験は、平田にとって、一つの大きな転機になったものと思われる。なぜなら、その後、平田は幼稚園だけではなく小学校でも、立て続けに、同種の研究活動に邁進していくことになるからである。たとえば、幼稚園では、「主として知覚の能動的要素が表現する描写如何を見、之によりて間接に幼児の基本形体知覚の模様を知らん」として、「大正八年四月新入園児はまだ書き方に就て何等の保育を受けない時」に、「幼児の形体描写」の実態調査を実施している[42]。すなわち平田と保姆は、

大人である自分たちには直接見ることができない園児の認識世界を、園児による図形観察と表現描写を通して間接的に観察しようとしていた。同調査の報告論文では、園児が図形を見て描写した図絵を取り上げて、「菱形の角を示して其輪郭の表象を象徴的に現さんとせるものである。此の如きは幼児が形体の特徴を認識して之を表現せんとする努力の興味ある発露だと思ふ」や、「上下の面を象徴的に現はしたるもの、［中略］工作図的に画を現はせるもの等で此によつて吾人は児童が知覚内容を如何に表現せんとするかを略々察知することが出来る」などと考察がなされている[43]。そうした「立体の表現に於ても幼児は保育者に価値ある指針を示してゐる」と、平田と保姆は指摘する[44]。そのことから、彼らが、観察を通して、目前の園児の直観的な認識や象徴的な表現の世界を発見し、自分たちが見落としてきた園児による学びの様態を見出していたことがわかる。また同様に、大宝小学校では、児童の思考能力や推論力に関する調査を実施し、想定外の思考・推論に関心を向けている[45]。

では「転地保育」をはじめとする実地研究は、平田にとってどのような意味があり、またいかなる転機となったのだろうか。

実地研究を契機とした平田の自己反省

後に平田は、子どもの立場に立ってその生活をよく観察する重要性を訴えた記事の中で、「児童は教師が考へてゐるやうに時期を限つて学習をなすものではな」く、「生れ落ちるときから学習が始まつてゐる」と断言している[46]。それは、彼が、「転地保育」などの実地研究から、実感をともなって掴み取ったことと考えられる。現に彼は、別の記事において大宝幼稚園時代を回顧しつつ、幼少期の子どもの学習について次のように説明し、教育者や親が認識を改める必要があると問題提起している。

輓近学習作用の科学的研究が大に進歩して、其意義も確立せらるゝに到り、学習は児童の生活其者であると考へられるに到つた。此見地に立つとき、学習は生れて直ちに始まるものと考ふべきと同時に、幼児の生活其者が直ちに教育の対象となるのである。遊戯の生活、本能の生活、その儘児童の学習と考へられねばならぬ。更に進んで教科の学習に於ても、入学して始めて行はるゝものではない。読方の学習でも算術の学習でも図書の学習でも児童の側から見れば入学前既に早く其基礎が学ばれつゝある。即ち語の世界、数の世界、形の世界は児童の夙くから生きてゐる世界である。此等の研究は最近余程進んで来た。吾々は読方の学習や算術の学習を単に教材と云ふ点からのみ考へるべきではない。又単に教科書を与へることによつて学習を始めるものと考へてはならない。読方の過程、計算の過程は教科教材の提供と否とに拘らず既に児童の生活中に要求せられてゐるのである。(47)

平田は、前述してきた実地研究の過程で、生きることと学ぶことが自然に一致していることを目の当たりにしたのである。園児は、遊びを創意工夫したり、見たものを自分なりに表現したりする中で、自分を試し、その試行錯誤において多様な知を自然に学んでいた。まさに園児の生活には、自己形成としての学びが体現されていた。彼は、むしろ教育者である自分の方が、学校や教科の枠組みを先行させた学習観にとらわれており、生きることと学ぶことを切り離してしまっているため、現実の園児の学び方を看過し、園児が必要としている支援ができていなかったことを猛省したのである。その反省に立ち、平田は、「語の世界、数の世界、形の世界は児童の夙くから生きてゐる世界」であり、「読方の過程、計算の過程は教科教材の提供と否とに拘らず既に児童の生活中に要求せられてゐる」という視座から、教育活動や学習支援を試みるようになっていた。

このように、大宝幼稚園での実地研究は、平田に学習観の転換を促した。それは、彼の歩んできた軌跡を考えたときに、衝撃的な出来事であったと思われる。なぜなら、教え導こうと思っていた園児に、逆に自分が教え導かれる経験だったからである。第一節で論じたように、平田には、京都帝国大学において最先端の教育学と心理学を学んできた自負があり、それこそが彼の理想の教育者像を強固に作り上げていた。しかし、必死に学修してきたはずの理論は、目前の園児を被教育者として位置づけて、教師と子どもを上下関係で捉える枷となってしまっていた。そのことに気づいた平田は、理想の教育者とは何か、そして教育者に必要な修養とは何かという問題にあらためて向きあっていくこととなる。

3　平田による修養概念の再考

平田は、一九二〇年九月に大阪の地を離れて、東京府女子師範学校の教諭に着任した。その理由について「大阪で小学校幼稚園を経営いたしまして数年携つて居りましたが、どうしても本元の師範学校に出なければならぬと思ひまして本家の師範学校に職を奉ずることになりました」と説明している。[48]彼が実践のフィールドを師範学校に移した背景には、大宝小学校・幼稚園での経験から彼の理想としてきた教育者像が揺さぶられ、「教育者それ自らの心術」や「態度」について集中的に考えてみようとする想いがあった。[49]彼は、教師と子どもとの関係性について、過去の考え方を引きあいに出しながら、次のように語っている。

今日は私等が昔教育学で教はつたやうに「成熟者が未成熟者に具案的に云々」と云つたやうな教育の定義に動かざるべき時でありません。寧ろ教育者が子供に依つて教えられつゝ人格と人格との愛の世界に生きることだと思ふのであります。そうして行くのが今日の教育主張であります。児童本位と云ふことも自学自習と云ふ事もそこから出て居るので成熟者が威張つて未成熟者を引張り上げると云ふものではありませぬ。教育のデモクラシーが新主張になつて居る。(50)

ここで想定されている教師と子どもの関係性は、平田が小学校・幼稚園赴任前に理想としていた「自信教人信」「自行化他」とは根本的に異なる。第一節で論じたように、もともと平田は、「社会」を鏡としてあらゆる生活経験から自己を問い直していく姿を示範して、子どもを感化できる教育者像を自らの志操としていた。しかし、ここでは、「寧ろ教育者が子供に依つて教えられ」ることが重視されている。それは、前節で論じた平田の実地研究に即して考えるならば、教師が、自分とは異なる子どもの視野や価値観に出会い、それをわからないながらにわかろうとして自己を変容させていく行為である。平田は、その行為により、教師と子どもとの間に「人格と人格との抱擁」が生じ、その関係を経験することで「人格と人格の愛の教養」が実現すると考えていた(51)。いわば、平田が理想としているのは、教師が目前の子どもによって自分が感化されて変わりゆく姿を、その子どもにみせることで、変わりあえる＝わかりあえる可能性を感覚的に共有することであった。その共有を経験することによって、教師と子どもの内に、相手の存在に向きあい、共に生きるために自分を変えようとする倫理的な感性が養われる。それは、個人の自律的な学びでは実現されない、他者と向きあうことによって付随的に経験される自己形成といえる。平田は、そうした教師と子どもの応答関係によって成立する協働的な学びを求めるようになっていた。

おわりに――実地研究の臨床性と修養

本章では、平田が実地研究を通して修養概念を再考していく過程を明らかにしてきた。彼は谷本の新教育論の影響を受けて、子どもの自学に基づく自律的な自己形成としての修養を理想とし、教育者自らがそれを体現することよって子どもを感化する必要があると考えた。その修養概念は、彼が京阪神聯合保育会のネットワークに導かれて従事した、実践者（当事者）による目前の子どもと向きあうための実地研究を通して変容した。平田は、「転地保育」を通して園児の様子を観察する中で、生活と学習を切り離して捉えている自らの学習観の狭さに気づいた。それは、教え導こうとしていた園児に、逆に自分が教え導かれる経験であった。その経験を通して、平田は、教師と子どもの関係性を成熟者による未成熟者の指導・感化という上下関係で捉えてきたことを反省し、応答関係を含み込んだ修養概念を考究するようになっていった。

平田が到達した修養概念は、伊津野の指摘とは異なる。伊津野のそれは、教師があらゆる経験を通して自己研鑽するという自律的な自己形成を意味している。また香山・遠座、小笠原においても、教師が子ども＝他者を鏡として自己研鑽を行う点に修養が見出されてきた。一方で、平田が志向する修養は、教師が目前の子どもと向きあい、自分を変えることで応じていく経験により、付随的に倫理を養うという相互依存的な概念である。すなわち平田は、教師が他者を鏡として行う自律的な自己形成から、教師と目前の子どもとの応答関係により成立する協働的な自己形成へと、修養概念を深化させた。

平田の事例に基づけば、自律的な自己形成から協働的な自己形成としての修養概念へと深化させた要因として、実地研究の臨床性を指摘できる。平田による幼児の参与観察は、何かの解明を目的とした研究や自己研鑽を目的とした修養ではなく、教育の当事者として目前の子どもと向きあい、その子をわかろうとする目的のもとで、何かを明らかにして自分を問い直していく実地研究であった。換言すれば、実際家としての平田の実地研究は、子どもに応答する臨床的な行為であり、教師と子どもを上下関係で捉える見方から解放し、目前の子どもとの間において成立する倫理の修養を意識させる経験となっていた。

最後に、平田は実際家による科学的研究を主張し続けた人物でもあった。本章の知見をふまえれば、おそらく彼が求めたのは、臨床性から乖離した科学ではなく、臨床性をともなった科学であったと予想される。今後は、平田が実地研究における科学と臨床の関係をどのように捉えていたのかについて、検討を深めていきたい。

註

(1) 三好信浩「教員養成制度について」辻本雅史監修・船寄俊雄編『論集　現代日本の教育史』第二巻（教員養成・教師論）、一二八頁。

(2) 伊津野朋弘『大正デモクラシー下の教育』明治図書、一九七六年、一三三―一五〇頁。伊津野の研究は主に明治末期を対象としているが、船越の研究によれば、明治前半期の「躾方」の論議においても、教師の模範による感化が重要視されていた（船越勝「明治前期「学校管理法」書における「躾方」概念の検討」『広島大学大学院教育学研究科博士課程論文集』第一四巻、一九八八年、四三―五〇頁）。

(3) 伊津野前掲、一九七六年、一五一頁。明治三〇年代における教育雑誌の記事をもとに、教師修養の言説を調査した大西の研究も、同様の傾向を指摘している（大西圭介「明治三〇年代における教師の修養」『筑波大学教育学系論集』第四三巻第一号、二〇一八年、四一―五三頁）。

(4) 伊津野朋弘「大正期教師「修養」論の思想」『北海道教育大学紀要』第二三巻第一号、一九七二年、一一頁。
(5) 同前書、三頁。
(6) 香山太輝・遠座知恵「野口援太郎における教師論の形成過程」『東京学芸大学紀要（総合教育科学系）』第七二集、二〇二一年、五一―六一頁。小笠原拓「修養論と教職意識」船寄俊雄・近現代日本教員史研究会編『近現代日本教員史研究』風間書房、二〇二一年、一五五―一七五頁。
(7) 拙稿「大正新教育の実践にみる教育測定研究の意義」橋本美保・田中智志編『大正新教育の実践』東信堂、二〇二一年a、二六〇頁。
(8) 拙稿「大阪市大宝尋常小学校における児童研究」『アメリカ教育研究』第三一号、二〇二一年b、五九―六二頁。
(9) 「序言」『児童教育研究会紀要』第二巻、一九二〇年。
(10) 滝内大三『未完の教育学者』晃洋書房、二〇一四年、二四四―二六〇頁。
(11) 伊津野前掲、一九七六年、一四三頁。
(12) 谷本富『新教育者の修養』六盟館、一九〇八年、二〇七―二四〇頁。谷本富『新教育の主張と生命』六盟館、一九〇九年、二七二―三〇四頁。
(13) 伊津野前掲、一九七六年、一四三頁。
(14) 平田華蔵『布教の心理』法藏館、一九一五年、三頁。
(15) 拙稿前掲、二〇二一年a、二六三―二六六頁。
(16) 平田前掲、一九一五年、一六頁。
(17) 同前書、二一―二二頁。
(18) 同前書、九八―一七三、一九七―二一五頁。
(19) 同前書、九〇―九一頁。
(20) 同前書、七九―八七頁。
(21) 同前書、八七―九八頁。

(22) 同前書、八二―八三頁。
(23) 同前書、二〇九―二一八頁。
(24) 同前書、八四―八五、三一五頁。
(25) 同前。
(26) 同前書、九一、九五頁。
(27) 同前書、三二三―三二四頁。
(28) 同前書、三二五頁。
(29) 平田華蔵『信仰の活現』興教書院、一九一六年、一三、一四〇―一四一頁。
(30) 同前書、一三、一四四頁。平田が自律的な自己形成を志操としていたことは、谷本の「予は返す返すも平田君が平素から自信教人信的態度である事を欣ぶ者である」という評価からもうかがえる。
(31) 大森耀介「京阪神聯合保育会の結成と初期の協議の性格」『上智教育学研究』第三三号、二〇二〇年、四一―五四頁。
(32) 水野浩志「京阪神聯合保育会雑誌（一）」『幼児の教育』第七九巻第五号、一九八〇年、五九頁。
(33) 同前。
(34) 大森前掲、四五―五一頁。
(35) 「雑録彙報」『京阪神聯合保育会雑誌』第四三号、一九二〇年、五四頁。「雑録」『京阪神聯合保育会雑誌』第四四号、一九二一年、四三―四四頁。
(36) 『児童教育研究会紀要』第一―三巻参照。
(37) 「発刊之辞」『児童教育研究会紀要』第一巻、一九一九年。
(38) 桜井智恵子「『京阪神聯合保育会雑誌』にみられる自由保育論の構造」『児童・家族相談所紀要』大阪市立大学生活科学部児童・家族相談所、第一三号、一九九六年、三七―四九頁。
(39) 同前書、四一頁。
(40) 平田華蔵「転地保育の実際」『教育学術界』第三八巻第二号、一九一八年、三二頁。

(41) 尾崎トヨ「転地保育の実際」『婦人と子ども』第一八巻第一二号、一九一八年、四五九―四六〇頁。
(42) 大阪市大宝幼稚園「幼児の形体描写能力に就て」『児童教育研究会紀要』第二巻、一九二〇年、四三―四四頁。
(43) 同前書、五四、五七頁。
(44) 同前書、五九頁。
(45) 拙稿前掲、二〇二一年b、六五頁。
(46) 平田華蔵「初学年の教育に於ける重要の着眼点」『千葉教育』第三八四号、一九二四年、二頁。
(47) 平田華蔵「入学前の教養問題」『千葉教育』第三九三号、一九二五年、四―五頁。
(48) 平田華蔵「親鸞の思想と教育」『教育学術界』第四六巻第四号、一九二三年、四八五頁。
(49) 同前書、四八六頁。
(50) 同前書、四九六頁。
(51) 同前書、四九一頁。

第5章　諸見里朝賢における理科教育改革への参画の意義

足立　淳

はじめに

一九二三（大正一二）年一〇月二〇日、東京市誠之尋常小学校において、同校の教師だった諸見里朝賢《ちょうけん》（1887–1923）の告別式が行われた[1]。関東大震災の発生後、救護活動に奔走したことによる過労のために発病し、一八日に死去したという。前年度まで私立成城尋常小学校において理科教育の研究と実践を精力的に推進し、東京市の要請を受けて[2]、その知見を公立小学校の実践に活かそうとした志半ばでのことであった[3]。

諸見里はこれまで、成城小で理科教育の改造に取り組んだ教師として大正新教育史[4]や理科教育史[5]の中に位置づけられてきた。とりわけ、同校の創設者で初代校長を務めた澤柳政太郎（1865–1927）が招聘した和田八重造（1870–1961）の指導下で、米国で提唱された「自然科」（Nature-Study）の方法論を受容するとともに、まだ制度的に保障されていなかった低学年の理科教育の実現や、国定の『尋常小学理科書』の全廃などを目指して積極的に言論を展開した点において評価されてきた。

ただし、先行する研究においては、成城小赴任後の活動に分析の範囲が限られており、そもそも諸見里がいかなる経歴と思想を有する人物であったのかが詳らかにされてこなかった。また、和田によって齎された自然科の方法論が成城小の低学年理科教育においていかなるかたちで具体化されたのかに検討の力点がおかれており、諸見里自身が実際家としていかなる課題を引き受けていたのかについては論じられてこなかった。そのため、諸見里が理科教育改革に身を投じた経緯や意義については、未解明のままとなっている。そこで本章では、以下の諸点に取り組みたい。

第一に、諸見里の出自と経歴を追い、彼が郷里の沖縄県で皇民化教育に打ち込んでいた様子をみる。また、その後に移住した長野県で、理科教育の研究と実践に組織的に取り組む教師集団と出会い、強く感化されたことを明らかにする。第二に、成城小に採用された諸見里が、和田を通じて知った自然科の思想に当初は戸惑いを覚えていたことを指摘する。そして、悩みながら手探りで研究と修養に打ち込む中で、教師観の転換を遂げるとともに、自らの実践や理論を積極的に発信し、理科教育の改革者として頭角を顕していった過程を描出する。

第三に、成城小において諸見里が展開した低学年理科教育論を検討し、それが、児童の精神の「発達」は「人類発達史」を反覆するという「進化論」を基礎に据えて、その「発達」の順序に適った理科教育の実現を目指すものであったことを確認する。また、諸見里が、「異種民族間の生存競争」に備えて「自然科学の進歩」が必要だとの考えから、「自然科学」に対する児童の心情の育成や「科学的訓練」を通じた「国家民衆の幸福」の増進が自らの使命であると認識したことを論じる。そして、そうした彼の低学年理科教育論が皇国史観との対決を避けられないものであったことについても考察する。

以上から、諸見里が、さまざまな人びととの交流や経験を通じて実際家として成長していった過程と、理科教育改革へと参画していったことの意義が浮き彫りとなるだろう。

1　成城小学校赴任前の経歴

粟国小学校における実践

諸見里朝賢は一八八七（明治二〇）年七月一二日[6]、琉球王国を築いた尚家と縁戚関係にある向《しょう》家支流の士族の家に生まれ、何不自由することなく育ったとみられる[7]。一九一一年三月に沖縄県師範学校本科第一部を卒業し、島尻郡大南高等小学校、第二大里尋常小学校、真和志尋常高等小学校で訓導として勤務した後、一九一四（大正三）年一〇月、粟国《あぐに》尋常小学校の訓導兼校長に抜擢された。当時同校の児童で、後に自らも教師となった伊佐三郎は、この新任の青年校長の印象について「ずんぐりとした小柄な体躯で、頭は大きく、やゝ楕円形のお顔に、眼光けいけい、全身これ神経であるかの如き風貌」で「才気煥発」「弁論風発」「闘志満々何物にも屈せない気概を持っていた」と回想している[8]。

伊佐によれば、諸見里は「青少年校外教育のためと堂々たる目的」を掲げ、「月明の夜を利用して、部下の先生方全員［中略］も引き具して、字東、字西、字浜の、それぞれ一定の広場に青少年を集め、［「夜十時を過ぎる頃」まで］お伽話の会を催した」とされる（以下、［ ］内は引用者）。また、一九一五年一一月の大正天皇の即位礼に合わせて沖縄県を挙げて祝賀行事が執り行われた際には、次のように振る舞ったという。

知謀百出の学校長は、ちょうど当時小学校の歴史の教科書に載っていた、神武天皇御東征の挿絵に擬した服装を装った。神武天皇さながらな、ヘルメットを前後に長くし、花で飾ったかんむりを頭にかぶり、金色の鵄が弓矢のてっぺんに止り、金色の光を放っている弓、否棹を、力一ぱいで支え、脚まで神武天皇の長靴をはいた。学校職員、全校生徒は勿論、役場吏員、村有志まで引き具し、従えて、十一月、南国では残暑未だ厳しい烈日の下、島一周の大行進、大行列で、盛大な御大典を祝した。

伊佐は、児童として見聞した諸見里の様子に対して「学校長の一人舞台」であったと冷ややかに回顧している。他方、諸見里は、この時期の教育実践に込めた自らの意図について書き記していない。とはいえ、一八八〇年代後半に生まれた諸見里の表面的な行動をみる限りでは、琉球処分から日清戦争までの時期には沖縄県の士族層に広く共有されていたとされる「日本化」に対する抵抗感や心の葛藤はまったく感じられない[9]。むしろ、記紀神話に基づく皇民化教育に前のめりになって取り組んでいた観さえあった。

吉田小学校への赴任

前項でみたように、少壮の小学校長として皇民化教育に邁進し、沖縄県の教育界において将来を嘱望されていたとみられる諸見里朝賢は、しかしながら、一九一六（大正五）年三月に故郷を去ることとなった[10]。その理由や経緯については判然としない点が多い。「沖縄の教育」に飽き足らなかった、「新教育」を求めてのことだったとする見方がある一方で[11]、粟国小学校で起こした不祥事が原因だったとの証言もある[12]。いずれにしても、同月、長野県上水内《かみみの》郡吉田《ち》尋常高等小学校に一訓導として赴いたのであった[13]。その直後に沖縄県知事の大味久五郎に送った手紙において、諸見里は次のように報告している。

去る四月一日より愈々桧舞台に立ち日本一の小学校教員となり済し益斯道に研鑽仕り居り候〔。〕此れ全く閣下並に諸先生の御蔭と深く奉謝候〔。〕目下遠方より来る珍客とて方々（教育会、青年会、報徳会）の諸会合の招待を受け「琉球の話」を致し居り候〔。〕其の話題を申上げ候へば「一〔、〕琉球人も大和民族なり〔、〕二、為朝と琉球〔、〕三、島津藩と琉球〔、〕四、琉球征伐〔、〕五、日本支那琉球関係、〔中略〕八、琉球に於ける小学校教員の位置及活動振」等にて候〔。〕而して彼等は小生の話に対し「言葉は旨いな」とか「解つて居るな」と評し居り候[14]

招かれたさまざまな「会合」において「琉球人も大和民族なり」と主張し、源為朝の琉球渡来説を紹介していたことなどをふまえると、やはり、諸見里は当時の日本政府が沖縄県民に対して提示していた同化政策上の公式見解を屈託なく内面化していたことが看て取れる。それゆえにこそ、「遠方より来る珍客」として扱われたり、聴衆から「言葉は旨いな」と評されたりした経験は、諸見里をして初めて「琉球人」としての疎外感や劣等感を覚えさせることになったと推察される。実際、彼は「三十年間蜜と乳の流れし琉球に住み人生の辛を知らず惘々として半生を過し来りたる一青年は浅間の噴火や信濃河の音に覚醒し来り新しき天地、新しき世界に生れ出でたる感有之候」と心境を吐露していた[16]。

また、この手紙は吉田小に着任してまだ日も浅いうちに出されたものであったにもかかわらず、諸見里は、すでに「毎日彼等信州の教員に較べて自己の力量の足らず技倆の拙劣なるを感じざる日とては無之候」とも述べていた。そして、次のように抱負を語っていた。

噫！今迄は小生は子供なりけり、眠り居りしなり……小生は猶信州の最下級の小学校教員にして幼穉なる頭脳を働かし初めしのみにて候《ママ》……然れども小生は決して急がず一歩一歩歩みて何日かは此子供の吾れを我が皮の脱離したる如く脱き捨て正しく社会を視、自由に人様の子供を撫育する力量ある真の小学校教員たらん事を信じ居り候

地縁も血縁もない長野県に移住したことが転機となって、教師としての未熟さを痛感し、自らを「眠り」から覚めて「頭脳を働かし初め」たばかりの「子供」だと認めざるを得なくなった諸見里は、その後、吉田小で何を経験したのだろうか。次項で検討したい。

組織的な理科教育改革の経験

諸見里朝賢が赴任した一九一六（大正五）年当時、吉田小学校は、上水内郡東部の小学校の中で中心的な役割を担っていたとされる[17]。同校は、一九一〇（明治四三）年五月に定めた学校体制の基本方針において理科教育の強化を打ち出して以来、学校園や岩石園の設置、植物・岩石・鉱物・海産動物などの標本の採集や蒐集、人体模型・地球儀・標本展示箱などの教具の整備や作成といった施設設備の充実に、教師のみでなく児童や有志の地域住民をも巻き込んで組織的に取り組んでいた。

また、児童が「日常彼等の直観に触るるものにして得易きもの」を教材として採用することで「教授の際遺憾なく実験観察」できるように「郷土を出発点とし」た「理科筆記帳」を独自に開発していた。さらに、同校が所属する信濃教育会上水内部会平坦部教育職員会[18]は、信濃教育会が一九一二年三月に刊行した『尋常小学理科教授要項』が「南

北に細長い長野県を一円」にしたものであったことに批判的な立場から、一九一六年六月、「実験観察を中心として郷土理科を目指すため」に『尋常小学理科教授要項　尋常科第六学年之部』を発表している。吉田小は、児童の学業成績や進学実績においても優れた成果を挙げたという。[19]これらの功績により、一九一八年二月には長野県知事の表彰も受けている。

なお、吉田小の取り組みは長野県内にとどまらず全国的にも知られており、北は北海道から南は沖縄県まで、数多くの参観者が来訪していた。このことから、前項で引用した手紙の冒頭で諸見里が同校のことを「日本一の小学校」と呼んでいたのは、沖縄県の学校教育関係者から、そうした評判を事前に聞いていたからだったのかもしれない。

前述の理科教育改革を指揮したのは、一九〇九年度に校長に就任[20]した荒木茂平であった。荒木は、学校園に植える植物や岩石園におく岩石の採集のために自ら出張[21]したり、上水内郡内の他校の教師たちも交えた理科教育の講習会や研究会を頻繁に開催したり、一九一五年四月には、長野県庁が県下の小学校を対象に実施した学力試験の成績や、中学校および高等女学校の入学試験における実績を家庭に向けて配布したりと辣腕を振るった。

荒木はあるべき理科教育の制度や目的についても信念を有しており、一九一七年二月の『信濃教育』に寄せた論考「理科雑題（其三）」では、「欧洲の大乱」を通じて「科学の進歩して居る国は、凡てに於て有利である」ことが明らかになった「現代」においては「理科教授に関する革新」の「一大変動が来るであらう」とし、小学校令施行規則を「時代の進歩に添ふやう」に改正するべきだと主張した。[22]そして、具体的な論点として、「小学校に於て理科教授を盛んならしむる」ために「一週二時間ばかりでは、到底不充分である」から「四時間乃至六時間に進めたい」こと、「現在に於ては五年から」始めている「理科教授」を「第一着手として尋常四年から課するやうにしたい」こと、「理科教授としては四年から始めるのであるが、尋常一年あたりから、理科的態度に導きたい」こと、「理科教授に於て最も大切なるもの」は「理科に関する知識ではな」く「理科的態度」、すなわち「研究的態度」であることなどを挙げていたのである。

理科教育改革に組織的に打ち込む教師たちの姿や、校長として彼らを先導する荒木の手腕や思想にふれて、諸見里が自省を迫られたことは想像に難くない。その影響の一端を示すものとして、彼は、後に刊行した自著で次のように述懐していた。

自分は曽つて長野県上水内の吉田小学校で教鞭をとつた事がある。其の学校では、校長荒木氏が理科教科書を編纂しそれによつて―信濃教育会で編纂した長野県全体の理科教科書も出来てゐるがそれを使用しないで―教授してゐるが、成績が顕著で、去年県知事からも表彰せられた程だ。其顕著なる原因は他にもあらうがその教科書を取扱ふ教師に「此の本は自分の学校で出来たんだ、日本国中広しと雖も学校で理科書を編纂しそれで以て教授してゐるのは自己の学校だけだ」と云ふ尊い意気と見上げた信念で以て教授するからだと思ふ。(23)

このように、吉田小で教師集団による独自の「理科教科書」の編纂に対する「尊い意気」と「見上げた信念」に感化される日々を送る中で諸見里は、教育界における絶大な権威者であった澤柳政太郎が実験学校の創設を企てており、全国から教師を公募していることを知る。諸見里は、熱烈な志願書を送り、採用されたのであった。(24)

2　成城小学校における研究と修養

教師観の転換

諸見里朝賢は、在職一年間足らずで吉田小学校を離れて上京し、一九一七（大正六）年二月に成城小学校の訓導として赴任した(25)。開校が目前に迫る三月、成城小の仮事務所で諸見里は、澤柳政太郎が招聘した和田八重造から「理科教育革新の獅子吼」を聞いたという(26)。そして、米国への留学中に自然科の方法論を学んで帰国した和田の「斬新」で「条理整然」とした「思想」と「熱誠」に触発された諸見里は、澤柳の勧めもあって、低学年の理科教育を自らの課題として引き受ける決心を固めたのであった。

近年の研究においては、成城小の教師たちは「Nature Study の背景も含めた理論と実践に深く共感し、それらに学びながら、低学年の理科を展開していった」との指摘がなされている(27)。たしかに、諸見里が成城小において発表した著作や論考の中にも米国の自然科の知見や成果に倣ったと思われる言説が随所に看取される。ただし、開校して間もない頃の日記からは、彼が自然科の考え方に初めから共感したわけではなかったことも窺える。

> 四月十五日、西向天神の田甫に行つた。児童は喜んでピンピン飛び廻りながら美しく咲いた草花［中略］を摘んで来て「何と云ふ草か」と名を聞くのもあれば、捕虫網で蝶々や其の他の虫を採集するのもゐる。［中略］児童が《ママ》自然に対しての疑問の眼はナカナカ大きい。此の疑問の全部は勿論のこと其の中の動植物の名前さへ教へる事の出来ないのが自分の今の力だ。［中略］又此の教育実施の方法も和田先生のお話だけでは解つた様で解らぬ

——私に其のお話を理解する力がないため——本邦では未だ試みられてないだけに参考する本は無し、やり度い心は燃えてもくべる薪がないと云ふ境地。何だか暗に手を出す様だ。(28)

もともと「文部当局が献立した理科書を如何に巧に児童へ食はせるかに就いては相当に腕に覚え」があったと自負する諸見里にとって、「教師用と書かれた紙の本」を離れて「自然其のもの」を「理科の本」として把握するのは非常に困難なことであったし、採集した動植物について「之は何？　何故？」と尋ねてくる児童に「私は、い、知りませ、ん、い」と答えるのも「ツラかつた」と表白している（引用文中の傍点は原文のまま、以下、すべて同じ）。こうした苦悩を諸見里が抱くようになった契機は、和田を通じて米国における自然科の提唱者として著名なコムストック（Anna Botsford Comstock, 1854–1930）の思想にふれたことであったと推察される。(29)

懊悩が深まるほどに諸見里は、自然科学や理科教育に関する書籍を読み漁り、成城小に出入りする植木屋や花屋、魚屋、小鳥屋などの店主や店員に疑問を投げかけた。(30) また、東京高等師範学校に通って講義や実験に参加したり、自ら動植物を採集しては和田をはじめ、生物学者の山内繁雄などといった専門家の教示を受けたりもした。中でも、諸見里に強く感銘を与えたのは植物学者の牧野富太郎（1862–1957）であった。

牧野先生と植物採集に筑波山に行つた時、菌類の或植物を採つて、名前を聞いたら、先生は何の造作もなく「私は知りません」と答へた。世界的植物学者と云はれる先生が知らないとは不思議だ、と思つたのは其の刹那であつたが、よくよく考へて見ると、学者だから何の言ひ訳もせずに「知りません」と云ふのだと思つた。［中略］児童の為の理科教授では児童の質問を奨励しそれを教育的に取扱ふ事でなければならぬ。［中略］其の時

　従来の教師の如に、私は知りませんと云ふのを恥ぢて曲りなりにも説明する様な者は、理科教師となる資格がないと迄云ひ度い。(31)

　また、諸見里は、澤柳から奨励された「修養」の一環として、夏季休業中に動植物の採集も兼ねて円覚寺へ参禅したことによって「人間とし又教師として宗教的修養が必要」であることや、「此の世界」が「智力で知る事の出来な」い「信仰すべき事実が充満した心霊の世界でもある」ことを実感したとも述べている。(32)

　さらに諸見里は、一九一九年一二月に二代目の主事に就任した(33)鰺坂國芳（後に小原と改姓）が「師範大学」と称して校内で開いた講座にも積極的に参加した。(34)諸見里は、低学年理科教育論の根拠としてラマルク（Jean-Baptiste Pièrre Antoine de Monet, Chevalier de Lamarck, 1744–1829）やダーウィン（Charles Robert Darwin, 1809–1882）、ヘッケル（Ernst Heinrich Haeckel, 1834–1919）、ホール（Granville Stanley Hall, 1844–1924）、ベルクソン（Henri Bergson, 1859–1941）などの説に言及していた。これら欧米のいわゆる「反復説」や「進化論」は和田から学んだものと理解されてきたが、(35)「鰺坂主事より哲学概論や科学概論の講義を拝聴」していたことにも多くを負っていたのである。(36)

　以上にみたように、成城小に赴任した諸見里は、和田を通じて自然科の思想に接し、その理解を深めようと多くの専門家と交流する中で牧野に強く感化された。また、澤柳や鰺坂の指南を受けて修養や学修にも努力した。こうして諸見里は、やがて「児童は教へられるの身、教師は教へるの身だと思ふ教師」から脱却し、「私も知らないから共々に研究しませう」と「児童」と「共通な研究的興味」を持つ「仲間」として「未発見の世界」へと踏み込んでいく「教師」へと、自らの教師観の転換を遂げたのであった。

理科教育改革の旗手へ

諸見里朝賢は成城小学校において、自然科の方法論を学んで低学年の理科教育を追究しただけでなく、『尋常小学国語読本』に「理科的教材」を採用することの適否を論じたり[37]、同僚の奥野庄太郎とともに児童の漢字の習得量や率の調査に従事したりした[38]。「教育」の「事実」を対象とする「科学」としての「教育学」の建設を目指していた澤柳政太郎[39]の指導のもと、欧米の心理学や児童研究の知見をふまえた科学的な教育研究の推進にも努めたのである。

また、国民新聞社が澤柳を審査委員長に迎えて一九一七（大正六）年九月に企画した懸賞に「初等教育革新案」を応募して第四等に選ばれた[40]。理科教育研究会が一九一八年九月に開催した懸賞でも佳作に入選し、「朝顔教授の実際の経過」と題した教育実践報告が翌年五月の『理科教育』に紹介された[41]。一九一九年一一月にも同文館が発行する『初等教育研究雑誌　小学校』の懸賞に投稿した「児童本位の立場に立つて」が第一等当選論文として掲載された[42]。成城小が機関誌として一九二〇年四月に創刊した『教育問題研究』でも自らの研究と実践の成果を積極的に発信した。『児童心理に立脚した最新理科教授』（一九二〇年七月）をはじめ、『文部省編尋四理科教授日案』（一九二二年六月）、『低学年理科教授の理想と実際』（一九二三年四月）といった単著も公刊した。

一九一八年一月、第一次世界大戦をきっかけに日本国内で高まった科学振興の気運の中、理科教育に関する初の全国的な研究団体として前述の理科教育研究会が発足した[43]。翌年五月に同会が主催した理科教育研究大会第一回に参加した諸見里は、一九一九年度から理科の始期が第四学年に引き下げられた理由を説明した文部省監学官の野田義夫に対して、成城小における自らの「実験」と「調査」に照らすと根拠が「薄弱」だと批判を展開し[44]、「もっとも戦闘的に低学年理科教育の実施を主張」した[45]。また、一九二〇年五月の同大会第二回で『尋常小学理科書』の廃止を建議することになった際も、「各学校で編纂」した「理科書」を文部省が「検定」する制度の実現を求める立場から、国定の「理科書」は即刻全廃するべきだと強硬な論陣を張った[46]。そして諸見里は、各地で開催される研究会に講師として招聘されるほど、同時代における理科教育改革の旗手となっていった[47]。

3　低学年理科教育論の展開と帰結

基礎としての「進化論の原則」

成城小学校で諸見里朝賢が展開した低学年の理科教育論は一貫して、「児童本位」の立場から「将来の児童の生活―精神生活並物質生活―を安全に且つ進歩せしめる為に、其れに必要なる理科の知識並に能力を啓発涵養する」ことを目的としていた[48]。ここでいう「児童本位」とは「進化論の原則」によって「理科教授の基礎」を「組織立て」ることを意味していた。諸見里は、次のごとく論じる。

　進化論を人間の精神に迄徹底的に適用し、吾人が今日有する総ての精神作用は、恰も身体の方面に於けるが如く、遠い昔から次第次第に進化して来た物であるから、其の進化の経路通りに児童を教育発達させねばならぬと主張するのである。随つて人類が下等動物であつた時代の精神作用の遺伝たる、本能と感情とを、精神の大部分否な殆んど全部を占めて居る基礎的部分となし、知的作用をば精神中の極小の皮相的部分と見做すのが、此の教育の根本思想になつてゐる。それで実際的応用方面に於ては飽く迄、児童中心主義をとり、児童の自由活動と、自然的興味とを十分に尊重して、其の自然的発達を遂げしめる事を教育の究竟目的とするのである。

このような見地に立って「人類種族が通過した段階の順序を追ふ事」を原則として据えるならば、「分析し解剖し、又は緻密に形式を学ぶ事」、すなわち「自然科学を科学として研究する事」は「人類に於て、余程後れて発達したものであるから、児童の場合に於ても亦後れて授けるのが至当である」ことになる。むしろ、「人類発達史と児童の本性の研究との示す所に従へば、自然は先づ包括的に広く自然崇拝の精神を多く加味して教へる事」や、「無生物に対する興味に先立」って「発動」する「生物に対する興味」を「枯らさない様に培養」することこそが低学年理科教育の最も重要な仕事となるのである。

以上に概観した諸見里の低学年理科教育論が、先行研究も指摘[49]するとおり、和田のそれを下敷にして展開されたものであったことは疑いようがない[50]。ただし、その背景には「戦争の根治は至難」で「異種民族間の生存競争も今後益々劇烈」になるであろうとの予想に基づいて、「決して他民族に負けぬ様」にするための「準備」として「自然科学の進歩」が「第一」であるとする諸見里の考えがあった[51]。「民族」間の関係を生物間の「生存競争」との類比によって説明しようとする、当時の日本社会において人口に膾炙した理論を、諸見里もまた大前提としていたのである。

こうした見解を有していた諸見里の眼に深刻な事態として映ったのは、「あれでも理科教育を受けたかと云ひ度い」ほど「科学的訓練が貧弱」で「知識の形式、実質、情意陶冶も頗る不徹底」な「国民」の姿であった[52]。彼は論考や著作において自らが目撃した「国民の非理科的生活」の実例をいくつも紹介している。象徴的なものを以下に挙げよう。

> 例へば近頃流行した悪性感冒の予防に、マスクを用ひるとか注射をするとか云ふ類で、［中略］何れも病源を理解させて予防させる事が大切である。而して病源を正しく理解しない為めに、一は盲蛇にをじず流で、悪性感冒が流行してドンドン人が死ぬのを見聞してもマクス《ママ》もかけず予防注射もしないで運は天にありなんてヤスツポイ

運命説を荷《ママ》ぐ連中も多い。今一つは其の反対で病源を余り知りすぎて分外に病気を恐れる者で、之は臆病の二字で表はした方がよからう。之等は何れも極端であってどちらも正しい衛生法を知らない為である。吾人は正しく恐るべきものと、然らぎる《ママ》ものがある事を児童に理解させる様にせねばならぬ。(53)

このような国民生活の嘆かわしい現実をふまえて諸見里は、「教育の目的は、個人の生活を完全に遂行する事の出来る人間を教育する事」、「換言せば異種民族間の競争場裡に立つて、立派に生存し得べき後継者を造る事であ」って、「国家民衆の幸福を増進し発展させる意味からして、低学年児童に芽生へた、自然科学に対する心情を、よりよい方法に依て教育し度い」と願っていたのである。(54)

皇国史観の否定

諸見里朝賢の低学年理科教育論は、「進化論」を基礎とする以上、天皇を「万世一系」の神の子孫と謳う皇国史観との対決を避けられないものであった。彼が一九二三（大正一二）年四月に発表した『低学年理科教授の理想と実際』には、このことを示す印象的な一節がある。諸見里と思われる「彼」と、「彼」の自宅を訪ねて来た「大阪の先生」との対話が描かれているのである。(55)その中で「彼」は、「嘗って北国の某市に理科の講習に行つた時」に「某校長」から「国民道徳」と「理科教育」とを「如何云ふ関係に考へ」ているかと問われ、「私を試めし《ママ》困らせ様との腹黒さが解つた」ので「閉口した」との経験談を語る。

『お話致しますが、国民道徳と云つてもパットしてゐるが例へばどんな問題です？』

『天皇陛下は神様として児童へ教へる?と云ふ様な問題です』

『一概には云はれないが、天使様は完全の人間として教へてゐます。然し神様だと思つてゐる児に迄強ひて人間だと教へる必要はない。私の教へてゐる尋三の児が「先生天使様も人間ですな」「なぜ」「お母様の動物の本に、人間は総べてアミーバーから進化［して］来た絵がありましたもの」と、其児には天使様を完全な人間として説明しました』

『校長さんは何と云ひました?』

『校長さん怒つて、天使様は神である、それを人間として教へるのはケシからんと、大分怒りましたよ』


先に掲げた会話の中で諸見里と覚しい「彼」は、天皇を「神様だと思つてゐる児に迄強ひて人間だと教へる必要はない」と述べている。この発言も、「発生的順序に於ては神話的で感情的の事が最初に発現する」ため、「神話及民族間の伝説等」は「科学的知識を授けるに先立つべきもの」とする「進化論」の考え方に沿ったものと解釈できる[56]。したがって、すべての児童に、やがては「神話」から脱却させ、「正当なる世界観」を獲得させていくことが目指されていた。そして諸見里は自らの言葉で、「皇室と云へば『神様々々』として済され」た「迷信の時代は過ぎた」とし、今後は「国民道徳も宗教も、最新の科学や進歩した人智と衝突しない、衝突どころかそれ等を打つて一丸として築かれねばなるまい」と明言した[57]。

諸見里は決して反体制的な立場を取っていたわけではない。ただ、彼が「非文明的な生活をなす者はやがて進化の法則によりて淘汰せらる」とみていたことに[58]鑑みれば、「迷信」に過ぎない皇国史観による民族的紐帯を、「皇室」に対する「人間の情味」に根ざした敬愛[59]によるそれへと代えていくことこそが、「異種民族間の競争場裡」において

「大和民族」が「生存」していくために採るべき合理的な道筋だと考えたのであろう。

おわりに

はじめに述べたように、これまで諸見里朝賢は、成城小学校で出会った和田八重造のもとで、自然科の方法論の受容、低学年理科教育の実現、『尋常小学理科書』の全廃などを目指して研究と実践に力を尽くした教師として知られてきた。

本章では、その前史ともいうべき吉田小学校時代に着目して検討した結果、諸見里が、児童に一年生から「理科的態度」を育みたいとの信念を持った荒木茂平の薫陶を受けていたことがわかった。また、同校が所属する信濃教育会上水内部会平坦部教育職員会が推進した理科教授要項の編纂事業に感銘を受け、教師集団が「郷土」に根ざした「教科書」を自主的に編纂することの必要性や重要性を認識していたことも明らかになった。要するに、低学年理科教育の実現や『尋常小学理科書』の全廃への動機は、吉田小在職中からすでに諸見里の中に胚胎していたのである。

このことに関連して強調しておきたいのは、荒木の率いた吉田小の取り組みが、巨視的にみれば、一九〇四（明治三七）年度の国定教科書制度の開始にともなって児童用の理科教科書の使用が禁止されたことを契機として長野県の教師たちが着手した理科教育改革の系譜上に位置づけられることである。[60]したがって、今後、成城小において諸見里が展開した理科教育の理論と実践に与えた荒木や吉田小の影響を分析することは、二〇世紀初頭に隆盛した国際的な教育改革の諸動向における、日本の新教育史および理科教育史の独自の文脈を解明することにも資するだろう。[61]

また本章では、成城小に赴任した直後の諸見里が、和田に紹介されたコムストックの思想に当初は困惑していたことを指摘した。そして、教育実践上の悩みを振り払うため、自然科学や理科教育に関する研鑽、牧野富太郎をはじめとするさまざまな専門家との交流、澤柳政太郎に奨励された修養、鰺坂國芳の指導を受けての学修に努める中で、児童と「未発見の世界」を探究する「仲間」としての教師観を獲得していったことを論証した。また、成城小で取り組んだ研究と実践の成果を種々の雑誌や著作において発表したり、理科教育研究大会に参加して積極的に持論を表明したりすることで、理科教育関係者の間で台頭していったこともみた。

さらに本章では、諸見里の低学年理科教育論が、「進化論」に則った和田のそれを踏襲したものであったとする先行研究の知見を参照しつつ、「人類発達史」を反覆するという児童の精神の「発達」の順序に即した理科教育を志向するものであったことを確認した。その背景には、「自然科学の進歩」こそが「異種民族間の生存競争」への「準備」として最も重要であるとの諸見里の考えがあった。こうした見地から諸見里は、「自然科学」に対する児童の心情を育成し、「科学的訓練」によって「国家民衆の幸福」を増進することを、理科教育に携わる実際家として自ら任じていたことが明らかになった。また、彼が皇国史観を「迷信」として斥け、「大和民族」の紐帯を「皇室」に対する人間的な敬愛に基づくものに代えようと目論んでいたことについても考察した。

「自然科学の進歩」の重要性を熱心に鼓吹し、理科教育改革の旗手として名を馳せた諸見里に、郷里の沖縄県で「神武東征」の仮装をして行列を率いるほどに皇民化教育に邁進していた、かつての青年校長の面影を看て取ることは困難である。ここに、諸見里における理科教育改革への参画の意義を認めることができよう。

〈付記〉

本章の執筆にあたり、那覇市歴史博物館古文書解読員の田口恵氏、信濃教育博物館学芸員の岩下寿恵氏、長野市公文書館専門主事の田玉徳明氏と竹内久隆氏、東京都文京区立誠之小学校副校長の吉澤哲則氏、誠之学友会会長の鮫島明良氏、立正大学心理学部教授の所澤潤氏、北海学園大学准教授の池田真歩氏に多大な御厚情と御教示を賜った。末筆となるが、ここに記して厚く御礼を申し上げたい。なお、本章は日本学術振興会科学研究費補助金（基盤研究（C）（一般）・課題番号22K02265）の助成を受けた研究の成果の一部である。

註

（1）『誠之小学校沿革誌』東京都文京区立誠之小学校所蔵史料。以下、同史料を参照。

（2）「諸見里朝賢君」『教育問題研究』第四五号、一九二三年一二月、一〇四頁。なお、同記事は諸見里朝賢が死去したのは一六日であったと伝えているが、本章では、正しくは前掲の『誠之小学校沿革誌』に記録されている一八日であったと判断した。

（3）小林正洋「諸見里朝賢」民間教育史料研究会・大田堯・中内敏夫編『民間教育史研究事典』評論社、一九七五年、四一二頁。

（4）代表的なものとして、北村和夫『大正期成城小学校における学校改造の理念と実践』（成城学園沢柳研究会、一九七七年）が挙げられる。

（5）主な知見として、日本科学史学会編『日本科学技術史大系』（第九巻（教育第二）、第一法規出版、一九六五年）や福井直秀「明治末から大正にかけての小学校「理科」教育の目的論」（『京都大学教育学部紀要』第二八巻、一九八二年三月）、鶴岡義彦「小学校低学年理科設置の論拠づけに関する事例の分析――「低学年理科特設運動」の初期における成城小学校の場合――」（『島根大学教育学部紀要（教育科学）』第二〇巻、一九八六年一二月）、板倉聖宣『増補　日本理科教育史』（仮説社、二〇〇九年）、山田真子・磯﨑哲夫「Nature Studyがわが国における小学校低学年の理科に与えた影響――大正期の成城小学校の事例――」（『理科教育学研究』第五七巻第二号、二〇一六年一一月）などがある。また、近年では日本における環境教育の先駆として成城小学校における諸見里朝賢の教育実践を位置づける研究も登場している（飯沼慶一「成城小学校の自然学習と遊び科の歴史的意義に関する研究――学校環境教育前史として――」『環境教育』第二九巻第三号、二〇二〇年三月）。

（6）諸見里朝賢「履歴書」『第一種公文編冊　八冊ノ内七／大正五年／学務係／小学校教員進退／上水内郡／下水内郡／長野市／松本市』長野県立歴史館所蔵史料（請求記号：大五／二C／二―七）。以下、本文中の諸見里の経歴に関する記述については、特に断りのない限り、同史料による。

（7）那覇市歴史博物館への照会に対する二〇二三年八月二四日付の回答によれば、同館所蔵の『向姓家譜　支流　諸見里家』には諸見里朝賢の名は見当たらないという。ただし、前掲した「履歴書」には、諸見里が沖縄県那覇区上泉町（現・那覇市泉崎）出身の士族であったことが記載されている。また、後に本文中で言及する、諸見里が沖縄県を離れた直後の一九一六年四月に送った手紙の内容からは、彼が官界の有力者から支援や温情を受けられる立場にあったことが窺える（「小学教員の告白」『琉球新報』第五七〇八号、一九一六年四月二五日、二面）。さらに、草創期の成城小学校で訓導の採用にも関わった村上瑚磨雄は、往時の関係者が集まった座談会において、諸見里は「名家の出らしい」人物であったと回想している（「旧職員座談会　成城小学校の誕生――成城小学校小史（一）――」『成城教育』第四号、一九五七年一〇月、五三頁）。

（8）伊佐三郎『黎明期の粟国』球陽堂書房、一九七九年、六三頁。以下、同書より引用。

（9）この点については、小熊英二『〈日本人〉の境界――沖縄・アイヌ・台湾・朝鮮　植民地支配から復帰運動まで――』（新曜社、一九九八年）を参照。また、琉球王国に対する日本政府の対応や、琉球処分後の教育政策の推移については、沖縄県教育委員会編『沖縄県史』（第一巻（通史）、沖縄県教育委員会、一九七六年）や近藤健一郎『近代沖縄における教育と国民統合』（北海道大学出版会、二〇〇六年）なども参照。

（10）前掲「旧職員座談会」における村上瑚磨雄の発言を参照（五三頁）。

（11）前掲「諸見里朝賢」四一二頁。

（12）前掲『黎明期の粟国』六八―六九頁。

（13）「小学教員異動」『信濃毎日新聞』第一二〇八六号、一九一六年四月一日、一面。

（14）前掲「小学教員の告白」二面。以下、同記事より引用。

（15）この点については、前掲『〈日本人〉の境界』を参照（四四頁）。

（16）前掲「小学教員の告白」二面。以下、同記事より引用。

(17) 吉田小学校百年史編纂委員会編『吉田小学校百年史』吉田小学校百周年記念事業実行委員会、一九七五年、二三一頁。以下、同書より引用。

(18) 信濃教育会の組織と上水内部会設立の経緯については、上水内教育会史編集委員会編『上水内教育会史』(上水内教育会、一九八九年)を参照。なお、一九一六年当時、上水内郡には平坦部・北部・東部・中部・西部の五つの教育職員会が存在したという(三―四頁)。以下、同書より引用。

(19) 前掲『吉田小学校百年史』一九九―二〇〇頁。以下、同書を参照。

(20) 吉田小学校百年史編纂委員会編『吉田小学校百年史略年表』吉田小学校百周年記念事業実行委員会、一九七三年、七頁。

(21) 前掲『吉田小学校百年史』二〇〇頁。以下、同書を参照。

(22) 荒木茂平「理科雑題(其三)」『信濃教育』第三六四号、一九一七年二月、一四―一五頁。以下、同論考より引用。

(23) 諸見里朝賢『児童心理に立脚した最新理科教授』大日本文華株式会社出版部南北社、一九二〇年、五三二―五三三頁。

(24) その経緯については、前掲「旧職員座談会」を参照(五三頁)。

(25) 小宮巳編「初等科之部　成城学園沿革資料――学校日誌、官庁記録ヨリ抜粋――」『成城教育』第四号、一九五七年一〇月、九〇頁。

(26) 前掲『児童心理に立脚した最新理科教授』一頁。以下、同書より引用。

(27) 前掲「Nature Study がわが国における小学校低学年の理科に与えた影響」一五二頁。

(28) 前掲『児童心理に立脚した最新理科教授』三頁。以下、同書より引用。

(29) Anna Botsford Comstock, *Handbook of Nature-Study for Teachers and Parents: Based on the Cornell Nature-Study Leaflets, with Much Additional Material and Many New Illustrations*, The Comstock Publishing Company, New York: Ithaca, 1911, pp. 3-4. 同書においてコムストックは、自らの知識がいかに少ないかを知るに足るだけの十分な科学的訓練(scientific training)を受けておらず、自らが何でも知っているようにみせかけないと児童からの信頼を失ってしまうと感じているのは小学校の教師だけであると指摘し、「自然科では、どんな教師でも「私は知りません」と堂々と述べられる」のだと論じていた(訳文は筆者による)。ただし、諸見里朝賢が成城小学校に着任して早々にコムストックの原著を読破できたとは考えにくいこと、また、引用文中で「和田［八重造］先生のお話だけでは解つた様で解らぬ」と嘆いていたことから、やはり和田からの指導や助言を通じて間接的に受容したとみるべきであろう。
(30) 前掲『児童心理に立脚した最新理科教授』四―五頁。以下、同書を参照。
(31) 諸見里朝賢「児童の立場から――理科教授の合理的改造――」『教育問題研究』第九号、一九二〇年一二月、九一頁。
(32) 前掲『児童心理に立脚した最新理科教授』七―八頁。
(33) 前掲「初等科之部　成城学園沿革資料」九四頁。
(34) 鰺坂生「成城から」『教育問題研究』第一号、一九二〇年四月、八九頁。
(35) 前掲「小学校低学年理科設置の論拠づけに関する事例の分析」九〇―九一頁。
(36) 前掲『児童心理に立脚した最新理科教授』四頁。以下、同書より引用。
(37) 諸見里朝賢「国語読本の理科的教材」澤柳政太郎編『尋常小学国語読本の批評』同文館、一九二〇年。
(38) 諸見里朝賢・奥野庄太郎『読方教授の革新』大日本文華株式会社出版部、一九二一年。
(39) この点については、澤柳政太郎『実際的教育学』（同文館、一九〇九年）を参照。
(40) 諸見里朝賢「初等教育革新案」国民新聞社編『戦後の教育』民友社、一九一八年。
(41) 諸見里朝賢「朝顔教授の実際の経過」『理科教育』第二巻第五号、一九一九年五月。
(42) 諸見里朝賢「児童本位の立場に立つて」『初等教育研究雑誌　小学校』第二八巻第五号、同文舘、一九一九年一一月。
(43) その経緯については、前掲『増補　日本理科教育史』を参照（三一〇―三一七頁）。
(44) 「尋常小学校第四学年乃至第六学年に於ける理科の適当なる教授事項如何」『理科教育』第二巻第八号、一九一九年七月、二六頁。
(45) 前掲『増補　日本理科教育史』三〇九―三一〇頁。
(46) 「国定理科書廃止の可否如何。若し廃止不可能とすれば其の編纂法につき如何なる希望を成すべきか。」『理科教育』第三巻第八号、一九二〇年七月、八五頁。
(47) この点については、山崎生「新潟に於ける教育改造研究会（佐藤、諸見里、田中三氏の指導振）（下）」（『教育問題研究』

第三号、一九二〇年六月）や諸見里朝賢「理科教育改造会と琵琶湖半周記」（『教育問題研究』第八号、一九二〇年一一月）などを参照。

(48) 前掲『児童心理に立脚した最新理科教授』二〇〇頁。以下、同書より引用。なお、同様の記述は『低学年理科教授の理想と実際』（厚生閣、一九二三年）にもみられる（一一四頁）。

(49) 前掲「小学校低学年理科設置の論拠づけに関する事例の分析」九〇―九一頁。

(50) 和田八重造は『小学理科教育改善私見』（和田八重造、一九一九年）において、「人類の種族発達史と個体発達史とが大体に於て一致する」という「近時多くの心理学者の確めつ、あ」る理論と、「吾等の祖先が文字なく書物な」く「生存する必要上何を措いても衣食住の工夫なしには済まな」い「原始時代」が「余程長かつた」という「史学者の証す」る事実に基づき、「個人の発育上此［原始］時代に相当する幼年期」の「児童」が「草花を摘み、木実を拾ひ、トンボを釣り、バッタを追ひ、メダカを漁り、小鳥を捕ふる」といった「児戯的研究の要求を起した時毎に適当な機会と材料とを与へて充分に助長してやるのが教育者の任務である」と論じていた（三四―三六頁）。

(51) 前掲『低学年理科教授の理想と実際』二二―二三頁。

(52) 諸見里朝賢「理科教育の根本的改造」成城小学校編『児童中心主義の教育』大日本文華株式会社出版部、一九二一年、一四一―一四三頁。以下、同論考より引用。

(53) 前掲『児童心理に立脚した最新理科教授』二八七―二八八頁。

(54) 前掲『低学年理科教授の理想と実際』二三―二四頁。

(55) 同前書、二四頁。以下、同書より引用。

(56) 前掲『児童心理に立脚した最新理科教授』一三八頁。以下、同書より引用。

(57) 前掲『低学年理科教授の理想と実際』二五頁。

(58) 前掲「理科教育の根本的改造」一七六―一七七頁。

(59) 前掲『低学年理科教授の理想と実際』二五頁。

(60) 一九〇三年四月に小学校令および同令施行規則が改正されたことを受け、翌一九〇四年度から修身や国語などの教科書が国定化された一方で、体操や裁縫などとともに理科については従来の児童用教科書の使用が禁止された。こうした事態に対応するために長野県の教育界では、信濃教育会が一九〇五年三月に刊行した『小学理科生徒筆記代用』と『小学理科教授要項』を前提とした研究と実践が進められ、一九一一年三月には前者を改訂した『尋常小学理科筆記帳』も発表された(長野県教育史刊行会編『長野県教育史』第四巻(教育課程編一)、長野県教育史刊行会、一九七九年、八一〇頁)。この間、一九〇八年度から尋常小学校の修業年限が六年間に延長され、五年生から理科の授業が実施された。さらに一九一一年度以降は理科においても国定教科書が設けられた。ただし、学校長の判断によって国定教科書を使用しないことも認められたため、信濃教育会は独自の教授要項の編纂事業を継続し、一九一二年三月に本文中でふれた『尋常小学理科教授要項』を公刊したのである(前掲『上水内教育会史』一三五頁)。

(61) こうした問題意識については、足立淳「書評　橋本美保編著『大正新教育の受容史』」(『近代教育フォーラム』第二八号、二〇一九年九月)を参照。

第6章　東京女子高等師範学校附属小学校における児童教育研究会の設立

——実際家たちの群像とその研究態勢——

遠座　知恵

はじめに

本章では、東京女子高等師範学校附属小学校（以下、東京女高師附小）における「児童教育研究会」[1]の設立に着目し、同会で活動した実際家たちの集団特性を検討し、彼らが提起した研究態勢の意義を考察する。大正新教育の事例として東京女高師附小を検討した先行研究は、これまで主として一九二〇年代における同校の取り組みに着目してきた[2]。たしかに、東京女高師附小では、一九二〇年度以降第三部第一学年の実験学級にプロジェクト・メソッドを導入し、同年代半ばには、よりラディカルな作業教育の実践改革が展開されるようになっていった。こうした取り組みは、同校が新教育の実践校であることを明瞭に示しているものの、大正新教育の生起と展開のプロセスを本格的に解明するためには、同校も含めて、個別の事例を従来よりも長期的な時間軸とネットワークの中で分析することが必要であろう。とりわけ、教育実践上の明確な変化に先立つ実際家たちの意識形成や研究態勢の構築の実相に迫ることは、この運動の基盤形成や漸進的展開を明らかにするうえで重要な課題である。

このような問題意識から、本書第1章では、澤柳政太郎（1865-1927）を会長とする教育教授研究会を中心事例とし、同会が東京女高師附小の実際家たちの研究に与えた影響を明らかにしたが、本章では附小において彼らが設立した児童教育研究会に着目したい。児童教育研究会は、当時の主事である藤井利誉（1872-1945）が欧米視察で不在の一九一八（大正七）年、主事代理の北澤種一（1880-1931）と訓導らによって設立された研究組織である。会の設立目前の時期、彼らは教育教授研究会の例会に参加し、自らも主題者として登壇するなど、精力的に研究活動を展開していた。児童教育研究会の設立は、東京女高師附小の新教育研究の展開においても重要な契機となった可能性があるが、同会に関する本格的な研究はこれまで行われていない。

そこで本章では、東京女高師附小における児童教育研究会設立の動きとその背景について検討したうえで、創設期の会員と会の支援者の顔ぶれを確認する。続いて、一九一〇年代に附小に在職し、会の設立に携わった実際家たちに着目する。東京女高師附小主事兼児童教育研究会会長を務めた北澤や彼の後任にあたる堀七蔵（1886-1978）の名はよく知られているが、本章では、これまであまり光を当てられることのなかった人物に焦点をあて、その集団特性を検討したい。最後に、児童教育研究会が設立時に掲げた研究方針と創設期の活動実態を明らかにすることで、同会が提起した研究態勢の意義について考察を加えることとする。

1　設立への動きとその背景

東京女高師附小で児童教育研究会を設立する構想がいつ浮上したのかは不明である。ただし、同会は一九一七（大正六）年一月に欧米視察の途についた主事藤井の不在中に設立され、彼は帰国後の附小の変化に非常に驚いたとされる(3)。約二年の視察を終え帰国した藤井は、一九二〇年四月に北澤が主事を引き継ぐまでの間、児童教育研究会会長を務めたが、出発前に同会を設立する計画は存在しなかったものとみられる。児童教育研究会は、一九三三（昭和八）年と一九三八年に創立一五周年および二〇周年の記念式典を開いたが、そのどちらにも藤井は参加しておらず[4]、会の設立にはほぼ関与しなかったと考えられる。

児童教育研究会の設立構想が浮上した時期は不明なものの、具体的な動きが現れたのは一九一八年九月であった。藤井や北澤に続いて会長を務めた堀は、「大正七年九月、我が児童教育研究会が生れた」とし、「研究会規則の立案よりその発会に至るまでの事務が進展して、大正七年十一月児童教育研究会が発会式を挙行した」と述懐している[5]。また、同年九月二七日に印刷、翌月一日に発行された『児童教育』の前誌『教育の実際』最終号では、「来十一月号より『児童教育』と改題し、同時に東京女子高等師範学校附属小学校の機関雑誌とし公刊することに決定し、其編纂は同校内児童教育研究会の手に移」ると告知を行っていた[6]。この告知には、児童教育研究会の会員として、以下二五名の氏名が挙げられていた。

荒井忠吉、市橋なみ、市原寿見、伊藤米次郎、金子きぬ、北澤種一、小松ひろ、五味義武、小林かの、鈴木すゞ、高橋すゑ、田中なを、谷山義毅、野上喜美子、藤山快隆、藤井利誉、古川竹二、堀七蔵、馬上テル、水谷年恵、山川ハツノ、山岸徳平、山本幸雄、渡邊千代吉、岡井二良[7]

ここに示す人物は、当時附小に在籍した職員であり、次節で取り上げる会則上の「正会員」であった。宝文館と東京女高師附小の間で交わされたやりとりの詳しい内容はわからないが、同社には『教育の実際』を「児童教育研究会に是非提供したいといふ希望」があり、「児童教育研究会には機関雑誌を発行するの必要が痛切であつた」ため、「雑誌の編輯一切は児童教育研究会が引受け、雑誌「児童教育」の発行一切は宝文館主大葉久吉氏が担当する」ことで両者が合意したという。[8] 次節に引用する「児童教育研究会規則」（以下、会則）の第三条には、会の事業が五点掲げられているが、最初に具体化したのが『児童教育』の発行であり、研究成果の発信が当初から最も喫緊の課題であったと考えられる。一九一八年一一月一日発行の『児童教育』創刊号に、「編輯同人が、事務を執り始めてから彼是一月余り、茲に第一号の誕生を見るに至つた」と記されていることから、[9] 雑誌の編集作業も九月に始まっていたとみて間違いない。『児童教育』創刊号冒頭の「主張」欄には、北澤が記した「「児童教育」創刊の辞」が掲載されたが、そこには当面の間、「イ、主張　ロ、研究　ハ、資料　ニ、教育論纂」の四点を主な内容として誌面を構成することが示されていた。[10] このうち、『教育の実際』から引き継いだのは主張欄のみであり、その他は新たな方針で編集が行われることになった。

児童教育研究会という会の名称は、北澤が悩んだ末に依田豊から示唆を得て決定したとされる。[11] 北澤が依田とどのようなやりとりをしたのかは不明であるが、「「児童教育」創刊の辞」では、「教育上に於ける児童本位の思想は、諸他の教育思潮と共に弥々切実なる要求を提供し、今や教育上の諸問題は之が根本的研究を要するもの甚多からん」[12] として、児童教育研究の必要性が述べられていた。北澤は一九一六年の教育教授研究会の例会でも、「教授訓練」や「養護教授訓練」といった「教師の側」からみた従来の教育学上の方法概念を「児童の経験」の「分析」から再考すべきと提起していたが、[13] 児童教育研究会は、「児童本位の思想」の到来を背景に、教育の理論・実践上のさまざまな問題を従来とは異なる視点で問い直すことを課題にしていたと考えられる。

既述のとおり、東京女高師附小の訓導たちは児童教育研究会の設立に先立ち、教育教授研究会の例会に参加して意欲的に活動していたが、この時期には附小内部での研究活動も活性化していた。この動きを支えたとみられるのが、一九一七年六月から一九二一年一一月まで東京女子高等師範学校（以下、東京女高師）の校長に就任し、児童教育研究会の初代顧問を務めた湯原元一（1863-1931）の存在である[14]。湯原は谷本富（1867-1946）と同様、帝国大学で教育学特約生としてハウスクネヒト（Emil Hausknecht, 1853-1927）に師事し、「ヘルバルト派教育思想の紹介」を行った人物として知られるが[15]、彼に関する本格的な研究は乏しい。

児童教育研究会の初代顧問に就任した湯原は、『児童教育』創刊号に「『児童教育』に対する希望」を寄稿した。この論考では、欧米教育学説の矢継ぎ早の紹介が「何等深い印象をとゞめることなく、空しく時日を経過する」現状を憂うとともに、次のように述べられていた。

学者は学理の一方に頼り、学理として首肯するに足るものは自ら発表するけれど、その行はれると否とは考慮の外にある。即ち実行の如何はしばらく領分外に置くのである。然るに実際家の態度若しくは立場は全然これと異る。又是非とも異らねばならない[16]（以下、傍線は引用者）

湯原は、「学者」が範疇の外におく「実行」による研究を「実際家」が開拓することに期待を寄せていたといえよう。ただし、この主張は、彼が東京女高師赴任以前に著した『教育及教育学の改造――実際的教育の主張――』（目黒書店、一九一六）の中ですでに提起していたものであった。また、同書では、ケイ（Ellen Key, 1849-1926）の『児童の世紀』など、当時ドイツで関心が高まっていた新教育論を紹介しつつ、「其要求の根本には動かすべからざる一種の真理」が存在すると指摘し、実際家が教育学の「学説」を「自己の実際上の立場から厳格」に「批判」することにも期待を寄せていた[17]。このような発想を持つ人物が本校の校長に就任したことは、附小の研究の推進に大きく寄与したと考えられる。

後年の堀の述懐でも、湯原が積極的に研究を奨励し、「附属小学校第一部に種々の実験的研究を試みるようになった」ことや、彼を「顧問とする児童教育研究会が設立され」たことに言及がみられる。(18) 実際に湯原着任後の一九一八年度から、附小の第一部では附属高等女学校との接続を考慮し、裁縫の時間を減らし、英語の時間を増やしたほか、第一学年から第三学年に直観科、第四学年に歴史・地理・理科を設置するなど、小学校令施行規則に定められる教科課程とは異なる編成を試みたとされる。(19) さらに、こうした改革が、同年度には第一部に限らず、第三部でも着手されており、第四学年から第六学年では「演習科」と称する特設教科が設けられていたことが確認できる。(20) 演習科は特定の内容領域を持たず、他教科と関連して「広く教育教授の全般に亘ってその教育的効果を一層多大ならしめんが為めに、児童の活動性を利用し」て実施するものとされた。活動性に訴えることで、「書物に記載されてあること」をただ「記憶」するのではなく、「自ら学び得たる知識自ら実証した知識」を獲得することが目指されていた。(21)

本章冒頭で述べたように、附小では一九二〇年度に第三部第一学年の実験学級でプロジェクト・メソッドの導入が始まるが、それに先立つ一九一八年度には、第一部や第三部の従来組織でもこのような改革が着手されていた。実際家たちによる「実行」をともなう研究を教育界に発信していこうとする機運が児童教育研究会創設前の附小で高まっていたといえよう。

2　創設期の会員と支援者

『児童教育』創刊号には、以下のとおり、全九条から成る「児童教育研究会規則」が掲載されている。このうち、冒頭の第一条から第三条では、児童教育研究会を附小内に設けることや、「児童教育ニ関スル諸般ノ問題ヲ研究調査スル」という「目的」の下、会が取り組む事業が列挙されていた。ここでは、第四条から第六条に注目して、児童教育研究会設立時の会員や会の支援者の顔ぶれを確認しておこう。

児童教育研究会規則

第一条　本会ハ児童教育研究会ト称シ東京女子高等師範学校附属小学校内ニ置ク

第二条　本会ハ児童教育ニ関スル諸般ノ問題ヲ研究調査スルヲ以テ目的トス

第三条　本会ノ目的ヲ遂行センガ為メ左ノ事業ヲナス

一、児童教育ニ関スル諸般ノ研究会調査会等ヲ開ク

二、共同研究ノタメ他学校ト協議会ヲ開ク

三、図書ヲ刊行ス

四、講演会講習会ヲ開催ス

五、本会ノ研究ハ雑誌「児童教育」ヲ以テ之ヲ発表ス

第四条　本会会員ヲ分チテ正会員准会員トス

正会員ハ東京女子高等師範学校附属小学校関係職員トシ本会ノ事業ヲ分担スルモノトス

準会員ハ東京女子高等師範学校関係職員ノ有志トシ本会ノ事業ヲ援助スルモノトス

第五条　本会ハ顧問一名賛助員若干名ヲ置ク

第六条　本会ハ諸般ノ事務ヲ整理スルタメ左ノ役員ヲ置ク

幹事長　一名　庶務幹事　一名
会計幹事　一名　編輯幹事　一名
編輯委員　若干名（当分四名トス）
第七条　役員ハ正会員ノ互選ニヨリテ決定シ其ノ任期ハ一ケ年トス
第八条　本会事務処理ノ方法ハ別ニ定ムル所ニヨル
第九条　本会規則ノ変更ハ総会ノ決議ヲ要ス(22)

第四条は「会員」に関する規定である。このうち「正会員」は「東京女子高等師範学校附属小学校関係職員」とされた。『児童教育』創刊号には会則とともに正会員の氏名も掲載されたが、前節で取り上げた附小職員二五名と一致する人物である。正会員のうち、主事や訓導以外で唯一名を連ねていたのが古川竹二（1891-1940）であり(23)、彼は『児童教育』にも複数回寄稿していた。古川が最初に発表した「教育の理論家と実際家」では、「教育の実際に疎」く、海外情報の「紹介」や「翻訳」に終始する「理論家の幣」と「理論を空論と同一視」してその価値を顧みない「実際家の幣」を指摘したうえで、「理論と実際」が「相呼応して進」む必要性が論じられている(24)。古川が児童教育研究会の研究活動にどの程度関与していたかは、さらなる検討を要するが、こうした内容は、本書第1章でみた北澤らの認識と重なるものであった。第四条には正会員のほかに、「東京女子高等師範学校関係職員の有志」から成る「準会員」も定められていたが、この区分の会員氏名が示されたことはなく、実在したのかも疑わしい。実態として、「会員」とは附小の関係職員を指していたと考えられる。

第五条の「顧問」一名には、既述のとおり湯原が就任し、その後は東京女高師の歴代校長が務めることとなった。

湯原は附小の訓導らを対象に講演したほか、『児童教育』にも多数寄稿していた。また、湯原自身の知見だけでなく、彼が書簡で知り得た情報も提供するなど、(25)会の活動に積極的に関わっていた様子が窺える。また、「賛助員」には、荒木悌二郎、岩川友太郎、乙部孝吉、大江スミ、川上瀧男、神田順、喜多見さき、倉橋惣三、黒田チカ、小林照朗、近藤耕蔵、下田次郎、下村三四吉、関根正直、土屋幸正、土井壮良、永井道明、二階堂トクヨ、西島富寿、西村萬壽、林てう、平田敏雄、保科孝一、細田謙蔵、牧田らく、槇山栄次、森岩太郎、矢部吉禎、吉田熊次、岡田起作、岡田みつ、尾上八郎の三二名が当初名を連ねていた。賛助員は東京女高師の教授から同校が委嘱する講師なども含む職員であった。なかには実質的関与のない人物もいたと思われるが、傍線を付した倉橋、近藤、下田、下村、保科、槇山、吉田のように、創刊期の『児童教育』に賛助員として寄稿した者も存在した。ただし、湯原が東京女高師を去り、会の顧問を外れる一九二一年一一月以降、賛助員という立場で『児童教育』に寄稿する者は見当たらなくなる。また、湯原は顧問退任後も『児童教育』に寄稿したが、彼の後任を務めた茨城清四郎は、東京女高師在職中同誌にわずか一件寄稿したのみであった。(26)こうした点から、湯原の異動とともに顧問は名目上の役職となり、本校職員の組織的な関与も失われたものとみられる。

第六条の「役員」の氏名を記した史料は見当たらないが、そもそも『児童教育』に会則が掲載されたのは、創刊号から第三号までにとどまっており、会則制定後間もなく変更も生じていた。会則上には「会長」の規定はないものの、欧米視察から帰国した藤井が初代会長に就任し、以後附小の主事が同職を兼任した。なお、藤井の会長退任時には、「当小学校主事で本会々長であつた藤井利誉氏は、当女学校主事に栄転せられ、その後任として本会創立以来の幹事北澤種一氏が就任せられました」と記されており、(27)会創設期における北澤の役職は会則上の幹事長であったと考えられる。北澤の会長就任にともない、藤井は「研究顧問」となったが、(28)この役職も会則には規定のないものであった。

最初の庶務幹事と会計幹事を誰が務めたのかは不明であるが、編集幹事は岡井、編集委員の一人は渡邊であったと考えられる。この点は次節で確認することとしたい。

3　設立に携わった実際家たち

本節では、児童教育研究会の設立に携わった実際家たちのうち、岡井二良、渡邊千代吉、五味義武、水谷年恵の四名を取り上げ、個々の人物像と彼らの集団特性に注目したい。一九三三（昭和八）年と一九三八年に催された児童教育研究会の創立記念式典には、当時附小に在職した主事兼会長の堀と訓導のほか、会の設立時に附小に在職していた複数名が参加しているが、この四名はいずれの式典にも来賓として出席しており[29]、会と縁の深い人物であったと考えられる。

一九一〇（明治四三）年に着任した岡井は、当時東京女高師教授兼文部省視学官の職にあった槇山の推薦により、附小に採用されたのではないかと思われる。槇山は山形県の視察報告の中で、同県師範学校附属小学校在職中の岡井を取り上げ、「訓導岡井二良は教授頗る巧にして其成績も亦見るべきものあり」と彼を名指し、その力量を高く評価していた[30]。上京前の岡井は、計算問題を「子供に自力で作らせる」方法を取り入れた「自動的課題」を考案したり、岡千賀衛の『自学輔導新教授法』などを読み、「自学」の重要性を説いていた[31]。東京女高師附小着任後は、山形県出身で、小学校教師を痛烈に批判した稲毛詛風の処女作『若き教育者の自覚と告白』を書評し、「全体に於て僕等を啓発する点が頗る多い」と共感を示すなど[32]、既存の教育に対する批判意識を備えていた。附小では、第二部を受持ち「複式教授の空時に於ける児童の自動作業」を自身の課題として研究に着手した[33]。

また、上京前の岡井は、『山形県教育雑誌』の編集を担当していた[34]。一九二〇（大正九）年二月発行の『児童教育』では、岡井が「最初の編集幹事」を務めたことを称え、「本誌の今日あるは実に君に負ふ所が多い」と記しているが、彼がこの役職を担ったのは、すでに編集経験を有していたことも関係しているであろう[35]。『児童教育』の編集に着手した当時について、岡井は「宝文館の竹原といふ人から原稿の頁数、活字の配合等を一々教へて貰つて、馴れぬながらも編輯をやり始め」たと述懐している[36]。一九一〇年代の東京女高師附小には、岡井を含め、既存の教育雑誌に寄稿する訓導もいたが、全員が彼と同様の経験を有していたわけではなかった。むしろ、堀の述懐によれば、当時の附小には「原稿の書き方や編輯を知つてゐる人は、大してをらず」、岡井が「一々書き方を教へ」たとされている[37]。こうした点からみて、岡井は『児童教育』の創刊に欠かせない人物であったといえよう。

岡井よりも一足早く一九〇九年に附小に着任した渡邊は、千葉県師範学校卒業後、同附属小学校訓導を四年ほど務めた経験を有する[38]。渡邊は附小着任前に『日本之小学教師』に理科教育に関する論考を発表しており、附小着任後も同誌や他の教育雑誌に多く寄稿していた。堀とともに、一九一八年四月に林博太郎を会長として発足した理科教育研究会でも活動したほか、同年六月八日に錦華小学校を会場に開かれた教育教授研究会の例会主題者として、「理科教授上の問題」を発表していたことも確認できる[39]。また、本書第1章で取り上げたように、彼は『児童教育』誌上に、以下にみる五味や水谷とともに、実際家としての自覚を表明した一人であった。

東京女高師附小着任後の渡邊を紹介した『国民教育』の記事では、彼は第三部を受持ち、「理科数学国語」に秀でており、「よく働く人で、勤勉誠実、且つ研究心強く、男らしく、教授は余程巧妙」とされ、「千葉では非常に評判好かつた」と記されている[40]。渡邊自身の述懐によれば、附小では第一部や第二部との「差別撤廃に骨を折」り、第三部に在籍する児童の附属高等女学校への進学が認められるよう尽力したという[41]。一九一八年度に第三部で最初に「演習科」を担当したのも渡邊であった。渡邊は『児童教育』に初年度の取り組みとして、他教科と関連づけた「動物の飼育、植物の栽培」「算術と連絡したる実験実測」「理科、図画、手工と連絡したる演習作業」「気象観測」などを実施したことを報告しており[42]、演習科創設の基礎を築いたと考えられる。また、児童教育研究会創立一五周年の式典では、「本屋との交渉や原稿の扱ひ方が幼稚」であったため「編集長岡井先生と共に、非常な苦心をされた談」が彼の口から語られたとされており[43]、最初の編集委員として、岡井とともに『児童教育』創刊に貢献した人物とみて間違いないであろう。

岡井や渡邊が児童教育研究会設立後二、三年を含む約一〇年間附小に在職したのに対し、一九一二年に着任した五味は、同校の新教育研究により長期的に携わった。五味は北澤と同じ長野県諏訪郡出身であり、本書第1章でふれたように、長野県人を中心に澤柳邸で開催されていた「教育研究会」のメンバーでもあった。師範学校時代の五味は、「成績も良く、信用もあり」周囲が羨やむ存在だったようである[44]。一方、彼自身は、在学時の自身の学修成果に懐疑的で、「元気はあるが実質はない。一寸気の利いたことを言ふが根底がない」と感じており、「多少でも今日に於て研究らしい研究をしたといふその基礎」は、最初に赴任した松本女子師範学校附属小学校で築いたと振り返っている[45]。

上京前から綴方教育に力を注いでいた五味は、国語科教育史では「写生主義」綴方教育の実践家として知られている[46]。ただし、彼が綴方に魅かれた理由は、それが「人間の生活に基き、思想を取扱ふということに何となく重い使命が感ぜられ」たためであったという[47]。綴方の魅力をこの点に感じていた五味は、「観察したことをそのま丶書く」「経験したことをそのま丶表す」指導に打ち込み手応えを得る傍ら、「思想発表に対する確固たる根拠がない」ことに「新しくなやみ」を抱き、綴方教育研究の転換を志すようになった。自己の悩みを打開しようとする中で、「綴方教授に関する書物が捨てられ」て、「心理学や論理学」「文章法や修辞法の書物」を「読み耽」り、さらには「美学や芸術論や文学的創作」へと関心が移り、「思想の研究」とりわけ「思想表現の研究」こそが根本的課題になったと彼は述べている。

東京女高師附小着任後の五味は、一九一五年に「過渡期の初等教育者」という論考を発表した。この論考では、「実際の役に立たない外観を粧ふ様な研究や、高遠な学術的専攻を以て自己を誇る様な研究」を戒め、初等教育者が「実際と研究の両立」に励むことを訴えており[48]、『児童教育』誌上における実際家としての自覚表明に連なる意識がみられる。五味は、渡邊に続き、一九一八年七月七日に錦華小学校で開かれた教育教授研究会の例会主題者を務め、その席で「初学年に於ける国語教授」を発表した[49]。附小では一九一九年一一月に幼学年研究委員が組織され、翌年度のプロジェクト・メソッドの導入に向けて研究が開始されたが、五味はそのメンバーの一人でもあった[50]。関東大震災後『児童教育』の奮起を企図した際は、「最も多く経験を持ち、然も一家見を有せる」人物として周囲に推され、同誌の編集を主導することとなり、一九二〇年代半ばに始まる作業教育の実践改革では、低学年教育研究部の主任としてその中核的研究を開拓していった[51]。

最後にもう一名、女性の実際家として、水谷年恵を取り上げたい。水谷は、愛知県第二師範学校の出身で一九一五年三月に東京女高師文科第一部を卒業し、同年度より東京女高師附小の訓導となった[52]。水谷は渡邊や五味とともに『児童教育』誌上に「教育実際家としての女子」を発表した人物である。また、両者とともに国語研究部で活動し、彼女たちの研究成果は、次節でみるように、児童教育研究会による最初の叢書『尋常小学国語読本取扱の研究』として刊行された。

先の論考において水谷は、「教育実際家としての女子」に向けられる「研究心に乏し」「応用の才を欠く」「学力不十分なり」という批判に否めない点があることを認めつつ、そうした問題が、「女子は劣る、女子は弱いとの根拠なき断定」に基づき、「男女の間に格段の差を設けて教育」されていること、女性が「衣食住」の家事に「金で買ふ事の出来ない時と力をあたら湯水の如く流し去らねばならぬ」こと、また従来の女性観が女性を家庭に閉じ込め、「世の中」で生まれる「新しい思想」や「創造」から遠ざけていることによると論じた(53)。児童教育研究会の設立の時期は、すでに全国小学校女教員会議が開催され、女教員の待遇や地位向上などをめぐる議論が交わされていた(54)。水谷も女教員の生活や待遇の改善を望み、そうした議論の経過を注視していたが、同時に「自ら奮ひ立つて、最も賢明に、最も慎重に考慮して、自分の時間と労力とを其の短所とする所に向つて費す」こと、すなわち「教育実際家としての女子の修養」が欠かせないと考えていた(55)。「求めよされば与えられん」を座右の銘とする彼女は、女性の実際家たちが「事物の真相を批判し、事理を究明し得る見識」や「教育の真髄を掴み、人生の機微を穿たん事」を求め、「家庭の任務の為めや産前産後の休養問題よりも、勉学の為めに研究の為めに特別待遇を要求」するようになることを最終的な理想とみていた(56)。

水谷は、『児童教育』創刊以来、多数の実践報告や研究成果を発表したほか、雑録欄に度々随想を寄せていた。水谷と思われる人物が記した「偶感」では、「女に生れたことを喜んだことは無かつた」女性が、「女に生れて幸福だつたと思ふ」に至る心境の変化が綴られている(57)。「何物にも拘束されないで飽くまで純真だと信ずる所に即して生きる可能性は女性に多い」と、彼女は主張する。このような生き方は、「地位」や「財産」「名誉」のような「一時的な満足ばかりを追求してゐる者には」得られないという。「自分の見通した正しき所に従」うことこそが「幸福」であり、その可能性を彼女は女性の中に見出すようになったのである。

なお、「社会生活の第一歩」を東京女高師附小で経験した彼女の目には、同校の様子が次のように映ったとされている。

社会生活の第一歩をこの生々した小学校の中に踏んだことを私は感謝しなければならない。生徒は言はずもがな先生達の間にはいつも生気が溢れてゐる。沈滞した気――それはどの社会にも一部に見られるのだと思つてゐるが見たくてもどこにも無かつた。新しき方へ進んだ方へと夫々努力してゐる。何かを掴まうともがいてゐる様である(58)

本節でみてきた実際家たちの人物像やこうした記述から、一九一〇年代に東京女高師附小に集い、児童教育研究会の設立に携わったのは、各自が追究すべき課題や理想を抱き、新しい研究を切り開こうと意気込む集団であったといえよう。次節では、彼らが設立した児童教育研究会の研究方針と創設期の研究活動の実態をみていこう。

4　会の研究方針と創設期の研究活動

『児童教育』創刊号冒頭の「「児童教育」創刊の辞」では、会の研究方針として以下の五点が掲げられていた。

一、本会は児童教育研究の目的を達せんが為に、会員の共同研究を行ふは勿論、多数読者諸君並に一般有志の士を共働者として、相共に諸般の教育問題を調査研究せんことを期す。

一、本会はその研究調査の結果を本誌上に発表して、児童教育共同研究の資料たらしむると同時に、会員並に読者諸君の独自の研究をも本誌上に披瀝して、大方諸君子の参考資料たらしめんことを期す。

一、本会研究の範囲は実に児童教育の全般に亘り、その範囲極めて広汎なり。然れどもその主眼とするところは小学校に於ける教育にあり。而も之を児童生活の実際に稽ふれば、小学校に於ける児童教育とは極めて密接なる関係を有す。されば本会の研究は常に本邦家庭教育を顧慮し、以て我国児童教育の真諦を樹立せんことを期す。

一、本会は本誌読者諸君並に一般有志諸君を有力なる共働者としてその本来の目的に向つて突進せんことを期すると同時に、又本邦小学校教育に従事せらるる十有六万の男女教師諸君に対し、同情ある忠告者・理解ある慰藉者としてその好伴侶たるの責務を完うせんことを期す。

一、本会は本誌の内容に関しては当分左の諸欄に対して責任を負ふものとす。

イ、主張　ロ、研究　ハ、資料　ニ、教育論纂(59)

このうち、三点目では、児童教育研究会の研究対象は、「小学校に於ける児童教育」を中心としつつ、それと密接な関係にある「家庭に於ける児童教育」も射程に入れることが示された。五点目は、第一節で取り上げた『児童教育』の編集方針である。注目すべきことは、それ以外の方針は、研究態勢に関する内容であったことである。とりわけ冒頭では、児童教育研究の目的を遂行するために、会員による「共同研究」を基礎とすることや、『児童教育』の「読者」や「一般有志」を「共働者」として、ともに研究を進めることが掲げられている。また、二点目や四点目でも、「共同研究」や「共働者」の意義を明示する方針が示されていた。『児童教育』では、第一六巻第五号以降新たに「綱領」が掲げられるようになるが、その内容は、明らかに「「児童教育」創刊の辞」を下敷きにしており(60)、会則とは異なり、会設立時の研究方針はその後も継承されていくことになる。

創刊期の『児童教育』には、附小の訓導の論考だけでなく、各教科の研究部や児童教育研究会の報告が掲載されたが、こうした報告を通して、共同研究の在り方を提起することも意識されていたと考えられる。たとえば、当時発表された国語研究部の成果に着目してみよう。『児童教育』創刊以来、国語研究部は国定教科書教材の課題点や取り扱いに関する議論を発表してきた。そうした「国語研究部の共同研究」は、「一般教育社会の歓迎を受け」て「単行本として発表することを要求せられ」たため、児童教育研究会の叢書『尋常小学国語読本取扱の研究』（宝文館、一九二〇・一九二一）として刊行するに至ったという(61)。叢書の序文を記した北澤は、同書が「国定教科書制度の根本問題の論究に及ばないこと、「深奥なる学問的の研究といふことは出来ぬ」ことを断っていたが、一方で「単に一個人の机上の空論に止まらず多数の実際家が共同的に研究するといふことはその研究の結果は兎も角として其の道行きとして貴重なる貢献であると信ずる」と述べ、共同研究というアプローチの意義を主張していた(62)。同書は指導マニュアルではなく、教材の取り扱いに関する立案とそれに対する「同人の批判討議」を掲載したもので、「各人の所見感想必ずしも一致しない、そこに各人の主張と生命とがある」とされていた(63)。また、「種々の立場から縦横に審議討究してその依るべき所を明らかにする」ことは、「一個人の研究考察の到底企及すべからざる所」であり、「世の実際家はその間に立つて、同意見に聞きまた異説に省みて、自己の方針を定め具体的方案を講究すべきこと、思ふ」とも述べられていた。このように、多様な意見の共有こそが、広い視野で研究をより高めていく基礎とみられていたのである。

また、教科研究部の活動だけでなく、児童教育研究会としての活動が附小内で新たに行われるようになった。当時『児童教育』に掲載された記事には、「児童教育研究会」と記されていることもあれば、教科研究部と並列する組織として意識されていたためか、「児童教育研究部」などと記されていることもあり、附小内でその名称は判然とした区別なく用いられていたようである(64)。教科別の研究組織は以前から附小に存在していたが、児童教育研究会の活動では、教科教育以外にもさまざまなテーマが設定されるようになるとともに、それらが学校全体で検討されるようになっていった。以下に、児童教育研究会の活動の具体相をみていこう。

児童教育研究会が発表した最初の報告「第四学年の理科」によれば、「本日は児童教育研究会を開き第四学年理科教授に関する諸問題の講究を願ひます」という言葉で研究会が始まり、「第一、四学年より理科を課する理由如何」「第二、理科教材選択配列に関する問題」「第三、教材取扱に関する問題」の三点を検討することを確認したのち、各自が自由に疑問や意見を表明した。[65] このテーマは、附小ですでに実施している第四学年の理科が、小学校令施行規則の改正により一般の小学校でも行われるようになったことから設定されたが、討論の中では特に教材の量と質に関する議論が交わされた。教材を「今の世界の有様からみて、もう少し多く増す必要がある」ため、「やさしい者を先きにしてもう少し深入りしたものを多く加へる」ことを提起する岡井に対し、藤井は「省くのは有つてもあれ以上に増すものはない」と反論し、必要なのは「質」の「改善」であると主張したが、堀は「材料もふやす必要か《ママ》有ると思ふ。質に於ても然り」と述べており、各々の主張は異なるものであった。こうした議論がしばらく続き、五味は「例ひ今日のやうの《ママ》材料でよしとしてもそれを縦に継続させる事の必要と丶ともに横に関係をつけてとらなけれや《ママ》ならない」と述べ、教科課程全体の編成と絡めた教材選択の必要性を提起した。また、北澤は、多数の教材を配列し「各時間とも総べてに平均主義を取れる今日のま丶がよいのか或は狭い範囲にて同一のものにもつともつと集注するのがよいか」を決断する必要があると指摘し、彼自身は後者の立場で「新たに第四学年の理科といふものを建設」すべきと主張した。最終的には、「一回で講究し尽す訳にも行かぬから追つてまた議論もし研究もすることにして置かう」という言葉で研究会が終了した。

児童教育研究会の初期の活動は、このように会員たちが一度の討論で自由に意見を述べて終了していたが、一九二〇年度以降の活動では、複数回の討論と検討を重ねて、会としての案の作成に向かっていったことが確認できる。その最初の例が、本書第1章で取り上げた成績考査問題の検討であり、一九二〇（大正九）年四月の教育教授研究会における澤柳の例会発表を受けて始まったものであった。この研究では、教育教授研究会のスタイルを踏襲し、同年度から附小の主事兼会長となった北澤が主題者として問題提起し、全体での自由討論を二回行ったのち、北澤、五味、堀、渡邊のほか、市原寿見、田中なを、名護屋芳郎、山形寛による委員会を組織して検討を重ねていった。委員会が作成した研究実施案を「総会」でさらに検討したうえで、最終的な承認に至った[66]。続いて発表された「児童の自修に関する研究」では、それまで附小で限定的に取り組まれてきた「自由作業」を一九二〇年度から「正課の中に自修時間を設けて」実施することとし、それをみすえた検討が行われた。この研究は堀、山形、渡邊、田中に加え、荒井忠吉、高橋スヱ、伊藤米次郎の七名が委員会を組織してまず検討を行い、一般に「予習と復習」の域を出ない「自修」に対する附小の定義、その目的や範囲、要件、指導方針などに関する内容がまとめられ、やはり「総会」での検討・承認を経て案の作成に至ったという[67]。一方で、個人に原案作成が委ねられたケースもあった。「観察」の意義や心理作用、要件、類型、指導法などに関する見解をまとめた「観察に関する研究」では、まず「本会は堀七蔵氏に原案の作製を委嘱した」とされ、「出来上がつた原案につき再三総会を開き意見を交換し漸く一つの成案を得た」とされている[68]。

このように、児童教育研究会の設立以降、附小では特定のテーマを学校全体で共有し、検討していく態勢が構築されていった。また、共通テーマで自由討論を行うだけでなく、特定の会員や委員会による追究をさらに重ね、総会で検討・承認するかたちをとるようになり、次第に合意形成が図られるようになっていったのである。ただし、注意しなくてはならないのは、こうして時間と労力を費やして作成された案が、研究の最終地点に位置づくものではなかったことである。むしろ、附小における「実行」というさらなる展開においては、その出発点に位置づくものとみることが、実際家たちの研究に対する妥当な解釈であろう。児童教育研究会創設期の活動は、このような意味において、一九二〇年代における附小の研究の展開の基礎を形成したと考えられる。

おわりに

児童教育研究会は、「児童本位の思想」の到来を背景に、新たな研究の必要性を認識する実際家たちによって設立された研究組織であった。同会の顕著な特徴は、「共同研究」を彼らが依拠すべきアプローチとみて、その重要性に自覚的であったことである。ここでは、本章で検討してきた実際家たちの集団特性もふまえたうえで、「共同研究」を掲げた児童教育研究会の研究態勢の意義について考察したい。

第一に、児童教育研究会における共同研究では、異なる意見の共有こそが、個人の力のみでは及ばない次元へと研究を高めるために必須の要件と捉えられていた。自由な意見表明を尊重する姿勢は、本書第1章で検討した教育教授研究会と共通するものであったが、児童教育研究会に特徴的なことは、何度も議論を重ねることで意見の隔たりを乗り越え、会としての合意形成が図られていった点である。また、その合意形成の結果作成された会としての案が、附小でのさらなる「実行」を想定していたことを視野に入れると、両者の違いを生み出す一因として、「実験」の場の存在の有無が重要であったと考えられる。

第二に、児童教育研究会は、特定の人物のリーダーシップのみで設立されたのではなく、当初から実際家たちが複数形で力を発揮して成立した研究組織であった。しばしば東京女高師附小の指導者とみられる北澤も主事や会長就任前からその力量を発揮していたが、彼に限らず、岡井や渡邊らの存在なしに、『児童教育』の創刊は果たせなかったであろう。何よりも、同会が共同研究に必須とみる異なる意見の共有は、実際家たちの多様性がなければ得られないものである。研究に対する自律的な課題意識と力量を備えた実際家たちが集って議論し、切磋琢磨し合う集団を形成していたことが、彼らの「共同研究」に実質を与え、その可能性に対する確信を深めたといえよう。

児童教育研究会創設期における「共同研究」の経験は、「交通（コミュニケーション）」や「共働」を原理とする作業教育への展開の基礎を形成したと考えられる。本章では、児童教育研究会設立時に掲げられた同会の研究態勢に焦点を当てたが、実際家の研究の意義はその案を「実行」する点にこそ期待が寄せられていた。したがって、この時期に着手した複数の研究課題が、その後附小でどのように展開していったのかを明らかにすることが今後の重要な課題である。また、本章では、児童教育研究会創設期の研究活動に着目したが、『児童教育』の発行以外にも会は複数の事業を計画していた。この点については、会員以外の「共働者」とのネットワーク形成を視野に入れつつ、稿を改めて論じたい。

註

（1）児童教育研究会と称する研究組織は当時複数存在した。本書第4章で取り上げたように、大阪の大宝小学校に事務局を置く児童教育研究会も東京女高師附小と同じ一九一八年に設立されている。

（2）主な研究として、谷口雅子「生活教育の研究（三）」（『福岡教育大学紀要』第四二号第二分冊、一九九三年、一三一—一四八頁）、吉村敏之「東京女子高等師範学校附属小学校における「作業教育」」（『宮城教育大学紀要』自然科学・教育科学、第三一巻第二分冊、一九九六年、一七七—一八五頁）、塚原健太「東京女子高等師範学校附属小学校における「作業科」の特質」（『日本の教育史学』第五九集、二〇一六年、一九—三一頁）のほか、拙著『近代日本におけるプロジェクト・メソッドの受容』（風間書房、二〇一三年、一〇三—一六三頁）、拙稿「東京女子高等師範学校附属小学校における作業教育実践の展開――評価概念の導入によるカリキュラム改革の深化――」（『カリキュラム研究』第二七号、二〇一八年、一五―二六頁）などがある。

（3）この点は、本書第1章を参照されたい。藤井は「大正六年一月二十七日春洋丸で横浜を出帆した」という（藤井利誉「欧米留学の経過」『児童教育』第一三巻第七号、一九一九年、六一頁）。

（4）創立一五周年記念式典の参加者は、「児童教育十五週年祝賀会」（『児童教育』第二七巻第一二号、一九三三年、口絵）、創立二〇周年記念式典の参加者は「児童教育研究会創立二十週年記念座談会」（『児童教育』第三二巻第一二号、一九三八年、七二頁）に記されている。児童教育研究会設立時に会員として藤井の名が含まれていることから、彼は欧米視察中の通信で何らかの連絡を受けたのではないかと思われる。

（5）堀七蔵「児童教育研究会創立拾五周年を迎へて」『児童教育』第二七巻第一二号、一九三三年、三〇頁。

（6）「『教育の実際』改題」『教育の実際』第一二巻第一二号、一九一八年、一二七頁。

（7）同前。『児童教育』創刊号に掲載された会員氏名では、山川ハツノは岡ハツノと記されている。

（8）前掲堀「児童教育研究会創立拾五周年を迎へて」三一頁。

（9）「編輯閑話」『児童教育』第一三巻第一号、一九一八年、七四頁。

（10）北澤種一「『児童教育』創刊の辞」『児童教育』第一三巻第一号、一九一八年、一頁。

（11）この点については、本書第1章を参照されたい。

（12）前掲北澤「『児童教育』創刊の辞」一頁。

（13）この点については、橋本美保・遠座知恵「大正期における教育学研究の変容」（『教育学研究』第八六巻第二号、二〇一九年、三三二頁）を参照されたい。

（14）湯原の東京女高師在職期間については、東京女子高等師範学校『東京女子高等師範学校六十年史』（東京女子高等師範学校、一九三四年、三四六頁）参照。

（15）唐澤富太郎「湯原元一」唐澤編『図説教育人物事典』上巻、ぎょうせい、一九八四年、七〇〇―七〇四頁。

（16）湯原元一「『児童教育』に対する希望」『児童教育』第一三巻第一号、一九一八年、三頁。

(17) 湯原『教育及教育学の改造――実際的教育の主張――』目黒書店、一九一六年、四七、七五頁。特に、第一章「独逸に於ける学校改革運動の急先鋒」(一―四七頁)、第三章「教育学説に対する教育家の態度」(七〇―八六頁)、第一二章「国民本位・児童本位主義の教育」(三二六―三五六頁)を参照した。なお、同書では「実際教育家」という用語が用いられている。

(18) 堀『教員生活七十年』私家版、一九七四年、八八―八九頁。なお、同書では、堀は一九一八年一一月に児童教育研究会が設立されたと述懐している。

(19) 同前。前掲東京女子高等師範学校『東京女子高等師範学校六十年史』二九五―二九六頁。東京女子高等師範学校附属小学校『東京女子高等師範学校附属小学校規程』(東京女子高等師範学校附属小学校、一九二二年、九八―九九頁)には、第一部の教科課程表が掲載されている。

(20) 渡邊千代吉「演習科の実施」『児童教育』第一三巻第三号、一九一九年、四六―五〇頁。同前『東京女子高等師範学校附属小学校規程』(一〇一―一〇四頁)には、第三部の教科課程表が掲載されており、演習科について「大正七年四月ヨリ実施ス」と記されている。

(21) 同前「演習科の実施」四六―五〇頁。

(22) 「児童教育研究会規則」『児童教育』第一三巻第一号、一九一八年、表紙裏。

(23) 東京女子高等師範学校『東京女子高等師範学校第六臨時教員養成所一覧自大正八年四月至大正九年三月』(東京女子高等師範学校、一九一九年、一七一頁)には、古川は附小の嘱託講師として記されている。ただし、一九一八年度の当該史料の所蔵は不明なため未見である。

(24) 古川竹二「教育の理論家と実際家」『児童教育』第一三巻第四号、一九一九年、一〇―一三頁。

(25) たとえば、「アメリカ通信」(『児童教育』第一四巻第七号、一九二〇年、九六―九八頁)は、湯原にあてた倉橋の書簡であるが、「参考となることが多いと思ひますから、湯原先生のお許しを得て、こゝに掲載すること、いたしました」と記されている。

(26) 湯原の後任の茨木清四郎は、一九二一年一一月から一九二七年二月まで東京女高師校長を務めた(前掲東京女子高等師範学校『東京女子高等師範学校六十年史』三四六頁)。

(27)「お茶の水だより」『児童教育』第一四巻第七号、一九二〇年、八二頁。
(28)「本会研究顧問　藤井利誉氏」『児童教育』第一四巻第七号、一九二〇年、口絵。
(29)創立記念式典への参加者は、前掲註4記載の史料による。
(30)槇山栄次「山形県の教育」『帝国教育』第三四六号、一九一一年、四三頁。
(31)岡井二良「算術に於ける補題の自動的課題」『山形県教育雑誌』第二二八号、一九〇九年、一八―二一頁。石川操輔・岡井「学習の基礎的習慣養成法附児童相互矯正」『山形県教育雑誌』第二三九号、一九一〇年、一四―一九頁。
(32)岡井「稲毛君著「若き教育者の自覚と告白」を薦む」『山形県教育雑誌』第二七五号、一九一三年、三二頁。
(33)「東京女子高等師範学校附属小学校研究報告」『帝国教育』三五二号、一九一一年、四七頁。「(四)東京女子高等師範学校、附属小学校」(『国民教育』第二巻第七号、一九一一年、三九頁)でも、岡井が第二部の複式学級を担当し、「君の教授振の好かりさうな所を取れば、第一は児童の自動作業に候」とされている。
(34)岡井「辞任の詞」(『山形県教育雑誌』第二四六号、一九一〇年、六頁)では、「私が編集委員の末席を汚しましたのは、本雑誌が本会の直営となりました当時、即ち明治四十年の八月」であったという書き出しで編集業務に携わったことを振り返っている。
(35)「同人岡井二良君の栄転を送る」(『児童教育』第一四巻第四号、一九二〇年、八九頁)では、岡井が永田町小学校長として転出したことに加え、岡井の人柄や附小での功績を紹介している。
(36)前掲「児童教育研究会創立二十週年記念座談会」七三頁。
(37)同前。
(38)五十嵐重郎編『房総人名辞書』千葉毎日新聞社、一九〇九年、一六六頁。同書には、渡邊は「一七歳にして小学校代用教員となり、明治三十四年四月千葉師範学校に入学、三十八年三月卒業、直ちに同校訓導に任ぜられ勤続四ヶ年の後東京女子高等師範学校訓導を拝命」したと記されている。
(39)『東京朝日新聞』一九一八年六月八日、四頁。渡邊は理科教育研究会が発行した『理科教育』に寄稿しており、同誌(第三巻第二号、一九二〇年、表紙裏)に掲載された同会関係者の一覧の中に彼が含まれている。

(40) 前掲「(四)東京女子高等師範学校、附属小学校」四四頁。
(41) 前掲「児童教育研究会創立二十週年記念座談会」七四頁。前掲東京女子高等師範学校『東京女子高等師範学校六十年史』(二六九―二七一頁)によれば、第三部は「全国に振興しようとする単級小学校の模範を示すため」一八九三年に設置されたが、第一部や第二部とは異なり、「授業料を一切徴収せず、専ら貧民階級の家庭の子女を入学せしめ」たとされる。
(42) 前掲渡邊「演習科の実施」四六―五〇頁。
(43) 渡邊「児童教育創設満十五周年を祝して」『児童教育』第二八巻第一号、一九三四年、一七頁。
(44) 金原省吾「私と師範学校」信州大学教育学部九十年史編集委員会編『信州大学教育学部九十年史』信州大学教育学部創立九十周年記念会、一九六五年、三五四頁。
(45) 五味義武「断想片々」同前書、三五五―三五六頁。
(46) 広滝道代「写生主義による綴方指導の体系――五味義武・駒村徳寿のばあい――」『国語科教育』第三〇集、一九八三年、七一―七七頁。前田真証「「写生」主義綴り方教授体系論確立への模索――五味義武を中心に――」『福岡教育大学紀要』第四九号第一分冊、二〇〇〇年、二七―四二頁。
(47) 五味「足跡をながめて」永田与三郎編『大正初等教育史上に残る人々と其の苦心』東洋図書、一九二六年、一一三―一二五頁。続く五味の述懐については、この範囲から引用した。
(48) 五味「過渡期の初等教育者」『現代教育』第一九号、一九一五年、三一頁。
(49) 『東京朝日新聞』一九一八年七月七日、四頁。
(50) この点については、拙著(一一五頁)を参照されたい。
(51) 編輯部員「児童教育編輯だより」『児童教育』第一八巻第六号、一九二四年、一四五頁。五味が低学年教育研究部の主任を務めていたことに関しては、拙稿(一七―一八頁)を参照されたい。
(52) 水谷の卒業と附小への採用に関しては、東京女子高等師範学校『東京女子高等師範学校・第六臨時教員養成所一覧自大正四年四月至大正五年三月』(東京女子高等師範学校、一九一五年、一八六、二三一頁)による。また、入学前の出身校については、一九一四年発行の当該史料(一七五頁)による。

(53) 水谷年恵子「教育実際家としての女子」『児童教育』第一四巻第一〇号、一九二〇年、六六―六九頁。
(54) 新井淑子「戦前における女教師の地位向上をめぐる動向について――全国小学校女教員大会を中心に――」『教育学研究』第四九巻第三号、一九八二年、三三―四二頁。
(55) 前掲水谷「教育実際家としての女子」、六六―六九頁。
(56) さおり「教卓の蔭から（三）」『児童教育』第一六巻第一一号、一九二二年、一三七頁。水谷は「さおり」や「さをり」のペンネームを用いていた。『児童教育』には、会員がペンネームを用いて寄稿することもあったが、誰がどのペンネームを用いているのかが判別できる企画が時々設けられていた。たとえば、「お茶の水だより」（『児童教育』第一六巻第八号、一九二二年、二二六頁）には、「さおり年恵子」と記されている。
(57) かをり「偶感」『児童教育』第一七巻第七号、一九二三年、一四三頁。この論考は「かをり」のペンネームで記されているが、類似するペンネームを用いた訓導は水谷のほかに見当たらない。
(58) 同前論文、一四二―一四三頁。
(59) 前掲北澤「『児童教育』創刊の辞」一頁。
(60) 「綱領」（『児童教育』第一六巻第五号、一九二二年、一頁）には、「一、本誌は児童教育研究会の機関としてその研究を発表する」「一、本誌は一般教育の任に在る諸彦と共働して諸般の教育問題を調査研究し之を発表する」「一、本誌は教育の本質を闡明し現下の情勢に顧み小学校教育の理論及び実際を根本的に研究することを期する」「一、本誌は特に児童の本性を攻究し児童を本位とする教育教授の方法を建設することを期する」「一、本誌は多数の教育実際家に対し同情ある忠言者理解ある慰藉者としてその好伴侶たることを期する」の五点が挙げられている。
(61) 児童教育研究会『尋常小学国語読本取扱の研究』巻一、宝文館、一九二二年、序言一―二頁。一九二〇年に巻二・四、翌年に巻一・三・五が刊行されている。叢書刊行の労を担った人物として、一九二〇年刊行の二巻については、渡邊、五味、水谷、山岸徳平の名が、翌年刊行の三巻については山岸を除く三名の名が挙げられている。
(62) 同前書、序言一―二頁。
(63) 同前書、凡例二―三頁。以下断りのない限り、この範囲から引用した。

(64) 同一テーマにおける複数回の討論で双方の名称が混在していることや、児童教育研究部の記事の中でも、「本会」と言及されている場合もあった。ただし、本章では引用を除き、「児童教育研究会」の表記を用いた。
(65) 児童教育研究部会「第四学年の理科」『児童教育』第一三巻第九号、一九一九年、三二―三九頁。
(66) 児童教育研究会「成績考査問題」『児童教育』第一四巻第八号、一九二〇年、七〇―七七頁。児童教育研究部「試験法に関する研究」『児童教育』第一四巻第九号、一九二〇年、一四―一七頁。
(67) 児童教育研究部「児童の自修に関する研究」『児童教育』第一五巻第一号、一九二〇年、一一―一五頁。
(68) 児童教育研究部「観察に関する研究」『児童教育』第一五巻第六号、一九二一年、八―一〇頁。児童教育研究会の研究活動としては、このほかに研究教授の批評や義務教育年限延長に関する共同調査などが行われており、北澤が欧米視察で不在の間もドルトン・プランの研究などが実施されていた。

第7章　大正期保育界における幼稚園発達構想
――全国保育者代表協議会による「幼稚園令内容案」の検討を中心に――

湯川　嘉津美

はじめに

一九二六（大正一五）年四月二二日、幼稚園令（勅令第七四号）が公布され、幼稚園の制度的地位は確立した。また、幼稚園令では幼稚園に託児所的機能を付与し、長時間保育や三歳未満児の入園を認めるなど、社会政策的見地からの幼稚園機能の拡大が目指されており、それは今日、幼保一元化の試みとして注目されるものである。その背景には、明治後期以降、保育の実際家たちによって展開された幼稚園令制定要求運動があり、それが文部当局の同令制定への取り組みを促したことは広く知られている。しかし、従来の研究は、保育界の幼稚園令制定要求を単独令の制定と保姆の待遇改善の要求として捉えるにとどまり、当時、彼らがどのような内容の幼稚園令の制定を要望し、いかなる幼稚園発達構想を有していたかについての検討は不十分なままである(1)。

そこで本章では、明治後期以降盛んに行われた幼稚園令制定要求の検討を通して、その内実を明らかにするとともに、大正期の保育界における幼稚園発達構想の性格に迫ることとしたい。その際、一九二五（大正一四）年六月に帝国教育会の主催で開かれた全国保育者代表協議会は注目される。同協議会には文部当局の幼稚園令立案の参考に供すべく、全国から代表者が参集して保育界の要求事項を整理し、最終合意案ともいうべき幼稚園令内容案を審議・作成し、文部大臣に建議したのである。したがって、その審議内容を検討すれば、この時期の保育界における幼稚園発達構想の全容を把握することができる。また、それとの比較から制定された幼稚園令の意義と限界も明らかになるだろう。

1　明治後期における幼稚園改善要求

一八九〇年代に幼稚園は各地で急速に普及した。それにともない幼稚園保姆を中心とした保育研究団体も結成されるようになり、一八九六（明治二九）年にフレーベル会、翌年には京阪神聯合保育会が組織された。これらの保育研究団体は保育方法の研究改良はもちろんのこと、教育制度上明確な位置づけのない幼稚園の制度的改善を当局者に要求していった。

一八九八（明治三一）年二月、フレーベル会は「幼稚園制度ニ関スル建議書」を文部大臣に提出し、幼稚園教育令の制定と保姆の資格向上・待遇改善を求めた。これを受けて、文部省は一八九九年四月に「幼稚園保育及設備規程（省令案）」と「幼稚園保姆退隠料及遺族扶助料ノ件」を第三回高等教育会議に諮問するが、「幼稚園保育及設備規程（省令案）」の趣旨は、普通学務局長沢柳政太郎の「之ヲ規定スル所以ハ……敢テ私立ナリ公立ナリ幼稚園ノ設立ヲ奨励スルト云フ趣意ヲ以テ出シタノデハナイ、寧ロ弊害ノナイ有益ナル教育上ノ施設タラシムル為メニ斯ウ云フモノヲ設ケタイト云フ趣意デアリマス」(2)という説明に明らかなように、幼稚園の設立を必ずしも奨励するものではなく、規定を設けて弊害のない有益な教育施設にしたいというのであった。「規程」の制定によって幼稚園の編成や設備面で条件をつけ、その濫設を予防しようというのが「規程」制定のねらいであったのである。この省令案はそのまま了承可決され、同年六月、文部省令第三二号「幼稚園保育及設備規程」として公布された。これにより、幼稚園は三歳から就学前の幼児を一日五時間以内で保育するところで、保姆一人あたりの幼児数は四〇人以内、保育は「遊嬉、唱歌、談話、手技」の四項目を中心に行うことが規定されるが、「幼稚園保姆退隠料及遺族扶助料ノ件」については、公立学校の系統内に位置づけられていない幼稚園の保姆に国費をもって恩典を与えるのは不合理であり、加えて保姆の資格の低い現状では時期尚早という意見が大半を占め、否決された。なお、「幼稚園令保育及設備規程」は翌年改正の「小学校令施行規則」中に位置づけられ、幼稚園令の公布までこの状況が続いた。

こうした幼稚園教育に対する当局の消極姿勢は以後も変わらず、フレーベル会ではさらに一九〇五（明治三八）年と一九〇八（明治四一）年の二度にわたり幼稚園制度の整備を求める建議を行った。一九〇八年の建議では、以下のような幼稚園規定の改正案も示されており、この時期の保育界の幼稚園観を示すものとして注目される[(3)]（句読点筆者）。

小学校令施行規則中幼稚園に関する条項を左の趣旨に依り改正せられたきこと。

一幼稚園は凡そ三歳より尋常小学校に入学する迄の幼児を保育するを以て目的とす。

一幼児を保育するには其日常の遊嬉を指導して心身を健全に発達せしめ、善良なる習慣を得しむるを以て本旨とす。

遊嬉は幼児の心身発達の程度に副ひて其の興味を発揚し兼ねて其心情を快活純美ならしむるものたる可く、且幼児をして任意に熱心に遊楽せしめて個性の遺憾なき発達を遂げしめんことを要す。常に幼児の交際及行儀に注意して之を善良なる方面に誘導し実際の事例を示して之に倣はしめんことを要す。

一保育に要する遊嬉を観察、模倣、唱歌、談話、運動、手技、作業等とす。

観察は自然界及人事界に於ける諸事物を観察経験せしめて其追求の興味を促進し、観察力及注意力の養成に資せんことを要す。

模倣は幼児の日常観察経験したるところのものを模倣せしめ、観念の運用、身体の練習に資せんことを要す。

唱歌は平易なる歌曲を唱はしめ聴器、発声器、呼吸器を練習し其の心情を快活純美ならしめ兼て徳性の涵養に資せんことを要す。

談話は有益にして興味ある諸種の談話又は対話等をなし、発音を正しくし言語を練習し兼て外界を理解せしめ、徳性の涵養に資せんことを要す。

運動は全身の筋肉を運用せしめ、心身諸力の練習に資せんことを要す。

手技は眼と手との技術的練習を要す可き諸玩具の使用、簡易なる手細工等をなさしめ、主として技術的興味を促進し巧作の愉快を感ぜしめ兼て手腕の練習に資せんことを要す。

作業は屋内什器の取扱、砂場に於ける作業、花壇の手入、自然物の採集等をなさしめ、労働の興味を促進し、勤労忍耐の習慣に馴致せんことを要す。

一保育の時数は一日五時以下とす。

一幼稚園に園長を置くことを得。

市町村立幼稚園長は当該幼稚園保姆をして之を兼ねしむ。

一幼稚園に保姆を置く。

保姆は幼児の保育に任ず。

一幼稚園に助手を置くことを得。

　助手は保姆の職務を助く。

一保姆は尋常小学校正教員たるべき資格を有するもの、又は保姆たる免許状を有するものたるべし。

一保姆免許状を受くるには其の検定に合格することを要す。

一保姆の検定は小学校教員検定委員会之を行ふ。

　（中略）

一幼稚園長及保姆の進退は小学校正教員の例に依り助手の進退は代用教員の例に依る。

一幼稚園の園児数は百二十名以下とす。

　但し特別の事情あるときは二百名迄増すことを得。

一保姆一人の保育する幼児数は四十人以下とす。

　（中略）

一幼稚園に託児所を附設することを得。


　ここでは幼稚園の本旨を「幼児を保育するには其日常の遊嬉を指導して心身を健全に発達せしめ、善良なる習慣を得しむる」ことと規定し、幼稚園教育は「遊嬉」を通して指導するものであることを明確に打ち出している。保育内容についても「保育に要する遊嬉を観察、模倣、唱歌、談話、運動、手技、作業等とす」として、「遊嬉」のなかに観察以下の項目を含めて位置づけており、注目される。なかでも、「観察」はこの建議において初めて保育内容として提示されたもので、自然や社会の観察経験を通して幼児に事物への興味を促進し、観察力や注意力を育成しようとしたのである。内容の審議に関わった和田実（東京女子高等師範学校助教授）は、保育事項としての「観察」の語の案出には相当頭を捻ったとし、心理学の用語としては「特に注意せられたる知覚作用」ということであるが、ここにおける「観察」の意はそうした心理学的字義ではなく、新奇な経験に対する幼児の観察欲、経験欲を満足させる遊戯の一種類として解すべきものであると述べている。(4)

また、保姆の資格について、「保姆は尋常小学校正教員たるべき資格を有するもの、又は保姆たる免許状を有するものたるべし」として、従前の尋常小学校准教員程度から尋常小学校正教員程度への引き上げを求めるとともに、「府県知事ノ免許ヲ得タル者」（一九〇〇年「小学校令施行規則」第二〇四条）という曖昧な規定を廃止し、尋常小学校正教員の資格を有するもの又は検定により保姆免許状を取得したものに限るよう要望した。幼稚園教育の質的向上には保姆の資格を尋常小学校正教員の資格と同程度にまで引き上げることが必要であり、併せて保姆の待遇改善も図ろうとしたのであった。

フレーベル会等の度重なる建議を受けて、一九〇九年に小学校の本科正教員（小学校本科正教員および尋常小学校本科正教員）たるべき資格を有する市町村立幼稚園長および保姆については小学校教員と同様に判任文官の待遇を受けられるとする勅令が出された。また、一九一一年には小学校令施行規則が改正され、保育項目に関する内容の規定と一日の保育時数の制限が廃止され、保姆の資格についても検定による保姆免許の取得が規定された。これにより、幼稚園では保姆免許を有する保姆が自らの研究と経験によって保育内容を工夫することや保育時数を適宜伸縮することが認められたのである。

2　全国保育者代表協議会における幼稚園令内容案の作成

大正期に入ると、全国的規模の保育研究大会もたびたび開催されるようになり、幼稚園の制度的改善・充実を求める声もさらに強いものとなっていった。一九二一（大正一〇）年一一月の帝国教育会主催の全国保育者大会では、「幼稚園教育令及その施行規則を制定せられん事を建議すること」が満場一致で即時決定され[5]、保姆の資格および待遇についても次のような決議がなされた。すなわち、（1）保姆の名称を幼稚園教員と改めること、（2）幼稚園教員を正教員と准教員に二分し、正教員をもって正規の幼稚園教員とすること、（3）正教員の資格要件を師範学校、官立又は文部省認定の幼稚園教員養成所の卒業者等、小学校本科正教員の資格程度に引き上げること、（4）待遇を小学校教員と同等にすること、が要望されたのである[6]。

幼稚園関係者による幼稚園令制定要求は、帝国議会への陳情、建議という形でも表明された。そして、一九二五（大正一四）年の第五〇帝国議会では衆議院・貴族院の両院において建議書が議定採決されるに至った[7]。こうした動きに対して、文部省は一九二五年に全国幼稚園の調査を行い、幼稚園令立案の準備に着手するが、それに先立ち保育界でも幼稚園令についての対案を研究しておく必要を認め、一九二四年九月より帝国教育会の協力のもと、以下の一二名を委員に委嘱して幼稚園令の調査を進めることにした[8]。

苦瓜恵三郎（東京府女子師範学校附属幼稚園主事）　千葉ひで（東京市朝海幼稚園長）
横島常三郎（東京府視学）　田中三郎（東京市視学）

野口援太郎（帝国教育会理事）　　小川圓次郎（東京市仲之町幼稚園長）
倉橋惣三（東京女子高等師範学校教授）　　櫛引ふき（東京女子高等師範学校附属幼稚園保姆）
藤井利誉（東京市学務課長）　　清水福市（文部省普通学務局）
檜山京（東京市番町幼稚園保姆）　　森岡常蔵（文部省督学官）

倉橋惣三は東京女子高等師範学校教授兼附属幼稚園主事として、保育界をリードしてきた人物であり（当時は同校附属高等女学校主事）、アメリカの幼稚園改造運動の影響を受けて、それまでの恩物中心の形式的な保育から幼児の生活を本位とする保育への転換を図っていた。檜山京はそうした倉橋を助けて国際幼稚園連盟（The International Kindergarten Union）編纂の『幼稚園カリキュラム』（*The Kindergarten Curriculum*, 1919）を翻訳した人物で、新教育の原理に基づく幼稚園カリキュラムにも通じていた。[9] また、苫瓜恵三郎は姫路師範学校在勤中の一九一八（大正七）年に、校長の野口援太郎と協力して姫路師範学校内にモンテッソーリ教育法を取り入れた「私立城北幼稚園」を設立し、早教育の研究と実践に携わった人物であり、[10] いずれも幼稚園教育改革に熱心に取り組んでいた人びとであった。なお、委員には文部省普通学務局の清水福市および文部省督学官森岡常蔵も加わっていた。清水福市は文部省の幼稚園令立案の主任を務めた人物で、後述の全国保育者代表協議会にも参加するが、その経緯について、清水は「幼稚園教育の必要を感ずると同時に、保姆の資格向上についても考慮を須ひ、当局も考へると共に実際家の意見もきかうと思ひ、帝国教育会で集めた時の会合にも臨んだ」[11] と述べている。

その後、これらの委員により作成された幼稚園令内容案（原案）は、一九二五年六月八―一〇日に帝国教育会の主催で開かれた「全国保育者代表協議会」（以下、協議会と略す）の場で検討された。協議会の目的は、文部省に対して

表1　全国保育者代表協議会出席者一覧

1	堀　七蔵	（東京女子高等師範学校）	26	楠本権三郎	（千葉県佐原小学校附属幼稚園）
2	千葉　ひで	（東京市京橋区浅海幼稚園）	27	島田　友蔵	（群馬県館林小学校附属幼稚園）
3	小向　きみ	（同　本郷区第一幼稚園）	28	清水　なを	（静岡県見付幼稚園）
4	田中　三郎	（東京市視学）	29	新藤　する	（甲府市進徳幼稚園）
5	横島常三郎	（東京府属）	30	田村　好	（大阪市御津幼稚園）
6	倉橋　惣三	（東京女子高等師範学校）	31	村田　次郎	（大阪市視学）
7	清水　福市	（文部属）	32	永峯　きよ	（青森県女子師範学校）
8	苫瓜恵三郎	（東京府女子師範学校）	33	豊岡　周	（千葉県女子師範学校）
9	藤井　利誉	（東京市学務課長）	34	山桝　儀重	（代議士）
10	小川圓三郎	（東京市赤坂区仲之町小学校）	35	浦野　みち	（静岡市静岡幼稚園）
11	櫛引　ふみ		36	岡田　と代	（静岡県藤枝幼稚園）
12	服部　蓊	（東京市麹町区番町小学校）	37	未至磨大洲	（群馬県伊勢崎幼稚園）
13	多田房之助	（東京市外池袋幼稚園）	38	足立由三郎	（名古屋市第一幼稚園）
14	土川　五郎	（同　瑞穂幼稚園）	39	木村　りん	（同　第三幼稚園）
15	阿部　潔	（東京市深川区深川小学校）	40	石田　馥	（同　松若幼稚園）
16	檜山　京	（同　麹町区番町幼稚園）	41	中川良太郎	（滋賀県大津幼稚園）
17	田中　小市	（同　日本橋区東華小学校）	42	岩波喜代登	（京都府女子師範学校附属小学校）
18	市川　みち	（同　東華幼稚園）	43	望月　クニ	（神戸市神戸幼稚園）
19	神長　橿	（山形県酒田幼稚園）	44	池田　栄	（同　兵庫幼稚園）
20	膳　まき子	（大阪市江戸堀幼稚園）	45	山﨑ときの	（同　楠幼稚園）
21	早川喜四郎	（京都市平安幼稚園）	46	山田　花子	（島根県師範学校附属幼稚園）
22	山岡　為	（同　城巽幼稚園）	47	武野　やへ	（長野県松本幼稚園）
23	吉田　ユカ	（同　揚梅幼稚園）	48	石野喜十郎	（横浜市金港幼稚園）
24	岩井　ツタ	（同　京都幼稚園）	49	渡辺　こう	（東京市下谷区根岸幼稚園）
25	徳武　勝	（長野市幼児保育所）			

幼稚園令制定の有力な参考案を提供するため、その内容の協議を行うことであり、全国から四九名の保育者の代表が出席して、三日間の審議を行った（〈表1〉参照）。また、帝国教育会からは沢柳政太郎会長と野口援太郎理事も参加して会の運営にあたった。

協議会における審議内容や幼稚園令内容案（原案および成案）については、『帝国教育』第五一六号（一九二五年八月）および日本幼稚園協会発行の『幼児の教育』第二五巻第五号（一九二五年七月）の概況報告、大阪市保育会「明治三十二年四月以降　建議ニ関スル一件綴」所収の関係資料（幼稚園令内容案の原案、成案、委員会報告、協議会出席者名簿）[12]などより窺い知ることができる。以下では、これらの資料をもとに協議会における幼稚園令内容案の検討を行い、保育界がどのような幼稚園令の公布を要望していたのか、明らかにする。なかでも、（1）幼稚園の目的、（2）幼稚園教育要項、（3）幼稚園職員、（4）託児所との関係、に関する議論を中心にその性格に迫ることとしたい。〈表2〉は、幼稚園令内容案の原案と協議の結果作成された成案を抜粋し対照したものである。

幼稚園の目的について

ここではまず「保育」という言葉の使用についての議論がなされた。幼稚園は幼児を保育するところに相違ないが、「保育」と称して特別扱いする必要はなく、小学校令でも中学校令でも使用する「教育」という言葉を平等に用いた方がよい、との意見が出されたのである。「保育」という言葉は幼稚園創設以来、幼稚園教育の独自性を示すものとして長く用いられてきたが、それは一方で幼稚園を小学校以上の教育機関とは異なる教育施設とみなし、学校教育系統中への幼稚園の位置づけを阻む要因にもなっていた。そうしたなかで、幼稚園が小学校と同様に国民の基礎教育を担う重要な教育機関であることを人びとに認識させ、幼稚園を学校教育系統中に位置づけていくためには、「保育」よりも「教育」という言葉を使用する方がよいのではないか、との提案がなされたのである。これについては原案作成者も賛成し、「教育」と改めることになった。

また、原案第2項の「幼児の保育はその心身を健全に発達せしめ善良なる習慣を得しむべきこと」という表現については、これでは幼稚園教育の特色がほとんど示されておらず不十分である。文部省の幼稚園令作成の参考に供するのであれば、小学校教育とは異なる幼稚園の特色を発揮した言葉にしなければならない。また、「善良なる習慣を得しむ」という文言も誤解を招くおそれがある、などの意見が出された。そして、善良なる習慣云々という文言については、以下の三つの修正案が出され、盛んな議論がなされた。

表２　全国保育者代表協議会作成「幼稚園令内容案」

幼稚園令内容案（委員会原案）	幼稚園令内容案（成案）
一、目的について １．幼稚園は幼児を保育するを目的とする。 ２．幼児の保育はその心身を健全に発達せしめ善良なる習慣を得しむべきこと。	一、目的について １．幼稚園は幼児を教育するを目的とする。 ２．幼児の教育は幼児の生活を尊重し心身を健全に発達せしめ純良なる性情を涵養すること。
二、設置について １．市町村は成るべく幼稚園を設置すべきこと。 ２．私設団体若しくは私人は幼稚園を設置することを得。	二、設置について １．市町村は成るべく幼稚園を設置すべきこと。 ２．私設団体、若しくは私人は幼稚園を設置することが出来る。
三、保育要項及編成について １．保育要項未定。	三、幼稚園教育要項及編成について １．幼児を教育するには遊びの生活を本体とし幼児に適当なる実際生活、芸術生活、及び運動遊戯を以てし又自然界及び運動遊戯等から自然界及び社会生活の観察等を以てその内容とする。 （説明）幼児教育要項は従来遊戯、談話、唱歌、手技の四にされてあるけれどもこれでは幼児の遊びの生活を全体として指導するのには不十分の点がないでもないから常に幼児に適当な実際生活、芸術生活及び運動遊戯等から自然界及び社会生活の観察等を以てその内容とする。 而して実際生活とは身のまはりの始末、仕事の手伝、食事の当番、会話などの如きものを意味し、芸術生活には音楽、童話、図画、製作等を包含し、運動遊戯は各種の運動遊戯や、ある種の律動遊戯などでありこれに動、植、鉱物の直観、自然現象の観察などと、社会生活のあらはれなる市街、村落、停車場、市場、店舗などの社会事象や社会の中にあらはれる種々の仕事、事項の類を観察されることを含む。

	けれども、これらは分科としての要目ではない。常に具体的な幼児の生活を指導することを主とする。それゆえ一つの遊びをとつて見ると前記各方面の種々の内容を包含してをる。
2．一組の幼児数は三十名以下とし特別の場合には四十人までを許すこと。	2．一組の幼児数は三十名以下とし特別の場合には四十人までを許すこと。
3．園児の総数は現行規定の通りとする。（即百二十人以下とし特別の事情あるときは約二百人までに増すことを得る）	3．園児の総数は現行規定の通りとする。（即百二十人以下とし特別の事情あるときは約二百人までに増すことを得）
四、設備について （略）	四、設備について （略）
五、保育年齢について	五、幼稚園教育の年齢について
1．満三歳から小学校に入学するまでとする。	1．満三歳から小学校に入学するまでとす。
2．托児所に於ても満三歳以上の幼児十名以上を集めて保育するときは本令によりて幼稚園として取扱ふ。	
六、職員について	六、職員について
1．幼稚園の教育を司るものを幼稚園教員としこれを正、准の二種に別つ。	1．幼稚園教育を担任するものを幼稚園正教員とし正教員を補助するものを准教員とすること。
2．右の結果として男子の師範学校に於て項を加ふること。	2．幼稚園教員たるものは免許状を受くること。
	3．免許状を受くるには師範学校若しくは文部大臣の指定したる学校を卒業し又は幼稚園教員検定試験或は小学校の本科正教員検定試験に合格すること。
	4．特別の事情ある時は免許状を有せざるものを以て幼稚園准教員に代用することを得
	5．幼稚園教員検定に関する規定は別にこれを定めること。 （附記）
	1．師範学校に於いては一層幼児教育法の教授に重きを置き且つ実習をな

	さしめ又小学校の本科正教員の検定試験にも之を加ふること。 2．師範学校には幼稚園を附設すること。 3．現在の保姆はその学歴及経験を考査して適当なるものには無試験検定により幼稚園正教員の資格を与へること。 4．幼稚園長及び幼稚園正教員は判任文官と同一の待遇を与へること。 5．新たに幼稚園正教員となりたるものは、凡てこれまでの勤続年数を恩給年数に加算すること。
七、維持並びに管理について （略）	七、維持並びに管理について （略）
八、其の他について （略）	八、其の他について 1．託児所に於ても満三歳以上の幼児十名以上を集めて教育するときは本令によりて幼稚園として取扱ふ。 （以下略）

村田次郎案――社会生活の基礎たるべき心情を陶冶す。

望月クニ案――殊に優良なる心情の陶冶に留意すること。

苦瓜恵三郎案――優美善良なる心情及性格の基礎を得しむべきこと。

しかし、合意に至らず委員会付託とされた。その後、開かれた委員会では第2項を「幼稚園は幼児の生活を尊重し、心身を健全に発達せしめ、純良なる性情を涵養すること」に修正した。「幼児の生活を尊重し」という一文を加え、「善良なる習慣を得しむる」を「純良なる性情を涵養する」に替えたのである。「習慣」の「性情」への変更は、倉橋惣三がのちに「勿論、従来の習慣といふことにしても、必ずしも外面、外部の形だけの意味に限つた訳ではないのですが、性情となると、明らかに性格の内面教育を直接に企図してゐることになります。……幼児教育の本質からして、必ず、こうあらねばならぬのです。幼稚園令制定に先だって、全国保育連盟の調査委員案として当局の参考に供したものに於ても、此の点を力説したのであります[13]」と述べるように、「性情」という語を用いることで、幼児教育が幼児の外面的な習慣形成のみならず、内面的な人格形成に関わるものであることを示そうとしたのである。

幼稚園教育要項について

幼稚園教育要項については原案の提示がなされず、別に倉橋惣三より提出された参考案「幼児を教育するには遊戯を本体とし、幼児に適当なる実際生活、製作、文学、美術、音楽を以てし、又自然界社会生活に対する観察をなさしむ」をもとに協議がなされた。参考案の提出に際し、倉橋はその趣旨を詳説するが、そこには前述した国際幼稚園連盟編『幼稚園カリキュラム』やコロンビア大学のヒル（Patty Smith Hill）らによって作成された『コンダクト・カリキュラム』（*A Conduct Curriculum for the Kindergarten and first Grade*, 1923）など、アメリカの新教育の理論に基づく幼稚園カリキュラムの影響を窺うことができる。実際、倉橋が参考案において示した保育内容は『幼稚園カリキュラム』における社会生活と自然研究（Community Life and Nature Study）、製作（Manual Activities）、芸術（Art）、言語（Language）、文学（Literature）、遊びとゲーム（Plays and Games）、音楽（Music）という活動領域と近似のものであった。

参考案に対して、保育項目およびその内容を具体的に例示すべきか否かをめぐって盛んな議論がなされた。しかし、そこでは意見がまとまらず、参考案を原案として委員会で検討することとなった。委員会での審議を経て示された案は以下の通りである。

幼児を教育するには遊びの生活を本体とし、幼児に適当なる実際生活、芸術生活、及び運動遊戯を以てし、又自然界及社会生活の直観をなさしむ。
実際生活とは、身のまはりの始末、手伝、食事当番、会話、動植物の飼育培養等
芸術生活とは、音楽、童話、図画、製作等の創作的方面及び鑑賞的方面
運動遊戯とは、体育効果を主としたる各種の運動遊戯、即ちかけっこ、綱引、球遊び、或種の律動遊戯等
自然界の直観とは、動、植、鉱物の生態及形態の観察、雨、雪、風、虹等の自然現象の観察
社会生活の直観とは、町、村、店、停車場、市場、銀行、汽車、橋梁、大工、左官、農業等の観察

この委員会案について、協議会では従来の保育四項目（遊戯、談話、唱歌、手技）を「実際生活、芸術生活、運動遊戯、自然界及び社会生活の直観」に替えたと誤解されるのではないかとの懸念が示され、また「実際生活とは」以下の分類の仕方についても異議が唱えられた。こうした意見に対して、委員会側はこの案は保育四項目とは異なり、幼児が遊びの生活をなす間に知らず識らず身の回りに起こる実際生活や芸術生活をなさしめ、また運動遊戯もなし、いろいろの事物現象の観察をなさしめる趣旨で作成したものであり、そのために特に実際生活とは以下の説明を付したとの補足説明を行った。そして、種々議論の結果、「幼児を教育するには遊びの生活を本体とし、幼児に適当なる実際生活、芸術生活、及び運動遊戯を以てし、又自然界及社会生活の直観をなさしむ」の文言をもって本文とし、「実際生活とは」以下の分類は本文の説明として取り扱い、それに次のような趣旨説明を付すことで合意がなされた。

幼児教育要項は従来遊戯、談話、唱歌、手技の四に限定されてあるけれどもこれでは幼児の遊びの生活を全体と

して指導するのには不十分の点がないでもないから常に幼児に適当な実際生活、芸術生活及び運動遊戯等から自然界及び社会生活の観察等を以てその内容とする。……けれども、これらは分科としての要目ではない。常に具体的な幼児の生活を指導することを主とする。それゆえひとつの遊びをとつて見ると前記各方面の種々の内容を包含してをる。

協議会で作成された幼稚園教育要項は、〈表2〉に示した通りである。こうして協議会では、従来の保育四項目の発想を脱して、幼児の教育は遊びの生活を本体とし、具体的な幼児生活の指導を中心に行うものであるとの立場をより鮮明に打ち出したのである。

幼稚園職員について

幼稚園職員については、①名称を「幼稚園教員」とし、正・准の二種にわけること、②幼稚園教員は女子のみに限らず、男子にも資格を与えること、③少なくとも男子師範学校でも「保育」の科目を加えて、幼稚園教育への理解を図らなければならないこと、④小学校教員の検定試験にも「保育」に関する事項を加えること、については異議がなく、原案がそのまま認められた。ただし、原案には幼稚園教員の資格および程度に関する事項が示されていなかったため、急遽、委員会において訂正増補を行うこととなった。新たに示された案は以下の通りである。

1、幼稚園教育を担当するものを幼稚園正教員とし、正教員を補助するものを准教員とすること。
2、幼稚園教員たるものは免許状を受くること。

３、免許状を受くるには師範学校若しくは文部大臣の指定したる学校を卒業し、又は幼稚園教員検定試験に合格すること。

４、特別の事情ある時は免許状を有せざるものを以て幼稚園教員に代用することを得。

５、幼稚園教員検定に関する規定は別にこれを定めること。

保姆の資格向上・待遇改善については、かねてより繰り返し検討され、すでに合意をみていた問題であり、おおむねそのまま了承された。ここではさらに、現在無資格で職務に従事している保姆の救済の問題が論議され、その結果、「現在の保姆はその学歴及経験を考査して適当なるものには無試験検定により幼稚園正教員の資格を与えること」および「新たに幼稚園正教員となりたるものには、凡てこれまでの勤続年数を恩給年数に加算すること」の二項を加えることとなった。

また、保姆の名称の幼稚園教員への改称や女子に限定しないこと、幼稚園正教員の資格・待遇を小学校本科正教員と同等にすることなどが再確認された。なお、協議会では師範学校卒業を幼稚園教員の資格要件としていたが、師範学校では幼稚園の教員としての十分な教育が行われておらず、幼稚園教員としての特別な教育が必要であるとの意見も出された。しかし、その必要性は認めつつも現状では困難と認識され、次善策として「師範学校に於いては一層幼児教育法の教授に重きを置き且つ実習をなさしめ、又小学校の本科正教員の検定試験にも之を加えること」を要望することで決着した。

託児所との関係について

原案では、三歳以上の幼児一〇名以上を集めて保育する託児所については、幼稚園令によって幼稚園として取り扱うとされていた。従来、幼稚園の範疇に入れられていなかった託児所にも幼稚園令を適用して、その質的向上を図り、三歳以上の幼保の一元化を図ろうとしたのである。これに対して、協議会では託児所については日々人数が変動するものであり、また一〇名以上と以下とで教育条件に差ができるのは好ましくない。よって、すべての託児所を幼稚園令に準拠して取り扱うようすべきとの意見も出されたが、結局、原案通りに可決された。

以上のように、全国保育者代表協議会において審議・作成された幼稚園令内容案は、基本的には保育内容の改善と幼稚園教員の資格の向上によって幼稚園教育の質的向上を図り、幼稚園を学校教育の体系中に正統に位置づけようとするものであったが、そこには小学校教育とは異なる幼稚園教育の特色を示した目的規定や、新教育の原理に基づく幼稚園カリキュラムの提示、小学校教員と同等の幼稚園教員の資格・待遇規定、三歳以上の幼保一元化の提案など、大正期の保育界における幼稚園発達構想が具体的に示されており、注目される。

その後、協議会では代表者一五名を選定して、文部大臣に幼稚園令の制定について具申し、普通学務局長に対しては、長時間にわたる内容案の説明をなし、この案の内容に沿った令の立案を要望したのであった(14)。

3　保育界における幼稚園令制定の意義

保育界における幼稚園令制定要求運動が盛り上がりをみせるなかで、文部省は幼稚園令の骨子をまとめ、一九二五

年一二月一六日の文政審議会総会に諮詢第五号として「幼稚園令制定ニ関スル件」を諮問した。(15)

幼児保育ノ施設ヲ改善センカ為左記ノ要項ニ依リ幼稚園令ヲ制定セントス

記

一、幼児ノ心身ヲ健全ニ発達セシメ善良ナル性情ヲ涵養シ特ニ家庭教育ヲ補ハムコトニ力ムルコト
一、市町村、町村学校組合又ハ私人ハ幼稚園ヲ設置スルヲ得ルコト
一、地方長官ニ於テ必要ト認ムル場合ハ市町村、町村学校組合ニ対シ幼稚園ノ設置ヲ命シ得ルコト
一、幼稚園ハ独立シテ設置スル外小学校ニ附設スルヲ得ルコト
一、幼稚園ニ入園セシムヘキ幼児ハ満三歳ヨリ尋常小学校ニ入学スルマテノ者トシ更ニ必要ニ依リ三歳未満ノ幼児ヲモ収容シ得ルコト
一、保姆ハナルヘク師範学校卒業程度ト同等以上ノ学力ヲ有スル者ヲ以テ之ニ充テ各幼稚園ニ相当ノ員数ヲ置カシムルコト
一、幼稚園ノ設備ニ付テハ標準ノ大綱ヲ示スニ止メ力メテ土地ノ情況ニ適応セシメ設置ヲ容易ナラシムルコト

右ニ関スル意見ヲ求ム

ここで新たに示された事項は、第三項の地方長官による幼稚園設置命令と第五項における三歳未満児への保育の実施であるが、第六項の保姆の資格についても「ナルヘク師範学校卒業程度ト同等以上ノ学力ヲ有スル者」と資格の向上が示されていた。

岡田良平文相は諮詢案第五号の説明に際し、幼稚園令制定の趣旨を次のように述べた。すなわち、（1）幼稚園の発達状況に鑑み、独立の幼稚園令を制定してその発達を図る必要があること、（2）生存競争の激甚なる当今、子女に対して家庭教育を行うのが困難な者が多数居住する地方においては、地方長官が市町村または町村学校組合に対して幼稚園の設置を命じ得るようにすること、（3）保育時間を早朝から夕方までに延長し、三歳未満児の保育も認めること、（4）保姆の人格が幼児に与える影響の大きさを考慮して、保姆の資格を師範学校卒業程度以上に引き上げる必要があること、を主張したのである。[16] このうち、（1）と（4）については保育界が長年にわたり要求してきたことであり、そうした要求に即して幼稚園令の制定が企図されたことがわかる。他方、（2）と（3）は資本主義の発展にともなう階層分化の進行、女性労働者の増大と幼児保護の問題、さらには第一次大戦後の不況による労働者の困窮と労働争議の頻発といった当時の不安定な社会状況を背景に、その一つの対応策として打ち出されたもので、幼稚園に託児所的機能を付加して、中上流層の幼児教育施設としての性格の強かった幼稚園を労働者層の家庭教育代替施設としても活用できるものに再編しようとするものであった。

文政審議会は第三項の地方長官による幼稚園設置命令に関する事項を除いてその内容を認め、一九二六年一月一三日に答申した。この答申を受けて、文部省は幼稚園令の立案作業を進め、同年二月一〇日に最初の幼稚園令案（以下、第一案と称す）を起案するが、そこには幼稚園令制定理由が次のように示されていた[17]（読点筆者）。

幼児ノ心身ノ発達ヲ健全ナラシメ、家庭教育ヲ稗補シテ国民教育ノ素地ヲ培養スルコハ近時ノ趨勢ニ鑑ミ極メテ緊要ナルコトトス、而シテ従来幼稚園ニ関シテハ単ニ小学校令ノ一部ニ之ヲ規定セルニ止リ、其ノ内容モ亦極メテ不備タルヲ免レス、之ヲ以テ独立ノ法規ヲ制定シテ保育ノ内容ヲ拡充シ、保姆ノ資格ヲ向上シ、被保育者ノ範

囲ヲ拡張スル等一層其ノ発達ヲ図ルト共ニ、幼稚園制度ノ整備ヲ期セントスルモノナリ

すなわち、国民教育の素地を培う幼稚園教育の重要性に鑑み、独立の法規を制定して保育内容の拡充と保姆資格の向上、被保育者の範囲の拡張等を行い、幼稚園教育の発達を図るとともに、幼稚園制度の整備を期そうというのであった。

第一案では、幼稚園の入園年齢を「満三歳以上尋常小学校ニ入学スルマテノ者」としつつ、「必要アル場合ニ於テハ文部大臣ノ定ムル所ニ依リ三歳未満ノ幼児ヲ入園セシムルコトヲ得」として、満三歳未満の幼児の入園も認めた。また、「保姆ヲ分テ正保姆及准保姆トス」として小学校教員と同様に正・准の二種にわけて規定し、それぞれ正保姆免許状、准保姆免許状の取得を義務づけている。そして、正保姆の資格を小学校の本科正教員程度以上に引き上げることや、従前の保姆の免許状を准保姆免許状と同一とすることが示された。正・准保姆の区別や資格向上については、保育界が強く主張していたことであり、そうした保育界の要求を受け入れる形で立案がなされたことがわかる。

しかし、第一案はその後廃案となり、第二案が作成された[18]。幼稚園の入園年齢については第一案と同じであるが、保姆については正・准の区別を廃し、「保姆ハ女子ニシテ保姆免許状ヲ有スル者タルヘシ」に修正された。そして、「特別ノ事情アルトキハ文部大臣ノ定ムル所ニ依リ保姆免許状ヲ有セサル女子ヲ以テ保姆ニ代用スルコトヲ得」と代用保姆の規定も設けられたのである。

この保姆の資格をめぐる問題について、文部省の幼稚園令立案の主任を務めた清水福市は、協議会に出席して保育界の保姆資格向上の要求を聞き、自らもその必要を感じて、当初は保姆の資格を小学校本科正教員の資格とし、師範学校卒業生のみにするつもりであったという。しかし、当時保姆には尋常小学校准教員程度の者が多く、加えて従来

尋常小学校正教員の資格で判任官待遇を受けていた者が今後受けられなくなることを懸念して、尋常小学校本科正教員の資格としたことを明かす[19]。また、文部省督学官として幼稚園令制定に関わった森岡常蔵も、幼稚園の現状や今後一層の普及発達を図らなければならない目下の状況からみて、保姆を師範学校卒業者によって充たすことは困難であると判断し、尋常小学校本科正教員の程度以上をその資格要件としたと述べる[20]。文部省では幼稚園の普及発達には質的向上と量的拡大の双方が必要であることを認めながらも、保姆の資格を小学校本科正教員程度（師範学校卒業）に引き上げることについては、それが量的拡大の阻害要因となることをおそれて消極的にならざるを得なかったのである。

第二案は一九二六（大正一五）年三月一日に内閣に請議され、法制局における若干の修正ののち、三月一九日閣議決定された。そして、三月二三日に内閣より上奏され、枢密院での審査を経て、四月二二日に幼稚園令として公布されたのである。また、同日に「幼稚園令施行規則」（文部省令第一七号）も出され、保育内容や保姆の資格・待遇、保姆検定（無試験検定・試験検定）、幼稚園設備、設置・廃止等、具体的な内容の規定もなされた。

こうした幼稚園令の制定は保育界にとっていかなる意義を有するものであったのだろうか。まず、単独令制定要求と並ぶ保育界の要求の柱であった保姆の資格向上・待遇改善についてみると、その資格要件は尋常小学校准教員程度から尋常小学校本科正教員程度以上に改善された。ただし、その月俸は本科正教員よりも低い専科正教員に準ずるものに抑えられ、小学校教員には支給される年功加俸も保姆は適用外とされた。その意味では、保姆の資格・待遇は、保育界が要求した小学校本科正教員と同程度の資格・待遇には及ばず、小学校教員よりも一段低いものにとどめられたのである。また、保姆の「幼稚園教員」への名称変更や男子への門戸開放も認められなかった。

次に、保育内容については、「幼稚園令施行規則」第二条において「幼稚園ノ保育項目ハ遊戯、唱歌、観察、談話、手技等トス」と規定され、従来の四項目に「観察等」を付加するにとどまった。この改正について、倉橋惣三は「等といふ限りに於ては、此の施行規則第二条が、幼稚園の仕事を少しも限定したものでないことになる[21]」と、「等」の付加を評価している。従来の項目列挙法を踏襲することにおいて、先の協議会における保育内容案には及ぶべくもないが、「等」の活用次第では保育内容の充実も可能と考えたのである。

さらに、幼稚園令の最大の眼目であった被保育者の対象拡大についていえば、「父母共ニ労働ニ従事シ子女ニ対シテ家庭教育ヲ行フコト困難ナル者ノ多数居住セル地域ニ在リテハ幼稚園ノ必要殊ニ痛切ナルモノアリ。今後幼稚園ハ此ノ如キ方面ニ普及発達セムコトヲ期セサルヘカラス。随ツテ其ノ保育ノ時間ノ如キハ早朝ヨリ夕刻ニ及フモ亦可ナルト認ム。……特別ノ事情アル場合ニ於テハ三歳未満ノ幼児ヲモ入園セシメ得ルコトトセリ」（一九二六年四月二二日、文部省訓令第九号）として、幼稚園への託児所的機能の導入による労働者層への幼稚園の普及が企図されていた。当時、ドイツでは労働者子弟を対象に低廉な保育料で長時間保育を行う民衆幼稚園（Volkskindergarten）が普及しており、文部省でもそうした民衆幼稚園に近似の幼稚園を増設することによって労働者層への幼稚園の普及・発達を図り、同時に社会政策上の課題にも応えていこうとしたのである[22]。それは増加しつつあった託児所に幼稚園が歩み寄ることによって託児所の幼稚園化を進め、幼保一元化の途を開こうとするものであった。いいかえれば、幼稚園令における幼保一元化の構想は、幼稚園機能の拡大によって労働者層への託児所的幼稚園の普及を図り、もって幼稚園と託児所の統合を目指そうとするものであり、それは託児所への幼稚園令の適用によって三歳以上の幼児の教育を幼稚園に一元化し、その質的向上を図ろうとした保育界とはその方向を異にするものであったといえよう。

おわりに

幼稚園令は保育界の長年にわたる要求運動の成果であり、幼稚園関係者に大きな喜びをもって迎えられたことはいうまでもない。しかし、それが必ずしも保育界の要求を十分に満たすものではなかったことは前述した通りである。たとえば、幼稚園の機能拡大に重点を置く文部省と幼稚園教育の質的向上に重点を置く保育界の幼稚園発達構想の間には懸隔があり、それは幼稚園令制定後の幼稚園普及のありようにも大きな影響を与えた。幼稚園令制定後、幼稚園設置数は増加するものの、多くは従来型の幼稚園であり、文部省が意図した労働者子弟の保育は、幼稚園への財政的保障がなされなかったこともあり、幼稚園ではなく、託児所（保育所）の増設によって担われた。そして、そのことはかえって幼保一元化の実現を遠ざけることにもなったのである。

その後も保育界ではさらなる改善を求めて当局への建議を続け、教育審議会でも幼稚園の問題が取り上げられたが、要求の実現は戦後の幼児教育改革を待たなければならなかった。その意味では、幼稚園令制定に際して、保育界が示した「幼稚園令内容案」は、戦後の改革と軌を一にするものであり、それが大正期に保育の実際家の総意として示されたことの意義は大きかったといえよう。

註

（1） 幼稚園令に関する先行研究としては、岡田正章「幼稚園令（大正一五年）成立事由の一考察――大正保育史研究序説――」『人文学報』第二二号、一九六〇年、渋谷文子「『幼稚園令』（一九二六年）制定の意義――幼稚園令制定過程の分析を通して

（2）――」『東北大学教育学部研究集録』第一七号、一九八六年があるが、それらは行政文書をもとに、文部省の幼児教育政策や幼稚園令の制定過程の解明を主たる課題とするものである。
（3）『第三回高等教育会議議事速記録』一八九九年四月一七日、三三頁。
（4）「フレーベル会建議案（上）」『教育時論』第八三一号、一九〇八年、二四頁。
（5）和田実「保育事項としての『観察』に就いて」『幼児の教育』第二六巻第九号、一九二六年、二二―二四頁。
（6）「全国保育者大会の概況」『幼児の教育』第二一巻第一二号、一九二一年、四一四―四一五頁。
（7）同前、四一五―四一六頁。
（8）第五〇帝国議会における幼稚園令制定に関する建議・請願内容については、安部磯雄編『帝国議会教育議事総覧』第五冊、厚生閣、一九三三年、一五二―一五三頁参照。
（9）一九二四年九月二六日に帝国教育会において保姆資格の向上および待遇改善に関する協議会が開かれた際、倉橋惣三以下一二名を委員に委嘱して幼稚園令に関する対案を研究することが申し合わされたという（『幼児の教育』第二四巻第六号、一九二四年、二三一―二三二頁）。
（10）『幼稚園カリキュラム』の翻訳は倉橋惣三が檜山に依頼したもので、「万国幼稚園協会案幼稚園要目」として『幼児の教育』第二三巻第一―九号（一九二三年）に連載され、翌年、日本幼稚園協会訳『幼稚園保育要目』（教文書院、一九二四年）として刊行された。
（11）城北幼稚園の設立とその教育に関しては、苫瓜恵三郎「城北幼稚園の教育」『遠近教育』第二巻第一〇号、一九一九年、および姫路師範学校同窓会編刊『姫路師範三拾年の教育』一九三一年、二一四―二一九頁参照。なお、城北幼稚園では保育科目のなかに「観察科」を設けており、苫瓜はそこでの経験から委員会において「観察」を保育内容に取り入れるよう主張したという（苫瓜恵三郎『私の教育遍歴』理想社、一九五八年、一四六頁）。
（12）「幼稚園令発布記念全国幼稚園大会記録」『幼児の教育』第二六巻第七・八号、一九二六年、四六―四七頁。
（13）大阪市保育会「明治三十二年四月以降　建議ニ関スル一件綴」（大阪市教育センター愛珠文庫蔵）所収の関係資料は、手書きの謄写版印刷によるものである。協議会には大阪市保育会から村田次郎（大阪市視学）らが参加していたことから、資料は協議会の場で配布されたものと考えられる。

(13) 倉橋惣三「幼稚園令の実際問題」『幼児の教育』第二六巻第七・八号、一九二六年、六四頁。

(14)「第三十三回京阪神聯合保育会記事」『京阪神聯合保育会雑誌』第四九号、一九二六年、九―一〇頁。

(15)「文政審議会諮詢第五号幼稚園令制定並諮詢第六号高等小学校ノ改善ニ関シ文政審議会へ諮詢ノ件」「公文雑纂・大正十四年・第一巻・内閣一ノ一」所収、国立公文書館蔵。

(16)「諮詢第五号（幼稚園令制定ノ件）」「各種調査会委員会文書・文政審議会書類・十二文政審議会議事速記録」所収、国立公文書館蔵。

(17)「幼稚園令制定」文部省「大正十五年~昭和十八年、幼稚園令及其解釈・大正十二年~昭和九年、幼稚園令施行細則（府県令）」所収、国立公文書館蔵。

(18) 同前。

(19) 註（11）に同じ、四七頁。なお、文部省普通学務局編『全国幼稚園ニ関スル調査』（一九二五年）によれば、当時全国の幼稚園保姆は二、九一三名、うち有資格者は一、七〇六名、無資格者は一、二〇七名であり、有資格者の割合は六割弱であった。小学校の本科正教員の資格取得者は全体の二五％（小学校本科正教員三九二名、尋常小学校本科正教員三二五名）にとどまり、小学校本科正教員の資格に限れば、全体の一三％にすぎなかった。

(20) 森岡常蔵「幼稚園の発達と改正幼稚園令の精神」『教育学術界』第五四巻第一号、一九二六年、二二〇―二二一頁。

(21) 註（13）に同じ、六六頁。

(22) 幼稚園令における社会政策的見地の導入の経緯については、拙稿「森岡常蔵の幼稚園認識――W・ラインの影響を中心に――」（『日本の教育史学』第三九集、一九九六年）を参照されたい。

第8章　鶴居滋一における「環境整理」概念の理解とその実践
——大正新教育期の教師による指導観の変容——

望月　ユリオ

はじめに

一九世紀から二〇世紀初頭に生起した大正新教育運動において、実践開発を試みていた教師たちは旧来の画一的・注入主義的な学校教育を批判し、子どもの個性や自発性を尊重する教育を推進していた。「教授の機械」としての役割が期待されてきた教師たちにとって、こうした改革は自分自身の役割の見直しを迫るものとなり、彼らは子どもたちに各教科の知識技能を直接的に伝達するのではなく、目の前の子どもの生活をふまえて適切な環境や材料を思案したうえで学習を組織することによる子どもの成長の促進を、教師がなすべき関わりと捉えていた。(1) しかしながら、子どもの自発性と教師による教育的関わりのあり方が見直され、革新的な実践改革が試みられていたことが評価される一方で、教師が実際に行った特定の授業やある一時期の言説の検討を通じて、当時の実践は経験主義的発想に傾斜したことで指導性が欠如していたという分析や、教師の目的達成を意図した「子どもの自己活動の目的合理的コントロール」にとどまるものであったという指摘もなされてきた。(2) 教えることや教師の指導性に関するこうした対立構図に基づく議論は近代学校の成立以後繰り返しなされてきたが、子どもたちに対峙し日々の実践をつくりだす実際家としての立場にあった教師たちは、むしろ実践の過程で問題状況に向き合う中で、対立的に捉えられていたその枠組みを自分なりに見直しそれを乗り越えるための方途を模索していたと考えられる。当時の実践において指導という言葉や行為が内包していた意味を明らかにするには、教師自身が旧来の指導の何を見直し、教育者としての役割を何に見出し、実践の場面でそれをいかに具現化しようとしたのか、その模索の過程をふまえて彼らが掴んだ発想や理解を個別の事例に即して検討することが不可欠であろう。

そこで、当時旧来の直接的教授に代わって、学習に適切な環境を設えることで子どもの自発的な活動を促すための方法と考えられた、「環境整理」に注目したい[3]。当時多くの教師が環境整理に取り組んでいたが、とりわけ先駆的にその研究や具現化を試み、全国の学校のモデル的役割を果たしたといわれるのが、奈良女子高等師範学校附属小学校（以下、奈良女高師附小と略記）である[4]。従来の研究では、主事・木下竹次（1872-1946）の環境整理論が主に分析されてきたが、実践を試みた教師に即してその実態を明らかにするため、本章では合科学習の代表的実践者として環境整理の研究および実践改革を展開したことで知られる同校訓導の鶴居滋一（1887- 没年不明）を事例とする[5]。先行研究は、鶴居が合科学習において題材選択の方法を模索する過程で、教師から子どもへの環境の提供に限界を感じ、環境と題材の関係を再考していったことが指摘されてきた[6]。後述するようにその過程で彼は環境概念の研究に取り組んでおり、教師による環境整理を見直すことは、彼にとって題材選択の方法を変化させる以上に自らの指導のあり方の再考にもつながるものであったと考えられるが、この点について従来の研究では明らかにされてこなかった。そこで、本章では鶴居が取り組んだ環境整理に関する研究に注目し、研究の実態とそれにともなう彼の環境整理に対する認識の変化を解明するとともに、その結果鶴居が抱いた指導観について考察を試みたい。

具体的な考察は次のように進める。まず鶴居が研究に取り組む以前に抱いていた環境、および環境整理への認識を整理する。続いて、彼が取り組んだ研究の内容とそこで参照していた文献や資料を検討することで、彼が新たに抱いた環境整理に対する認識を明らかにする。最後に、その認識をいかに実践へと具現化していったのかについて分析を行う。

1　環境整理の必要性の自覚と合科学習の試み

題材選択における環境への着目

一九二二（大正一一）年鶴居は木下の命を受け、一学年担任として合科学習実践に取り組むこととなった。それまで低学年教育の経験が皆無であった彼は、いかに実践を行うべきかその方途を模索していた。そこで、幼児期の子どもの生活は教科書や時間割によって規定することができない全一的な状態にあると考え、「文字や計算の教授よりも、分科以前の生活を指導することによつて、無邪気な伸び伸びした子供をつくらうこと」を理想に、合科学習を試みることとした(7)。こうした理想の実現を目指して実践を行おうとしたとき、彼にとって喫緊の課題となったのは「児童の学習題材は如何にして決定するか」ということであった(8)。

そして、実践開始直後、その課題を解決する兆しを入学式当日の校内見学における子どもたちの姿にみたことを、後に以下のように述懐している。

さて児童を引率して洗濯室に入れ、其処で自由に遊ばせようとすると、彼等は室に入るが早いか殆んど言ひ合せたやうに「一つ二つ三つ……」又は「一二三……」或は「ワン、ツー、スリー……」などと唱へ出した。はて?と小首を傾けて考へて見ると、成程其の室には場処柄として大小幾多の洗濯盥が秩序整然と並べられてあるのだ。極めて小さいものか又は極めて大きいものに目のつき易い児童達が、比の場合極めて大きいものである洗濯盥に目をつけて、それを数へ出したのに何に不思議があらう。即ち此の場合は教師の客観から言へば偶然であるが、児童の主観から言へば心然《［ママ］》に［子どもたちは］洗濯盥といふものを認識の対象として環境を構成し、其の反応として数量生活を現して来たものである。

私は此の時はじめて教育上環境整理の必要であることを確然と見せつけられたのであつた。即ち彼等が潜在的に包蔵する生命の萌芽は、教へなくても与へなくても、伸展すべく適当な環境を得さへすれば、必然に生長して行くものであるといふことを経験したのである[9]（［　］内引用者、以下同様）

教師の強制によらずとも、おかれた環境の中から自然と計数を始める子どもたちの姿を目の当たりにしたことで、鶴居は題材とは教師が付与するものではなく、子ども自身が環境の中から自由に見つけ選択すべきものと認識していった。こうした経験から、彼は「教育の実際上の行詰りは大抵環境の整理如何によつて解決されるものである事」に気づき、「唯此の環境の提供のみによつて、殆ど［教師からの］何の言葉も費さないで［学習が］ズンズンと進んで行」くと考えるに至ったという。このことを受けて、鶴居は教師が整理した環境を提供してその範囲内で子どもたちに題材を選択させるという、題材選択方法を用いることとした。そのうえで、彼らの学習を喚起するのに最適な設備や場所をいかに設えるかということが、彼にとっての解決すべき新たな課題として浮上した[10]。

実践の行き詰まりと研究への着手

教師による環境整理を行うため、まず鶴居は、学習が生じると想定される場所（環境）の整理とその場で行われる可能性のある子どもの活動内容をまとめることとした。また、その内容と「教科書との連絡関係を考察」したうえで、「教科書との連絡関係のあるものが現れたならば之［教科書内容］を取扱ふことにしよう」と考え、これらを「実際教育の方案」として整理していった[11]。つまり、彼は子どもたちに適切と考えられる場所と活動を事前に想定し、活動内で習得させたい知識技能を教科書内容との関係から考え、必要に応じてその教授を行うことを意図して計画を立案していたのである。

たとえば、春の野辺というテーマで行われた初期の実践では、野原で草花について学ばせるという目的のもと計画が練られた。教科書の内容に照らし合わせながら、数の数え方、減算、写生、花束の色の配合、唱歌遊戯、友人との協力などが指導内容として挙げられている。当日は草花を摘んでいる子ども、砂山に駆け登っている子ども、蝶々を追っている子どもに対して、教師からは批評や訓話、模範の提示がなされ、それによって、修身や算術に関わる内容の教授、すなわち文字や計算の習得、道徳的心情の涵養が図られていた[12]。

しかしながら、何日間かにわたって子どもたちを同じ環境に引率して同様な指導を繰り返していたところ、子どもたちの様子に変化が生じていったことを鶴居は後に回顧している。野辺山での学習を始めて三日目のこと、最初は以前と同様に各自活動を行っていた子どもたちが、次第に「先生、何をしませう?」「花を採つてもい、の?」と教師の意向を訊ねたり許可を求めたりし始めたのである。このやりとりは複数回繰り返された[13]。

後年に鶴居はこうした状況に陥ってしまった初期の実践について、「何時とはなしに教師の準備や予定に彼等をあてはめる傾向を生じ」、また「整理されたる環境の提供といふことに行詰つてしまつた」と振り返っている[14]。すなわち、彼は教師による適切な環境の提供によって子どもの自律的な学習を実現できると考えていたが、むしろ自身の行為が結局子どもの活動を教師の計画にあてはめ従属させてしまっていたことを自覚していったのである。このことは鶴居にとって自身が批判した教師中心主義の実践と変わらず、このままでは子どもの個性を尊重した自由な活動の展開は困難であることを認識したとも述懐している。[15] そこで彼が行き詰まりを打破するために試みたのが、題材や環境そのものに関する研究であった。[16] 以下では、特に環境概念や環境整理について鶴居がいかなる研究を進めたのか、検討を行いたい。

2　環境概念の研究とその内容

参照文献の具体

鶴居は「環境に対する概念を少しでも確実にしようと思ひ、学者先輩の著書に訊ね」たと論じるように、[17] 諸種の文献を通じて環境に関わる研究を試み思索を深めていった。彼が研究に着手したと考えられる一九二二（大正一一）年までに入手・参照していた文献の全貌は明らかではないが、一九二四年の論稿「合科学習に於ける環境の整理」（『学習研究』第三巻第一一号、一九二四年、一三七―一七五頁）において、環境整理について論じた際、オーウェン（R. Owen）の『新社会観』（*A New view of Society: or, Essays on the Principle of the Formation of the Human Character and the Application of the Principle to Practice*, London: Richard Taylor and Co, 1813.）や、リチャーズ（Ellen H. Richards）による『優境学』（*Euthenics, the Science of Controllable Environment: a Plea for Better Living Conditions as a First Step Toward Higher Human Efficiency*, Boston: Whitcomb & Barrows, 1910.）など複数の文献を紹介している。[18] これらは、共通して人格形成と環境の関係性について論じた著作であるが、たとえばオーウェンによる『新社会観』では、人間の人格は社会的に構成された環境によって決定されるため、教育においては子どものために適切な社会的環境を再編する必要性が論じられている(19)。

また、鶴居による同論稿では前述のような文献のほかに「渡部氏？の環境論に負ふ所が多い」と明記されており、この論文は同時期に活躍した教育学者の渡部政盛によるものである可能性が高い。筆者が一九二二（大正一一）年以前に執筆された渡部による雑誌記事・著作などを調査したところ、双方の記事内容の比較から鶴居が参照したものは一九二一（大正一〇）年に『教育学術界』（第四三巻第一号）誌上に投稿された渡部の記事「自然必然の環境と理想当然の環境――（教育学は一種の環境改善学なり）――」であると考えられた(20)。

本誌同号では、科学者・家政運動家として知られるリチャーズによる「優境学」の特集が組まれ、渡部以外にもさまざまな人物が記事を投稿している。優境学は、先天的な遺伝的要素の改良による人間の改善を目的とする優生学に対して、後天的な要素である「人間環境」、すなわち人間を取り巻く生活環境およびその諸条件の改良によって個人および社会全体の改善を目指そうとする思想である(21)。戦前日本においてもリチャーズの思想は幅広く受容され、「既に普及のみられた優生学に環境改善の意味が付加されることで「「遺伝だけでなく環境も（優生学から優生学的生活へ）」という理念が普及し、福祉国家の形成や後に社会福祉や家政学として体系化が図られる環境改善に関わる幅広い実践活動を理念的に支えた」といわれている(22)。先述の『教育学術界』における特集も、教育関係者のみならず理学、文学、医学といった多岐にわたる分野の研究者、学者が論稿を寄せており、環境に関する国内外の言説の紹介・整理がなされている。中でも、社会学者であり明治大学教授を務めていた赤神良譲は「社会学上より観たる優境学」という題目で寄稿しており、記事内では優境学を社会学の立場から概観したうえで、「環境とは何であるか」という問いに応えるため、社会学者のウォード（Lester F. Ward）や生理学・生化学者のヘンダーソン（Lawrence J. Henderson）といった複数の論者を参考に環境そのものについて論じている(23)。詳しくは後述するが、鶴居が本誌本号を参照していたと考えられることと記述内容の比較から、彼は特に赤神の記事を通じて先述したような国外の研究者による環境論にふれた可能性が高い。以下では、渡部やほかの雑誌記事を通じて研究を進める中で鶴居が注目していた内容や、そこから得た認識について検討を進める。

環境の個別性と可変性への気づき

鶴居は環境について研究を進めるにあたり、「環境の字義的並びに意義的考察」「環境の特殊相と普遍相」、「環境の分類」という三つの側面から整理を行った。とりわけ、環境には個別性と可変性という性質があることに注目し、次のような見解を示している。

> 環境と個体とは上述の如く普通対立的に別個の存在とせられてゐるが、見方によつては決して別個の存在ではなく、個体あつての環境、又環境に即しての個体であるとも考へられる。［中略］故に此処に二つの個体あれば、それがたとへ全く同一條件の環境内にあるが如き観あるも、実は依然として二つの個体に即する二つの環境が構成されてゐるもので、決して同一ではない。何故なれば総て環境は生物に特有なる個体独自の生存の原理によつて作造されるものであるから。
> されば或る個体にとりては必要不可欠の環境も、他の個体にとりてはさして必要ならざることもあり、又Ａの個体としては苦しい環境であるものが、Ｂの個体としては却つて楽しい環境である場合もある。と同時に環境は

其の本質として動的変化的非固定的のものであるから、たとへ同一の個体にしても、曽てはそれが極めて重要なる環境であつたものが、現在では寧ろ障害となる場合も亦必ずしもないと言ひ難いのである[24]（傍点ママ、以下同様）

ここでは、個体に応じて適切な環境は異なることと、同一人物であっても個体と環境の関係は非固定的なものであり、その適切性は徐々に変化していくことを論じている。

鶴居が論じたこの内容は、先述した渡部の論稿においてもみることができる。そこで以下では、渡部の環境論について検討を進めたい。彼は、環境について次の三点からその特質を説明している。第一に、環境は「個体と無関係・没交渉に存在し得るもの」ではなく、「個体あつて始めて存在する所のものである」こと。第二に、「個体が無数無限であるやうに、環境も無数無限であらねばならない」こと。第三に、環境が個別的のものであるからこそ「甲に採つては重要な環境でも、乙には必しも重要でないものがあり、乙には悲境であつても、甲には悲境ならざる場合があり、同一個体においても「或る場合には好ましからぬものが、次の場合には必要不可欠の要素を形造ることもある」ということである[25]。渡部も環境と個体の関係性を注視し、両者は密接に関わり合いながら成立するとともに、その関係は変化していくことを論じている。論じる際の言い回しに差異はあるものの、鶴居が示した内容は渡部の言及とのおおむねの一致がうかがえることから、鶴居は渡部を通じて先述のような理解を得たと考えられる。

さらに、鶴居は後年前項で示したような行き詰まりが生じた要因として、次の二つを挙げている。第一に、「個性の遺憾なき発展を図るためにはどうしても多様なる環境の提供が必要であり、そこに各児童の享有する各種の萌芽を自然に伸張せしめるやう心掛ねばならぬのであるにも不拘、事実は其の好適な環境の提供が出来なかつた」こと[26]。第二に、子どもたちが変化し成長するにともない環境も連続的に変化させる必要があったが、子どもに「昨日も今日も同一」の環境を与えたことで環境が固定的限定的になり、子どもたちにとって「有意注意の対象となる題材が見つからなかった」ことである。[27] したがって、鶴居は環境の個別性と可変性への気づきを得たことで、環境とは単なる場所や設備ではなく、各個体との相互作用がともなってこそ意義のあるものとして機能するという理解を獲得したと考えられる。そして、自身が行ってきた実践の不十分さと改善の必要性を自覚するに至ったといえよう。

存在の環境と規範の環境

①環境の分類

環境が個体との関係を通じて成立することを確認したうえで、鶴居はより具体的に環境の種類や内容についても検討を進めていった。ここでは複数の人物による環境の分類方法が取り上げられており、たとえばリチャーズとヘンダーソンにとって、それぞれ環境は「自然的、人工的」、「物質、エネルギー、空間及び時間」に分類可能であるという。[28] 鶴居が取り上げている人物、内容、構成は、既述の赤神による論稿の内容とほぼ一致している。赤神は、記事内においてウォード、リチャーズ、ヘンダーソンらを挙げ、彼らの環境分類の具体を整理している。たとえば、リチャーズは「(1) 自然的 (宇宙的―気候―環境) [中略] (2) 自然的 (人力によりて変化された環境) [中略] (3) 人巧的環境 (住宅――衣服――衛生)」、ヘンダーソンは「(1) 物質 (2) エネルギー、(3) 空間及時間」にそれぞれ分類しているという。[29] 鶴居が、同誌同号を参照していたとすると、彼は赤神の論稿を通じて旧来の環境論の把握および整理を行ったと考えられる。

ただし、赤神が諸種の分類について論じたうえで、「以上の分類に自分は満足することは出来ない、自分はこの環境を縦に物理的、生物的、社会的に分ち更にこれ等を横に自然的、人為的の二種に区別せんとする」と新たな分類方法を提案しているのに対して、[30] 鶴居は赤神とも異なる視点で環境の分類に関する自説を次のように展開している。

以上諸学者の分類表は皆それぞれ妥当なものであるには相違ないが、［中略］由来個体の上に直接間接に刺戟影響を与ふる環境は、たとへそれが物理的のものであらうと、精神的社会的のものであらうと、皆等しく個体と必然自然の関係をもつものであるから、之を客観的に分類することは完全至良の方法でない。そこで私は之を目的主観価値意識の上に立つて、存在の環境と規範の環境に分類し、以下聊か其の所見を述べて見ようと思ふのである[31]（傍線―引用者、以下同様）

このことからは、鶴居が環境の分類を行うには環境を客観的にではなく主観的に捉える必要性を論じていることがわかる。前述したように、環境は個体と密接な関係にあり、両者の相互作用によって構成されるという理解をふまえれば、個体と分離した独立の要素として、つまり客観的に環境を位置づけることはできない。このことから、彼は個体の「目的主観価値意識の上に立つて」環境を分類する必要性を説いたと考えられる。

そのうえで、鶴居は環境を存在と規範という二種類に分類すべきことを唱えているが、このような環境の分類は、先述した渡部の論稿においてもみられる。こうした分類方法をとっているのは『教育学術界』誌上でも管見の限り渡部のみであり、彼自身一九二三（大正一二）年の著作において「教育と環境との関係に就ては、従来生物学者や教育学者に依て、一通りは研究し尽された形になつてをる。併しながら私から観るとまだどうも研究の足らぬ所があるやうに思はれてならない。それは「当然の環境と自然必然の環境との関係異同」である」と論じていることから、これは彼独自の分類方法であったと考えられる。[32] このことから、鶴居はこの点においても渡部の論述を参考にしていたと推測される。

そこでまず、渡部による必然および当然の環境に対する理解を確認したい。彼は、「自然必然」の環境［＝「存在《ザイン》の環境」］とは個体と「必然的に交渉関係をむすぶ所の環境」であり、「物理的影響・地理的影響・歴史必然の影響・社会必然の影響」を個体に与える環境であるという。なお、これは「個体の発達生長に直接好影響を及ぼすものばかり」でなく、「却て個体の成長発展に妨害となるやうなものもある」という。すなわち、彼にとって必然の環境とはその質の程度や個体に与える影響の如何にかかわらず、個体を取り巻くすべての環境を指していた。一方、「理想当然」の環境［＝「規範《ノルム》の環境」］とは「理想に基いて精撰せられ、其の個体の当さに然か要求せざるを得ざる環境」であった。それは、「該個体が其の生命を実現するには、どうしてもさう云ふ環境の中に自己を生活せしめなければならぬ。さうでないと十分なる成長発達を遂げることは出来ない」と感じるほどに個体が必要とする理想の環境を意味しており、彼はこれを「教育的環境」ともいいかえている[33]。

一方鶴居によれば、存在の環境とは「自然的必然的の環境一切――物理的、生物的、地理的、歴史的（伝統的必然性）、社会的（組織的必然性）――を意味するものであつて、苟も生物個体は如何なるものと雖も、一応は之に順応しなければ（客観的にいへば支配されなければ）ならぬ性質のものである」。対して規範の環境は、存在の環境のように「個体と to be 即ち「ある」の関係に於て対立するものではなくて、ought to be 即ち「あるべき」又は「あらねばならぬ」当然の状態に於ける環境」と説明している。そしてそれは、「本質的に価値的」であり、「其の個体が強健に優秀に美に自己生存を完うせんがためには、当さに然かせざるを得ざる環境」であるという[34]。すなわち鶴居は、存在の環境とは子どもを取り囲む環境の一切であり、規範の環境は彼らが成長するうえでより望ましい環境と捉えていたことがわかる。

②規範の環境の内実

鶴居は規範の環境を「本質的に価値的」なものと説明しているが、では、そこに内在する価値とはいかなるものであったのか。この点について彼は、規範の環境を「人間の最高意識たる理性が真善美聖の規範に照して創造し構成したる」環境といいかえ[35]、この「真善美聖」について次のように記している。

「満たされたる世界」完全の世界それは唯神の世界究竟の理想郷に於てのみ見られることであつて、生物の世界、人間の世界、現実の世界には望むべくもない。若し各個の生命が何の支障もなく制限もなく、悉く自己の最深要求を完全に満し得るならば、其の理想郷は所謂真善美聖の一如たる神の世界に同在し得る［中略］神の世界はもとこれ八面渾融の美しき姿である。之を人間生活の道徳といふ方面から眺むれば、善の究竟即ち絶対善、芸術の方面から見れば美の究竟即ち絶対美、等しく科学の方面からは絶対真、宗教の方面からは絶対聖であるべきものである。斯くて「満たされぬ世界」の人生に於て、真の発見に努力するところに科学は生れ、善の実行に精進するところに道徳は生れ、美の表現に奮躍するところに芸術は生れ、聖の境地を渇仰するところに宗教は生れる。爰に人生又は人性の真相即ち意義と価値は、不断の努力であり奮闘であり、絶えざる向上であり伸展であることゝなる[36]

規範の環境の価値基盤となる真善美聖とは、鶴居によれば人間にとって理想的な世界を構成する要素であった。この四つは科学、道徳、芸術、宗教であり「人生」そのものともいいかえられている。ただし、前記の引用からもうかがえるとおり、彼は到達可能な四つの価値によって構成される所与の世界や状態があると考えていたわけでなく、「満たされぬ世界」から欲求の充足を試みる過程にこそ、その価値に基づく世界は構成されると理解していた。つまり、鶴居が意味する規範の環境とは、教師や第三者によって既定された所与の価値を習得するために構成された環境ではなく、それぞれが抱く願望や欲求の実現のため「真の発見」や「善の実行」を試みようとする不断の努力や奮闘を可能にする環境であり、その環境においてこそ、各個人にとって必要な科学や道徳は生まれると捉えていたといえる。

3　環境整理に対する認識の変化と実践の具体相

環境整理の意味

ここまでの検討を通じて、鶴居が環境を存在と規範の二つに分類すべきと捉えていたことが明らかになった。以下では、環境論を論じる際に彼が主に参照元としていた渡部が環境整理についていかなる説明を行っていたのかを整理したうえで、環境整理に対する鶴居の認識を検討したい。渡部は環境整理に関して次のように論じている。

> 教育とは一種の環境であり、「教育する」てふことは被教育者に対し当然の環境を提供することだとするならば、教育者の任務は理想的環境の構成、及びこれが提示であるべきことは最早や疑ひのないことであらうと思ふ。
>
> ［中略］
>
> 理想的・当然的環境の構成とは、個体の十全的な本然的な理想的な発達育成を現実にするために、其の環境を個体個的・本質的要求に合致するやうに、構成（造り変へて）してやることである。随つてかゝる環境は、個体に対して自然必然ではない。目的々当然的である。然らばかゝる環境は如何なる標準の下に造らるゝか。曰く教

育の最高規範たる理性（理想）を標準として造らるゝものである。理性の向ふ所は眞・善・美である。故に理想的環境は眞・善・美を標準として造るとも言ふことが出来る(37)

この引用からは、渡部が教育者である教師が担うべき役割は、「自然必然」の環境を「最高規範たる理性」、すなわち真、善、美という価値規範にしたがって構成される「理想的・当然的」な環境へとつくりかえ、被教育者である子どもに提供することであり、それが教育であるという認識を抱いていたことがうかがえる。

一方で、鶴居は存在と規範の環境の関係をふまえて、環境整理を次のように説明している。

教育上環境整理とは主観的［＝被教育者の立場］にいへば存在の環境を自己の最高意識に照して規範の環境にまで体系づけることであり、客観的（教育的）に言へば其の体系化――最も普遍妥当的な順応と創造の方法――を指示し提供することゝなる(38)

鶴居も渡部と同様に環境の整理とは存在の環境を規範の環境へとつくりかえることと理解していたといえるが、特筆すべきは彼にとってその整理を行う主体は教師だけでなく被教育者である子どもも含まれていたことである。彼は、「生存を要求し生活を主張するものは先づ以て存在の環境に順応することが必要」であるが、「独り人間のみには此の適応的生活を営む以外に、不断の向上伸展を本質とする創造的進化の作用があることによつて、啻に消極的に環境に順応するに止まらず、更に進んで積極的に環境を改造して益々自己の生活に都合好きやう構成して行く必的機能を具有してゐる」という。さらに、「其の創造的生活を営むところに煩悶があり葛藤があり努力を要し精進を要するものであつて、また其処に所謂学習作用は成立する」と論じている。つまり、「生存の向上を完からしむる如き事情と境遇」を構成するため、環境の「利用・変更・改造［＝創造］」は子ども自身によって行われると鶴居は理解していたのである。[39] したがって、彼にとって環境の創造とは、子どもが要求の実現のために自己を取り巻く状況をつくりかえること、いいかえれば現在の環境を構成する条件や材料を再構成することを意味していたといえる。

一方で、鶴居は先述の引用や後年に執筆した論稿においても「［環境整理は］此の環境内に［子どもたちを］生活せしめて、彼等の円満なる発達を助長しようとする合科学習指導の本質から来る教師当然の本務に他ならぬものと言ふべきである」と述べているとおり、教師による環境整理を放棄したわけではなかった。[40] ただし、教師によるそれは単に規範の環境を一方的に定めることではなく、環境への「順応と創造方法――を指示し提供する」というように、子どもによる環境の創造を促し、発展させていくための場や材料を設えることを意味していた。そのために、鶴居は教師の立場から子どもたちの活動において意義を持つと想定される規範の環境の研究・調査を行った。規範の環境の要件として、たとえば「成るべく多くの児童が多様な個性を発揮して多方的に働ける場所」を挙げており、具体的には校内の学校園、果樹園、植物園など動植物の観察ができる場所、校外では動植物がみられる場所、公共機関などを想定し、教室においても、設定すべき材料や道具を整理している。[41] ただし、子どもたちが環境創造を経験し題材を追求していくことが重要であると考えていた鶴居にとって、教師の想定する規範の環境は、「無論教師の予定」であって一つの目安に過ぎず、子どもの学習の進捗や環境創造の状況によっては異なる環境が必要とされる可能性を持つ暫定的なものと捉えていた。[42]

以上のことから、渡部は望ましい価値に基づいて構成される理想の環境が所与のものとして存在し、教師の任務はその理想的環境を子どもに提供することと捉えていたのに対して、鶴居は渡部と同様に教師が個々に応じたより望ましい環境を構成する必要があるという理解を抱いていたものの、教師が想定し得る理想的な環境はあくまで暫時のものであるとし、既に定められた固定的なものとして環境を提供することは考えていなかった。鶴居は、むしろ子ども自身が自らの要求を追究しようと模索し自己を取り巻く世界を見直す中で、自分自身にとっての規範の環境をつくりだして行くことが重要であると認識しており、それが可能となるような条件や設備（＝環境）を子どもとの関係において設えることこそが教師である自らの役割と捉えていた。ここに、鶴居の環境整理に対する理解の特質が見出されよう。(43)

こうして、一九二二（大正一一）年四月の実践当初、鶴居にとって環境整理とは子どもたちの活動状態にかかわらず、教師の立案した計画の遂行を意図して子どもの活動範囲を定めるものであったが、彼は自身が行うべき環境整理とは、子どもが自らの要求を充足させようと環境を構成し活動に取り組むその過程を支え促すことと捉えるようになっていったのである。そのため、当初の課題であった題材選択方法としては、まず子どもに題材を選択させその後に適切な環境を子どもと教師がそれぞれの立場から構成するという方法へ変化させていった。

実践への具現化

では、前述のような鶴居の認識および方法の変化は実践においてどのように具現化されていったのだろうか。以下では、実際の実践に基づいて分析を進めていく。〈表1〉は、一学年担任時子どもたちが選択した「私どもの町」という単元の実際の展開である。(44)題材を選択した後、子どもたちそれぞれが学習計画を立案したところ、自分が住んでいる町と奈良全体の調査の実施という二つの方向性が生じたため、子どもたちと相談してまず各自で前者について調べ、その後に後者の調査にとりかかることとした。

表1　1学年2学期における「私どもの町」の合科学習実践例

	学習過程	教師の指導
第一次	○前時までに山や川について学習を行う。 ○「私どもの町」を題材として選択する。 →個人で学習計画を立案する。 ○学習順序を相談し決定する。 →自分の住んでいる町・奈良市全体の順で調査を行う。 ○自分の町について各自調査に取り組む。 →自宅から学校までの距離に関する算術問題などを作成する。	○子どもの立案した計画から、どのような順序で学習を進めるべきかを子どもと一緒に整理していく。
第二次	○市内見学を行う。 ○停車場にて、改札口や駅員練習所などを見学する。 ○停車場の見学についてまとめる。 →奈良からほかの地域までの距離、鉄道沿線の都邑や名勝旧跡などで自分たちが訪れたことのある場所について発表しあう。 →地図に対する必要感が高まり、設備を要求する。 →距離に関する算術問題を作成する。	○停車場への引率を行う。 ○子どもたちが地図を必要としていることをみとり、日本地図をほか教室に整備する。 ○郷土からの方位と距離に注目させる。
第三次	○「三条通」の見学を行う。 ○なぜ三条通に宿が多く、たくさんの人が訪れるのかについて相互学習を行う。 →郷土の特色を知り、大阪の工業都市を比較する。 ⇒遊覧都市としての郷土の特色と発達原因を探る。 ○親戚が訪れた際に配布する奈良の案内地図を作成する。 ・市街図の描写をしたり、見物場所の説明を記載したり、すごろく形式にしたりするなどして、それぞれに地図の作成に取り組む。	○奈良という都市の特色をつかませるため自由に見学を行わせる。 ○学習内容の整理のため、「案内地図の作成」を提案する。 ○子どもたちに要求に応じて、地図記号を教える。

一日目は、自分の町の位置、戸数、学校までの距離などについて各自調査を進めた。この学習を通して、子どもたちは自宅から学校までの距離を問う算術問題や、奈良の名所や名物、町名を答える問題などを作成した。二日目からは市内の郵便局、停車場、警察署などの見学につつり、列車の停車場では駅員から説明を受けながら、改札口や線路などを見てま

わった。そして、子どもたちは見学を終えて学習について振り返っている際に、「奈良を起点としての各地への距離及び、其の鉄道沿線の都邑や名勝旧跡などで児童達の曽て行つたことのある場所についての話」を始めたという。このとき、教室内には子どもたちの学習に必要な材料が備わっていたものの、鶴居は彼らが地図を用いることは想定しておらずその準備は行っていなかった。彼によればそれは、それまでの学習において子どもたちにとっての地図の必要性が芽生えていなかったことに起因していたという。しかし、子どもたちは、市内にある停車場やそのほかの場所について調べたいという要求を高める中で学級内に近隣の地形がわかる地図がないことに気づき、地図の必要性を自覚するとともにその設置を求めるに至った。こうした子どもの姿を、鶴居は計画外のこととして軽視するのではなく、「はじめて地図といふものを見せる機会に到達した」ことを好意的に捉え、近畿地方ほか各地域の地図の整備を進めた。

この実践記録からは、教師である鶴居が教室内の地図の整備という環境の整理を実践内で行うことを想定していなかったものの、子どもたちは奈良市という「私どもの町」をさらに追求していくために地図の設置が欠かせないと考え、それを求めるに至ったことがわかる。すなわち、学級内という限られた範囲ではあるものの、教室内の設備の充実を求めるという点において、子どもたちは自分たちにとっての規範の環境をつくりだすこと、すなわち環境創造に取り組んでいたといえる。そして、鶴居は当初校外の環境へ子どもを引率し、学習を展開させるという環境整理を行いつつも、教師の想定を超え出る活動が子どもの環境創造によって生起したことを肯定的に評価し、その後も多様な学習の展開が可能となるように複数の地図を準備するとともに、「彼等に旅行談をさせつゝ絶えず郷土からの方位、距離（哩数よりも時間的距離）などに注意を払はせ［て］いつた」という。

以上のことから、子どもも自身の必要感が生起しているか否かをみとり学習過程を構想することや、それを生起させるための手立てを講じることが教師による指導と鶴居は考えていたといえる。ただし、前述のとおり子どもから生じる要求や環境創造の具体は、事前に教師が想定しきれるものではないことも理解していた。したがって、子どもたちは自身が求める活動を進めるために、今ある環境を見直し、自分にとって理想的な環境をつくるという意味での環境創造に取り組み、そして教師は子どもの学習過程をふまえて学習の場を設えるとともに、多様な可能性を持つ子どもによる環境創造を生起させ、それを発展させるための手立てを行うという意味での環境整理を試みていた。鶴居はこうした形で教師による環境整理を具現化しようとしていたのである。

おわりに

合科学習を試行する過程で自らの実践の行き詰まりを自覚し、その解決を図ろうとした鶴居は、環境概念に関する文献研究に取り組むとともに環境整理への理解を変化させていた。渡部や赤神の論を参照しつつも自らの文脈で環境整理の意味を考えた彼が獲得した発想は、環境整理の主体は教師だけでなく子どもも含み、課題の追求を可能にする環境をつくりだす、またはつくりかえる行為は双方によってなされるということであった。とりわけ、教師が行う環境整理とは、子どもが自己の要求の充足のために適切な環境を判断し改造すること、すなわち、環境創造を喚起するための条件の設定と、環境創造の後に子どもたちのさらなる発展的な経験が生起する設備や場所を設えることであった。

注目すべきは、鶴居は子どもたちにとっての適切な環境や、子どもによる環境創造を想定しきることはできないということを前提としたうえで、教師の立場から環境整理に取り組んでいたことである。教師が一方的に子どもにとっての学習環境を考えることは、結局彼が批判した教師の計画へ子どもを従属させることにもなり得てしまう。また、すべての子どもに共通する理想的な環境はなく、さらに、それは変化していく。すなわち、鶴居は教師による計画や意図は教育という営為において必要不可欠なものと位置づけながらも、環境創造を含む子どもたちの学びは教師の計画や予想を越え出て生起する可能性を持つことを理解し、そうした学習に意味を見出しながら、環境創造が生起するような適切な手立てを子どもとの関係性の中で講じようとしていたといえる。従来の研究では、大正新教育の教師による指導性を検討する際に、指導とは教師が設定した内容や価値を教授することと捉え、その考えを前提としながら教授の達成の度合いや教師の意図や恣意性がいかに生起していたかという関心の下、分析がなされてきた。しかし、本章での検討をふまえれば、環境整理への理解を変化させたことにともない、彼は指導を教師の立案した計画の遂行と既定された知識技能や価値を単に子どもたちに系統立てて伝達することではなく、子どもがもたらす想定外の活動を視野に入れながら、子どもたち自身が自らの題材を自力で追求していく自律的学習者へと成長できるよう、子どもとの相互作用の中で活動への必要感を促す状況を創り出すこと、また、各自の取り組みとさらなる発展が可能となるような場づくりを行うことと理解していったといえる。ここに、旧来指摘されてきたものとは異なる、指導に対する認識を看取することができよう。

以上のことから、本章では鶴居の実践に対する試行錯誤、とりわけ環境整理に対する文献研究が彼の指導観を変化させた一因となり、それによって合科学習実践の実現が図られていったことが明らかとなった。研究の過程で多様な文献にふれつつもそれを自分なりに解釈し、既存の発想や考えにとらわれず実践を組織しようとした鶴居の試みは、実践を変え得る可能性は理論家によって構築された体系的な思想やモデルそのものではなく、日々子どもと向き合い実践を創り出す主体である実際家の裡にこそ秘められていることを示唆するものである。

註

（1）大正新教育期に活躍した教師の実践やその試みに注目した研究として、たとえば以下のものが挙げられる。橋本美保・田中智志編著『大正新教育の実践――交響する自由へ――』東信堂、二〇二一年、中野光『大正自由教育の研究』黎明書房、一九六八年、海老原治善『現代日本教育実践史』明治図書、一九七五年など。

（2）たとえば、中野光は当時教師が経験主義的な立場から実践を試みたがために指導性の後退が生じ、指導の位置づけが十分に確立していなかったと分析している（中野同前書、一七八、一九〇頁）。一方で、今井康雄は教師による「適切な指導」は結局のところ教師の設定した目標達成のために子どもの活動を規定する、「子どもの自己活動の目的合理的コントロール」という側面を併せ持つものであったと述べている（今井康雄「新教育」教育思想史学会編『教育思想事典』勁草書房、二〇〇〇年、四二一―四二二頁）。ただし、中野は論文中において奈良女子高等師範学校附属小学校を事例としながら、主事木下竹次の指導に対する言説に基づいて教師の実践分析を行っている。一方で、今井は教師を取り上げることなく同運動全体に対する評価を行い、新教育運動における指導性の限界を指摘しており、いずれの研究においても実践を担った教師自身の指導に対する理解の検討は不十分であるといえる。

（3）朝倉充彦「大正新教育における初等教育の教育方法改革」『仙台白百合女子大学紀要』第一六巻、二〇一二年、八頁、永江由紀子「大正末―昭和戦前期における「訓練」の展開――山口県の公立小学校を事例として――」『飛梅論集』九州大学大学院人間環境学府教育システム専攻教育学コース、第七巻、二〇〇七年、一〇〇頁、内藤由佳子「木下竹次の合科学習に関する一考察――教師の指導性を中心に――」『教育学論集』大阪市立大学大学院文学研究科教育学教室、第二六巻、二〇〇〇年、二〇―二二頁、窪田祥宏「大正期における新教育運動の展開――埼玉県の場合を中心として――」『教育學雑誌』日本大学教育学会、第七巻、一九七三年、四三頁。

（4）大西公恵「一九三〇年代の奈良女子高等師範学校附属小学校における協働的な教育実践研究――第一回学習研究会での学習をめぐる議論――」『和光大学現代人間学部紀要』第一二巻、二〇一九年、一七―二九頁、植田敦三「清水甚吾の「作問中心の算術教育」における算術学習帳の位置」『数学教育学研究』第一〇巻、二〇〇四年、一四五―一五六頁。

（5）吉村敏之「奈良女子高等師範学校附属小学校における「合科学習」の実践――教師の「学習」概念に注目して――」『東京

大学教育学部紀要』第三二巻、一九九三年、二七八―二七九、二八二頁。

(6) 遠座知恵『近代日本におけるプロジェクト・メソッドの受容』風間書房、二〇一三年、二四六頁、同前論文、二七八―二七九頁。

(7) 鶴居滋一「合科学習に於ける学級経営と其の功過」『学習研究』第三巻第四号、一九二四年、二八頁。

(8) 鶴居滋一「幼学年児童の合科学習とプロヂエクトの一例」『学習研究』第二巻第一号、一九二三年、九六頁。

(9) 鶴居滋一「合科学習に於ける環境の整理」『学習研究』第三巻第一一号、一九二四年、一三九頁。

(10) 鶴居滋一『合科学習の実施と其の一般化の研究』東洋図書、一九二六年、一〇八頁、同前論文「合科学習に於ける環境の整理」一四一頁。なお、環境整理は鶴居がこうした理解に至るより以前から学校全体でも共有されていた。たとえば、一九二二年四月発刊の『学習研究』誌上において木下が、教師は学習において直接的に子どもを指導するのではなく、環境を変化させるという方法で間接的に指導する必要があると論じている（木下竹次「学習原論（一）」『学習研究』第一巻第一号、一九二二年、一九―二二頁）。

(11) 鶴居前掲書、一五六―一五七頁、同前論文、一七二頁。

(12) 同前書、二二三―二四六頁、鶴居前掲「合科学習に於ける学級経営と其の功過」四五―四七頁。

(13) 同前書、二四一―二四二頁。

(14) 同前書、一五八頁、鶴居前掲「合科学習に於ける学級経営と其の功過」四八頁。

(15) 同前論文、四七頁。

(16) 鶴居滋一「合科学習の実施と受難――幼き者に味方して――」永田与三郎編『大正初等教育史上に残る人々と其の苦心』東洋図書、一九二六年、二三三頁。

(17) 鶴居前掲「合科学習に於ける環境の整理」一四二頁。

(18) 鶴居は、「合科学習に於ける環境の整理」において環境論を論じる際、オーウェンとリチャーズのほか、以下四つの文献を挙げている。①コーラー（A. H. Koller）『環境論』（*The Theory of Environment*, Menasha, George Banta Publishing Company, 1918）②ヘンダーソン（L. J. Henderson）『自然環境の適合性』（*The Fitness of the Environment: an Inquiry into the*

Biological Significance Properties of Matter, New York, The Macmillan Company, 1913.）③ウォード（L. F. Ward）『応用社会学』（*Applied Sociology: A Treatise on the Conscious Improvement of Society by Society*, Boston, Ginn, 1906.）④バーバンク（L. Burbank）『人的植物の育成』（*The Training of the Human Plant*, New York, The Century Co, 1907.）。

（19） Robert Owen, *A New view of Society: or, Essays on the Principle of the Formation of the Human Character and the Application of the Principle to Practice*, London: Richard Taylor and Co, 1813, 武田晃二「オウエン教育論における基本的諸概念の検討――『新社会観』の教育学的研究――」『岩手大学教育学部研究年報』第三七巻、一九七七年、二三―三六頁。

（20） 渡部政盛「自然必然の環境と理想当然の環境――（教育学は一種の環境改善学なり）――」『教育学術界』第四三巻第一号、一九二一年、五七―六二頁。

（21） エレン・H・リチャーズ、住田和子・住田良仁訳『ユーセニクス――制御可能な環境の科学――』スペクトラム出版、二〇〇五年、松下英夫「E. H. Richards の Euthenics ―― the science of controllable environment について――生活経営思想史における優境学の特質と課題『東海大学紀要』教養学部、第三輯、一九七三年、一―一五頁。一九二一年四月に発刊された『学習研究』においても、木下や恵利恵によって優境学が紹介されている（木下前掲論文、四八―四九頁）。木下や恵利による雑誌記事を鶴居は参考文献として挙げていないものの、同誌が一九二一年四月時点で刊行されているため、環境概念の文献研究を始める以前から両者の論稿を通して優境学およびその特質については把握していた可能性がある。

（22） 杉田菜穂「戦前日本における「優境」概念の展開と社会政策――池田林儀を中心に――」『季刊経済研究』第三五巻第一―二号、二〇一二年、二三―四〇頁。

（23） 赤神良譲「社会学上より観たる優境学」『教育学術界』第四三巻第一号、一九二一年、一〇七―一一一頁。赤神は本稿において人間の生活がいかに成立しているかという関心の下、「人類の生存を規定するものに内的と外的がある」としたうえで前者を遺伝、後者を環境と整理している。「環境を個人及社会生活に適当なる様に変化せんとするのが優境学である」とし、環境が旧来いかなるものとして理解され考えられてきたのかを、ウォード、リチャーズ、ヘンダーソンらの原典を用いて論じている（同前論文、一〇九―一一一頁）。

（24） 鶴居前掲「合科学習に於ける環境の整理」一四五頁。

(25) 渡部前掲論文、五七―五九頁。
(26) 鶴居前掲「合科学習に於ける学級経営と其の功過」四八頁。
(27) 鶴居前掲書、二四一―二四二頁。
(28) 鶴居前掲「合科学習に於ける環境の整理」一四六頁。
(29) 赤神前掲論文、一〇七―一一一頁。
(30) 同前論文、一一〇頁。
(31) 鶴居前掲「合科学習に於ける環境の整理」一四六―一四七頁。
(32) 渡部政盛『教育学術問題批判』大同館書店、一九二三年、一三八頁。
(33) 渡部前掲論文、五九―六〇頁。渡部は一九二二年一二月に『新カント派の哲学とその教育学説』（啓文社、一九二二年）を上梓している。このことから、新カント派に関する知見をふまえて環境についても「存在」や「規範」という用語を使用していると推察される。
(34) 鶴居前掲「合科学習に於ける環境の整理」一四七―一四八頁。
(35) 同前論文、一四八頁。
(36) 鶴居滋一「生活至上への一考察」『教育文芸』第一巻第一号、一九二四年、二四頁。
(37) 渡部前掲論文、六一―六二頁。
(38) 鶴居前掲「合科学習に於ける環境の整理」一五〇頁。
(39) 鶴居前掲書、一〇五、一一九―一二〇頁。
(40) 鶴居滋一「合科学習と環境整理」『学習研究』第六巻第十一号、一九二七年、二五九頁。
(41) 鶴居前掲書、一三〇―一四八頁。
(42) 鶴居前掲「合科学習に於ける環境の整理」一五七頁。
(43) 渡部は、教師、子ども、環境の関係性について、「新従境を造ると云ふことは、主観的［＝被教育者である子ども］には自我の本然性（超個人）に従て環境を造ると云ふことになり、客観的［＝教育者である教師］には文化的に環境を造ることになるのである」と論じ、子どもが望む環境と教師が設ける環境は矛盾ないものであることを説明している。このことから、渡部も子どもの個性や特性に応じた環境整理の必要性を主張していることがうかがえるものの、教育者は「被教育者の認識に訴へて其の環境を理解せしむることが必要であり、「教育する」とは、理想的・当然的環境を提供すること」と論じていることから、あくまで彼にとって理想の環境を創り出す主体は教育者である教師が担うと考えていたといえる（渡部前掲論文、六二頁）。

(44) 鶴居滋一「幼学年に於ける地理的材料と其の取扱ひに就いて（二）――合科学習の実際――」『学習研究』第四巻第六号、一九二五年、四八―五七頁、鶴居滋一「合科学習に於ける題材と環境に就いて」『学習研究』第二巻第三号、一九二三年、一〇一―一〇三頁。以下、実践に関する説明はこれによる。

第9章　倉敷尋常高等小学校における学習環境の構成
――学校図書館および学級文庫の果たした役割を中心に――

鈴木　和正

はじめに

近年、「主体的・対話的で深い学び（アクティブ・ラーニング）」（以下、主体的な学び）の実現に向けて教育改革が進められている。主体的な学びの実現には、多様な学習方法や学習活動に柔軟に対応できる学習環境が必須となるが、「物理的条件の整備が不十分であること」[1]が指摘されている。そこで、文部科学省や国立教育政策研究所は、子どもを主体とした学習環境の構成と活用を積極的に推し進めようとしている。たとえば、国立教育政策研究所では、二〇二三（令和五）年六月に「創造的な学習空間の創出に関する調査研究報告書」を取りまとめて、「学校施設において、「主体的・対話的で深い学び」の推進にあたり、ＩＣＴ活用等による学習の個別化の進展や協働学習などこれまでにない学習方法や学習形態の多様な展開を可能とする学習空間が必要」との認識を示している。[2]また、文部科学省は二〇二〇（令和二）年三月に、「図書館実践事例集――主体的・対話的で深い学びの実現に向けて――」をホームページ上で公開して、課題解決型学習、探究学習など主体的な学びに学校図書館や学級文庫をどう利用するか、その紹介に努めている。[3]すなわち、子どもが主体的な学びに活用できる学習環境としては現状、既存の「学校図書館や学級文庫」の利用と新しい「ＩＣＴ等の活用」という二つの選択肢が提示されている。現在のところ、教育界全体としては後者への移行を急いでいるように見えるが、その選択にあたってはやはり歴史的な見地から検討する必要があるだろう。

このような子どもを主体とした学習環境を構成しようとする動きは、今に始まったことではない。さかのぼると、その歴史は今から約一〇〇年前、大正時代に興隆した子どもの個性や自発性を尊重した「大正新教育」のなかに見出すことができる。大正新教育では、「教育方法の改革と並行して、「一斉教授法」に便利な明治以来の教室自体を子どもたちが主体となる学習あるいは自治活動にふさわしい空間に作り替えようとする試みが展開された(4)」。

西洋の一斉教授法の輸入にともなう明治期の「教室の誕生」から、大正期の主体的な学びを実現する創造的な学習空間としての「図書館（文庫）の誕生」である。

これまでの研究では、師範学校附属小学校や私立小学校は、児童個々の興味関心や疑問に応えることのできるように、豊富な参考資料を取り揃えた学校図書館、学級文庫を設置し、学習環境の構成を図っていたことが明らかにされてきた(5)。しかし、公立小学校においてその実態を解明するには至っていない。そこで本章では、岡山県倉敷尋常高等小学校（以下、倉敷小）の校長として大正新教育を先導した斎藤諸平（1882-1957）と、同校訓導の守安了（1896-没年不詳）を取り上げて、彼らがいかに学校図書館や学級文庫などの学習環境を構成し、児童の自発的な学習を構想したのかを明らかにする。

1　学校図書館の創設過程

「学習思想の発源地」としての倉敷町

大正期に倉敷町が教育の先進地として名を馳せたのは、大地主で倉敷紡績を営んでいた大原家の社会文化的な貢献によるところが大きい。実業家の大原孫三郎（1880–1943）は、ノブレス・オブリージュとも言うべき精神をもって、長期的な観点から国家や社会の姿を構想し、その発展に貢献できる有為な人材の養成に努めた。大原は倉敷町を拠点として美術館や病院、労働科学研究所などの設立に尽力するとともに、教育、学術支援、人材育成にも資金を投入している。[6]なかでも、一九〇二（明治三五）年から始まった「倉敷日曜講演会」は、大原が費用の全額を負担して各界の名士を講師として招き、地域住民の文化・教育の啓発を目的に実施された。

一九〇五（明治三八）年一二月の講演会では、「自学輔導主義」の提唱者で京都帝国大学の谷本富（1867–1946）が講師として招かれ、県下の小学校教員を対象に講話が行われている。このとき、三年の欧州留学を経て帰国した谷本によって紹介された「教授の原則は生徒を輔導して自ら学ばしむるにあり」との主張に強い影響を受けたのが、後に倉敷小の校長として大正新教育の実践的指導者となる斎藤諸平であった。[7]斎藤は、谷本を介して新教育思想がいち早く紹介された倉敷町のことを「日本に於ける学習思想の発源地」と称している。[8]倉敷小の校長に赴任するまでは、県下の初等教育の指導的な役割を担う岡山県女子師範学校附属小学校の首席訓導（現在の教頭職）を勤めて、「学習本位の教育」[9]を試みている。そして、全国の師範学校附属小学校の中から選抜され、「新教育のメッカ」と称された奈良女子高等師範学校附属小学校（以下、奈良女高師附小）に訓導として奉職する。同校では「分団教授」や「劣等児教育」

の実践研究を行い、その成果をまとめて同僚と共著を著している。これまでの実績を認められて岡山県玉島尋常高等小学校長に就くと、その経営手腕を発揮して学校教育の充実に努めた。

県下で活躍する斎藤の実力を見出したのが、大原家と姻戚関係にあり、倉敷町長を勤めた原澄治（1878-1968）であった。原は「倉敷の教育を斎藤校長の考を以てやつて貰ふ[10]」と明言して、倉敷小のかじ取りを託している。さらに、町長として倉敷小の新校舎建設や学校図書館の設置、貧困児童の救済を目的とした助成機関の創設などにも尽力した。斎藤は晩年に倉敷小時代のことを、「町長原澄治先生の少からぬ御援助と御協力によることが多大であったと、終生忘れることができぬ、校舎の改築や設備に至るまで校長として希望することは殆んど協力して下さった[11]」と回想している。このような支援者の存在は、倉敷小で大正新教育を推進する強い後押しになった。

倉敷小学校の成立と斎藤諸平の着任

大正期の倉敷町は、明治期に建設された男子校と女子校が存立したが、「旧式建築」のため学習環境が整わず、原町長によって「校舎新築の計画を立て設備其他に改善の方策」が立てられた[12]。そこで「一町一校主義」の方針のもと、原は男女両校の統一を図り、一九二〇（大正九）年から五年もの歳月をかけて旭町校舎の建設に着手する。翌二一年三月、原からの招聘に応じた斎藤が女子校の校長に赴任して「両校統一の事務」を執り行い、翌四月より倉敷小の校長に就任している[13]。統一後の同校は、児童総数一七五〇名、学級数四一、職員数五一名を誇る県内随一の大規模校へと変貌を遂げている。当初は建設途中の旭町校舎に第一部（尋常科四、五、六学年）、新川校舎に第二部（尋常科一、二、三学年）、濱田町校舎に第三部（高等科一、二学年）をそれぞれ収容している（〈図1〉参照）。このように校舎が町内に点在していたため、斎藤は「児童を如何に配置すべき」か「苦心」したが、低学年と高学年の児童を二校舎にわけて収容することで、「経済的であるのみならず教育上からも研究上からも総てに於て好都合である」と判断する。(14) 最終的には、一九二四（大正一三）年に新校舎の落成をもって、旭町校舎に第一部と第三部、新川校舎に第二部が設置され、学校組織の完成をみた。さらに、教員組織は、学校組織のトップである「校長」の下に、全校の教務事務をつかさどる「総務」、各部に実力のある教員を「主幹」としておくことで、万全の体制を整えている。

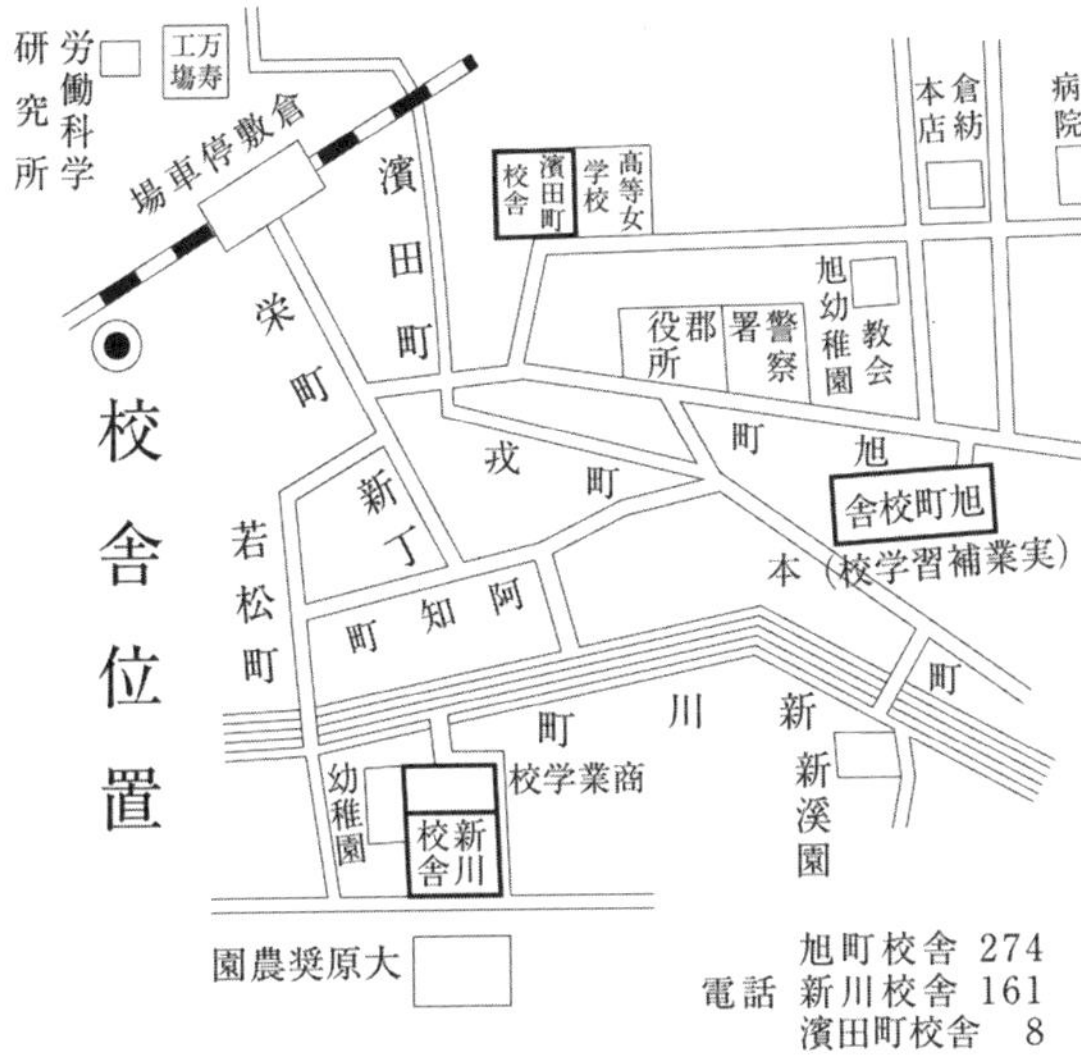

図1　倉敷小学校の校舎位置（原図ママ）

欧米教育視察と学校図書館への着目

一九二一（大正一〇）年四月九日から九月一五日までの間、(15) 斎藤は岡山県教育視察団の一員として、アメリカ・イギリス・フランス各国の教育視察に赴き、欧米の学校約六〇校余りを訪問している。(16) 帰国後に岡山県教育会雑誌上で「米国教育の概観」（一九一号）、「米国小学教育の実際」（一九四号）、「米欧の教育を観て」（一九五号）という視察報告が掲載され、同記事を通じて視察の詳細をうかがい知ることができる。視察報告では、アメリカでの視察内容の紹介が大半を占めている。後に斎藤は、「先年米国並に欧州に於ける小学教育を視察し、理論に於て欧州に学ぶ所が多いが、実際的革新は米国に負ふべき点の多々あることを痛切に感じた」と述懐し、(17) 欧州の教育理論に関心を払いつつも、アメリカの新しい教育実践に多大な影響を受けた。

視察が実施された二〇世紀前半のアメリカでは、新教育（進歩主義教育）の影響によって、「子どもの多様な学習」「能動的な活動」を促すための場所や施設である「図書館、体育館、講堂、作業場、運動場などを備えた校舎」が各地で建設されている。[18] 斎藤はアメリカの学校を調査し、授業の様子を次のように紹介している。

児童図書館も学校内に特設している。小学校の上級には「デイスカツシヨン、システム」の教授法を殆んど採つている。児童生徒をして自ら研究させる方針であるから、教授は児童の提供した問題について各自参考書によりて研究し、其の結果を教室で発表し互に討究するのであるから、図書館又は児童文庫の必要があるのである。[19]
（傍線筆者、以下同じ）

すなわち、児童生徒が問題を提起し、教師が参考書を指示して、「調べ学習」の結果を発表し討論するディスカッション・システムにおいて、児童生徒が「自ら研究」する場として「図書館又は児童文庫の必要」が叫ばれている。斎藤はまた、学校図書館について、アメリカは「学校内に学校附設の図書館を有し、学習に関する参考資料が極めて豊富である〔中略〕児童は自由に出入して必要なる参考書を借り研究している」のに対し、日本は「此の設備も殆ど無く、又児童学習参考資料も僅少」であったと言う。[20] こうして、倉敷町を挙げて学校図書館の創設に動き出すことになる。

2　学校図書館とドルトン式自律学習

学校図書館の設置と設備

一九二〇年前後、日本国内においては「国家的慶事にちなんだ図書館設立が各地で」相次いでいた[21]。倉敷町でも「皇太子殿下御成婚記念事業」として「図書館設立の計画」が立てられた[22]。『倉敷市史』によれば、原が「皇太子ご成婚記念事業というまたとない機会を利用」して、「市域に公開できる本格的な倉敷図書館の創立を提案」したことが契機になった[23]。倉敷町青年団の団長・副団長であった原と斎藤、一六支部の各支部長らは、町内各戸を訪問して一口三円の寄付を募り七一九五円を集める一方、倉敷紡績より寄付された約三〇〇〇円を合わせて総計一万一九五円を運営資金として、一九二四年六月二日、旭町校舎内に図書館は創設された[24]（〈図2〉参照）。

こうして作られた学校図書館には、六連の書架と六台の閲覧机、三五脚の椅子が置かれ、さらに廊下にも八台の閲覧机と三六脚の椅子が設置されている（〈図3〉参照）。このように、一学級の児童全員が座って学習できる十分な座席数が用意されていたことがわかる。蔵書総数は、一九二六（大正一五）年九月末頃の調査によると、三五一八冊であった[25]。蔵書は書架ごとに分類され、児童や町民たち（前記の経緯から倉敷町民も利用可能であった）が多種多様な参考資料を閲覧できるように工夫されていた。同年四月から九月までの間、資料を閲覧するために二五〇四人もの児童が来館していることから[26]、学校図書館は頻繁に利用されていたことがわかる。

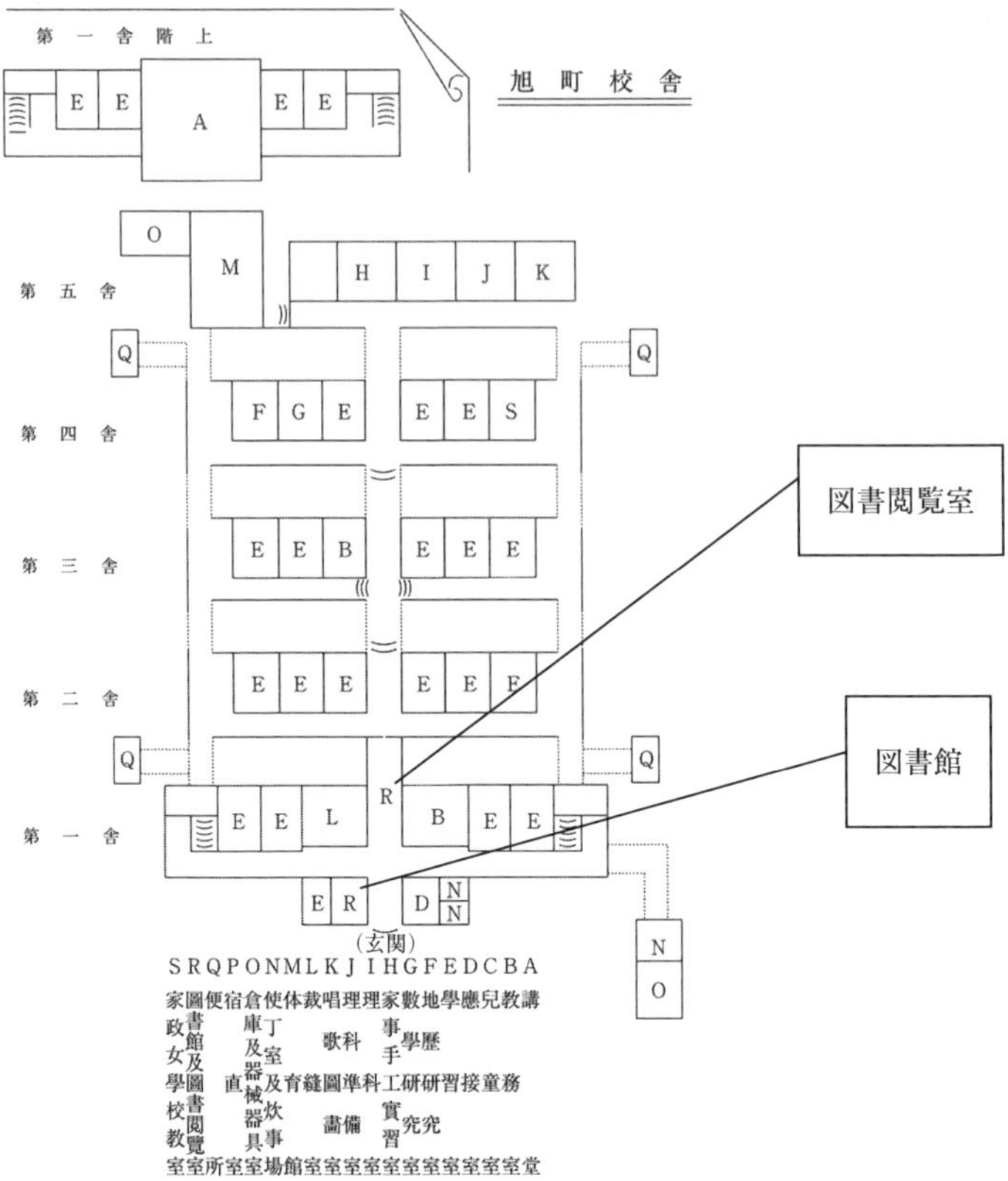

図2　旭町校舎全体図

児童の学習を促す学習環境の構成

斎藤の著書『国民的人格主義学習輔導の原理と実際』（一九二六）においては、「環境の種類には二種類ある」とし、「自然必然の環境」と「理想当然の環境」とが紹介されている。(27) 前者は「物理的影響・歴史必然の影響・社会必然の影響」など「必然的に交渉関係をむすぶ所の環境」であり、「時には個体の成長を妨害するやうなものもある」とされる。(28) 後者は「個体の本質性に合致する環境である。即ち広い意味に於ける教育的環境」のことである。(29) すなわち、教育者の任務は「理想的環境の構成、及びこれが提供」にあるという。(30) この「環境」の定義は、当時著名な教育学者であった渡部政盛

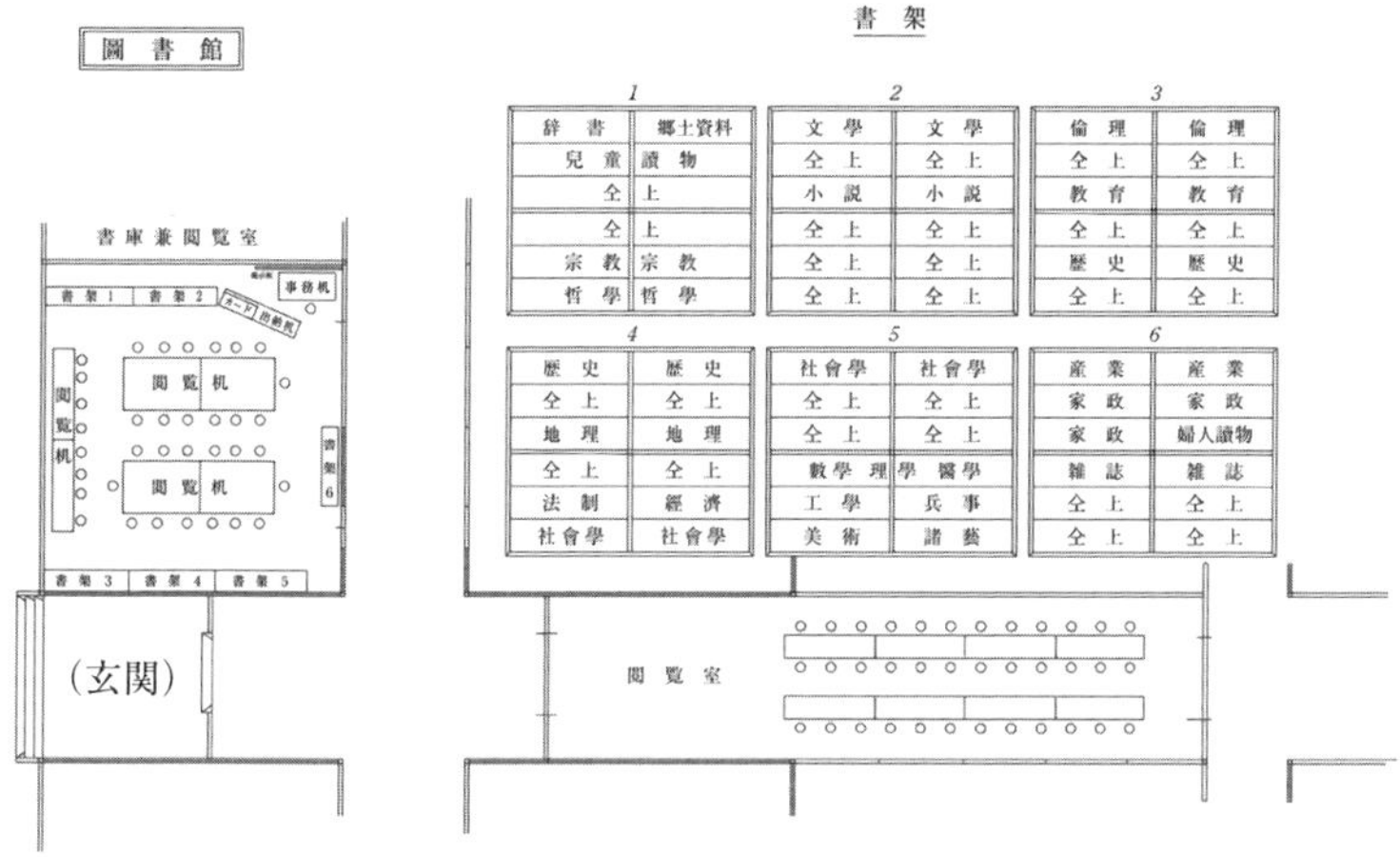

図３　学校図書館の設備と図書分類（原図ママ）

（1887-1947）の「自然必然の環境と理想当然の環境」という論述を基礎にして書かれたものである。(31) おそらく、学習環境の理論的根拠として渡部の教育論を援用し、自らの実践と理論の補強を図ったのだろう。

斎藤は「学習者に適切なる環境を構成してやるとしていかなる性質の学習環境を造るべきか(32)」について、実際家の視点から次のように述べている。

> 自学自習に十分な設備をなすことである。教室の設備を初め器具器械・図書・地図・絵画・模型等教師本位でなく、どこまでも児童本位でありたい。子供の表現に便利なやうに黒板の高さをなすと共に背面にも其の設備をする、子供の力で自由自在に使用し得る字引や辞典、その他地図、実験用器具機械であらねばならぬ。(33)

斎藤が構想する学習環境とは、児童の「自学自習」に資する設備で、「児童本位」の視点で構成されるべきものであり、そのような学習環境を具現化したものが学校図書館にほかならない。

ドルトン式自律学習の場としての学校図書館

倉敷小は先行研究において「中国地方におけるドルトン・プランの著名実践校[34]」と位置づけられてきたが、同校の学校図書館が果たした役割について検討されることはなかった。

ドルトン・プランとは、二〇世紀初頭にアメリカ人のパーカースト（Helen Parkhurst, 1886-1973）が創案した指導法のことである。その特徴は、教師中心の画一的な「一斉教授法」ではなく、各教科の研究室で児童自らが、辞書や参考書などの文献を調べて自由に学習を行った点にある。当時、日本の教育界では同プランへの関心は高く、多くの学校で導入されたが、十分な教育設備が整っておらず、衰退を余儀なくされた。中野光によると、ドルトン・プランの実施には、「事典・参考文献・資料等が子どもの環境に豊富に備えつけられていなければならなかった」が、「わが国の学校は一般的には校舎の中に黒板とチョーク、教卓、机と椅子、のほかに目ぼしいものは何もなかった、とさえいえる。これではプランそのものも成り立ちようがなかった[35]」。

一九二三（大正一二）年度の三学期、倉敷小の高等科で「ドルトン式自律学習」が実施されている。ドルトン式自律学習と学校図書館については、「ドルトン式学習の終極の目的の一つは自学自習にある、図書館は自学自習による最良の国民学校である、真の国民文化の普及は図書館の普及と利用にある、我が校では毎週一時間づつ自由時間を利用して此の方面の実際指導をなし、ドルトン式学習と深い関係をもたせている」とされた[36]。実際の学習においては、ドルトン式自律学習と図書館教育とを「密接不離の関係」と捉え[37]、豊富な参考資料を有する学校図書館を児童に利用させることで、自発的な学習を促す。学校図書館はまさにドルトン式自律学習を体現する学習環境として機能していたのである。

全学年に設けた毎日四〇分間の「自由時間」では、児童が企画する「プロゼクト」活動を通して、「工夫創作自学

図4　図書館内における自由研究

自習ノ習慣ヲ養成」する。[38] その内容は学年によって異なるが、第一、二学年は「玩具類読物等」を用いた「自由作業」、第三学年は「自由作業」と「独自研究」、第四学年以上は「独自研究」を中心とした学習活動であった。[39] 独自研究においては児童に「教室校外又ハ学校図書館等ニ於テ各々プロゼクトヲ作リテ研究サセル」とある[40]〈図4〉参照）。第四学年以上の児童には、「図書館を利用」して「廊下の閲覧室に於て随意の書物を閲読する」とされた。[41] 卒業生は四学年当時の状況を次のように回想している。

> 廊下の北端が玄関であり、その玄関の東隣が図書室でした。倉敷図書館という札がかかっていたように思うので、あるいは町と学校の図書館を兼ねていたのかも知れません。今でこそ学校図書館はどこにもありますが、当時はおそらく全国でも稀な存在ではなかったでしょうか。子どものわたしにはそんなことは兎も角、学校で一番魅力のある場所でした。数多くの本の中で、〝偉人の幼年時代〟という叢書は今でもその装てい活字が目に浮かびます。後にはあの二間廊下に大きな机を並べて、そこが閲覧室になりました。図書室が狭くなったのでしょうか。本好きのわたしにとって、こういう小学校で学べたことは、大変幸せなことであったと思います。[42]

卒業生が愛読していたとされる『偉人の幼年時代』は、一九二一年頃に刊行され、武将や偉人の興味深い逸話を盛り込んだ児童向け読み物である。学校図書館は児童の心を惹きつけてやまない魅力的な図書を取り揃え、主体的な学習に取り組める居心地のよい学習空間であった。

3　守安了による学級経営の展開

学級文庫の設置経緯

倉敷小においては、斎藤の教育方針のもとで、師範学校を卒業した二〇代から三〇代の大正新教育を志す青年教師が中核となり、実践や研究が行われた。彼らは「理想」と「現実」の狭間で葛藤し、ときには校長や先輩教師から助言を受け、自らの授業実践を創り出していった。なかでも、二〇代半ばの青年教師であった守安了は、「学習環境として教室の整備を重視」して、「学級文庫を活用した学習指導に積極的に取り組んだ」とされる。[43]なお、学級文庫とは、「学級の児童生徒の利用を目的として教室に備えられた図書類」の設備のことで、その起源は「大正期の新教育運動において、「教室の学習室化」の主張にもとづいて学習用参考書を備えたことにはじまる」。[44]

守安は、一九一七（大正六）年三月に岡山県師範学校を卒業し、倉敷町内の男子校に初めて奉職する。一九二一年四月、男女両校の統合による倉敷小の開校に合わせて、斎藤が校長に就任している。守安は斎藤が奈良女高師附小の訓導時代に執筆した『分団教授の実際』（一九一五）を「読むよう奨められ」たという。[45]同書では「辞書によつて調べさせるやうにすれば非常に便利である」と参考図書を児童の学習に利用する方法が紹介されており、[46]守安にとって学級文庫の着想に至る重要な契機になったと推察される。

同年、守安は中等学校進学を目指す六学年五二名の学級担任として、学級経営に取り組み始める。まずは教卓を取り去り、教壇から降りて指導を行うことで「師弟同行」を目指し、児童机を「コの字形に配置」して児童同士の「討議」に適した学習環境を作り出している[47]。ただし、中等学校進学を目的とした学級であったために受験偏重の教育にならざるを得ず、守安は「明けても暮れても厳しい勉強続きの児童を見ている」と、「甚だ可哀相でたまらな」くなり、「殺風景な姿に潤いを与える方法」を模索するようになる[48]。そこで「神話、伝説、児童読物類の情味ゆたかな本」を教室に設置し、「自由に読む機会」を与えることで、「教科書や入試参考書の堅苦しさから解放」することを試みている[49]。教室にお伽噺や児童文学（小公子、小公女、青い鳥、ロビンソン・クルーソー、ファーブル昆虫記など）など二〇種類余りの読物を設置すると、児童は「むさぼるように読み始め」て「難解な語句」を「どんどん質問して来る」ようになった[50]。守安は児童の反応に手応えを感じて、漢和大辞典や辞林、理科辞典も設置し、引き方を指導したところ、「教科書の難解な字やことばを引きだ」すまでになった[51]。一方、難解な科学書に興味を示さない児童に対しては、自作教材である星座の模型を教室の天井に取り付けて、科学的興味を引き出すように工夫を凝らしている。

守安は「学校を児童の生活に即せしめる上からは娯楽が非常に大切」と考え、児童と茶話会を催し、教室に持ち込んだ蓄音機で音楽鑑賞を行うこともあった[52]。このことは、受験勉強に苦しむ児童のストレス軽減に寄与したことだろう。卒業生は当時のことを、「若い守安了先生が受持で厳しい性格の熱心な教師であったが、時に息抜きに教室で講談本を読んで聞かせて貰うこともあった[53]」と振り返っている。最終的に守安の学級では、五二名中五〇名が中等学校入試に合格という結果を残している。

奈良女高師附小への県外視察

一九二二（大正一一）年、守安は中等学校進学を目指す四学年五〇名の学級担任となる。前年度に六学年の学級担任として進学実績を挙げたものの、心情は決して晴れやかなものではなかった。というのも、入試準備に重点をおき、「如何にも不自然なそして如何にも児童に不幸な教育を一年間続けることを余儀なく」したことで、「昨年の一箇年間に犯した自分の罪が恐ろしく悶へずにはいられなくなった」からである。[54] そのために「本年は其の罪滅し」として、「入学試験を受けるため過激な勉強によって心身を過度に疲労」させることがないように、「現在を楽しんで而も将来に苦痛なき様にと考へて計画を立て」た。[55] 守安は同年に斎藤より「京阪神、奈良女高師附属小学校を視て来い」と命ぜられ、[56] 数日間にわたり県外視察へと赴き、この視察で得た知見をもとにして計画を立案する。

当時の奈良女高師附小は、一九二〇年度から主事の木下竹次（1872–1946）によって、自律的学習である「学習法」が実践されている。その学習法では、児童それぞれが自学自習を行う「独自学習」から始まり、そこで得た学習成果を持ち寄り、集団で検討を行う「相互学習」を通して、再び「独自学習」で学習の深化を図る一連の形態が採られた。そのため、学習法の実施には、自学自習に取り組むための学習環境が不可欠となり、木下は学校図書館を「児童の自学自習を支える環境」と位置づけている。[57] 奈良女高師附小では、木下が学校図書館の設置に「「分散制」（蔵書を各学級等に分散させる方法）」を採用したことで、[58] 訓導たちの教室に学級文庫が備え付けられた。たとえば、同校訓導の秋田喜三郎（1887–1946）は、「各教室を学級図書室として、書架を作り図書を備へつけ、随時閲読し得るやうにして」いた。[59]

守安は奈良女高師附小の視察を通して、「新教育の示唆を得たことは莫大であった」と振り返り、[60] 大正新教育に関する貴重な知見を得ている。帰校後、守安の授業実践では、「分団学習」や「学級学習」といった奈良女高師附小で用いられた学習形態が採られており、同校の影響を受けつつ独自の実践を展開した[61]。学級文庫の利用については次のように述べている。

> 県外視察で得た資料を活用して学級文庫を充実し、学級経営、学習指導に当たる行動を始めた。これと時をやや同じくして学校内本年度方針が立てられ、自律学習、自発活動に基く教育推進となり、従来の教育方法に改良が加えられ、自由教育、ドルトンプラン、プロゼクトメソッド等新しい教育主張の研究と実践が大きく採り揚げられて来た。自律学習、自発活動となると学級文庫は必須の要件となる。そこで、前学年度使った文庫を拡充し、前学年度は副弐的に利用したが、本年度はこれを主体に学習指導方策を立て、学習指導推進の武器としたいと画策した[62]。

ここからは、守安が奈良女高師附小の視察で得た知見をもとにして、学級文庫のさらなる充実を図り、その利用を前面に打ち出した学習計画を構想していたことが読み取れる。学級文庫の充実という点では、保護者から辞典類（漢和大辞典・辞林・理科辞典）や整理戸棚などの寄付が行われた[63]。守安は進学期待が高い教育熱心な保護者から協力と支援を取り付け、学習環境の整備を進めている。

自学自習を促す「学級文庫」の利用

守安の学級においては、「自由研究の機会を得て猛烈な勢で此の時間（自由時間―引用者）の作業が進んで」おり、予習や復習、創作に熱中する児童が多数現れ、「教室にても活気実に満々として溢れんばかりの有様」であった[64]。順

図５　学級文庫

風満帆に見えた学級経営であったが、先輩教師より「君の学級に対して、近頃『学級王国を形造《ママ》っている』という批判の声が出ている」と注意を受けてしまう[65]。また、斎藤からも「学級指定の寄付を、担任が勝手に受け容れるということは学校統制上好ましくない。授業時間中に蓄音機を鳴らすことは他の学級の授業の邪魔になるから中止したがよい。とお叱りを受け」るとともに、「文庫については別に解消の方法を考えたいと思っているのでしばらく現状を続けて研究するように」と指示を受けている[66]。

一九二二年九月、斎藤の判断で尋常四学年から六学年までに、「学級文庫を各教室に備へて研究資料」とすることが決定された[67]。設置のための予算は、一学級当たり二〇〇円から二五〇円までとされ、保護者の寄付で賄われた（〈図5〉参照）。学級文庫の研究資料は、児童の自学自習に必要となる辞典類や参考書、日本地図などが配架され、児童の興味関心を惹く歴史物語や科学解説書などもみられる（〈表1〉参照）。これら図書の選定基準は定かではないが、学級文庫の研究資料を取り揃えるにあたって、守安は「購入図書や活用計画等について意見を求められたことがあった」と証言しており[68]、彼の意見がある程度反映されていたようである。

守安の授業では、児童の自学自習を促すために学級文庫が積極的に利用された。たとえば、国語科の読方においては、国語読本のほかにも学級文庫の「自修用参考書」や「課外読物」を教材として用い、児童が「自由時間に自由に研究することができる」ようにしている[69]。理科では、「教科書にある位なことはいつも自由研究の際済んでしまつて〔中略〕児童の研究心は未だ満足しないで尚深く調べ度いといふ者が少くない」として、このような児童に対して

表１　倉敷小学校の学級文庫目録

編著者	書名	発行所	編著者	書名	発行所
	漢和大辞典		東京開成館	模範日本地図	東京開成館
	辞林			日本地理	
	国語読本詳解			地理教本	
	全科参考書		誠文堂新光社	科学画報	誠文堂新光社
三省堂	全科正解	三省堂	原田三夫	子供の聞きたがる話（六冊）	誠文堂
北垣恭次郎	国史美談（上、中、下）	実業之日本社	弓家七郎	科学の話	世界思潮研究会
熊田葦城	少年美談	実業之日本社	井田竹治	理科しるべ	元々堂
吉田助治	童話の日本史	文陽堂書店		中等学校理科教科書	
中村徳五郎	面白い日本歴史のお話	石塚松雲堂	草村松雄	家庭自学文庫	隆文館

出典：岡山県倉敷小学校『我が校教育の実際』（1924年、８頁）を参照し筆者作成。

「学級文庫或は学校の図書等を貸し与へて自由時間或は家庭の研究として」いる。[70]この児童の研究については、「研究した所でも必ずしも記憶には存しないかも知れないが其の態度其の研究心、夫れはやがて成長する大きな大切な芽生ではあるまいか、全部の児童が斯うはなつては来ないけれども唯一人でも斯くの如き児童が出るならば吾々は非常に力強く感ぜずにはいられない」と期待を寄せていた。[71]このように国語や理科では、「自学の態度を作るは甚だ容易」であるとし、これらの教科を通して「児童自身の研究態度」を養い、「他の教科にも推し及ぼし」ていくと述べている。[72]

おわりに

戦前期の公立小学校は、師範学校附属小学校や私立小学校に比して、貧弱な教育設備で教育活動を強いられたと考えられてきた。しかし、本章で取り上げた倉敷小では、原町長の方針で多額の教育予算が配分され、旭町校舎内に学校図書館を創立し、各教室に学級文庫を備えた理想的な学習環境が整えられた。このような創造的な学習空間において、斎藤諸平という大正新教育の実際家のもと、守安了ら熱意や行動力のある青年教師たちが中心となって、学校改革に取り組んでいた。

斎藤は全国でドルトン・プランが導入されている状況に対して、「実施後一、二ケ年にして既に行詰り大に困りをるやに聞くものさへある。之等は思ふに何等の準備も深い考察もなくして猥りに実施したるが故であると思ふ」と述べて[73]、当時多くの学校で人的・物的資源の不足からドルトン・プランの継続が困難となっていたことを憂えている。幸い倉敷小では「皇太子殿下御成婚記念事業」の後押しもあって、児童の「自学自習」を可能とする学習環境の整備と活用を実現することができたのである。

近年のICT等の活用情況について、特に生成AIの発達はめざましく、旧来の学習方法さらには学習環境の大転換が予測されている。教育にAIが導入されることによって、「登校する必要も教室に居る必要もない。極端に言えば、PCかスマートフォンがあればどこでも学習できるからである。そうなると、物理的な学校や教室の存在意義自体が問い直される」と言われている[74]。すなわち、ここでは明治に誕生した教室や学校が存在意義を失い、新たに電脳空間がこれに取って代わることが予見されている。それは教育機会の均等化や個別最適な指導の実現にとって重要な鍵となる新技術に違いないと思うが、そもそもICTの活用には、インターネット上で溢れる虚実の入り混じった文字情報のなかから、子ども（と大人）がその真偽を精査して正しい知識や情報を取り出すという「メディアリテラシーの確立」[75]が前提となる。その点、これまで出版物が担ってきた正確かつ必要な知識を書庫に積み上げた「知の集積庫」学校図書館や学級文庫の活用と充実こそ、子どもの主体的な学びにとって安心かつ安全な学習環境を保証できるのではないか。その安心安全が電脳空間において保証されない限り、大正期に誕生した学校図書館や学級文庫は、本を読み辞書を引く大切さなどとともに、その存在意義を失うことはないだろう。

〈付記〉
本研究は、JSPS科研費JP 23K02147の助成を受けたものです。執筆にあたっては、常葉大学の井上亘先生からご教示をいただきました。ここに深謝申し上げます。

註

（1）渡部淳『アクティブ・ラーニングとは何か』岩波書店、二〇二〇年、一四五頁。

（2）国立教育政策研究所「創造的な学習空間の創出に関する調査研究報告書」国立教育政策研究所文教施設研究センター、二〇二三年、一頁。

（3）文部科学省ホームページ「図書館実践事例集――主体的・対話的で深い学びの実現に向けて――（学校図書館）」https://www.mext.go.jp/a_menu/shotou/dokusho/link/mext_00768.html

（4）志村廣明『大正自由教育における教室環境構成の実証的研究』（平成一二年度〜平成一四年度科学研究費補助金研究成果報告書）、二〇〇三年、一頁。

（5）塩見昇『日本学校図書館史』全国学校図書館協議会、一九八六年。國枝裕子「成城小学校におけるカリキュラム改革再考――学習環境としての学校図書館論とその実践を中心に――」日本カリキュラム学会『カリキュラム研究』第一六号、二〇〇七年。坂下直子「大正期の学級文庫に関する一考察――奈良女子高等師範学校附属小学校を事例として――」日本図書館研究会『図書館界』第七四巻第一号、二〇二二年などがある。

（6）兼田麗子「大原孫三郎の社会文化貢献――大隈重信著『東西文明之調和』の実践――」大倉精神文化研究所『大倉山論集』第六三集、二〇一七年、一一五頁。

（7）斎藤諸平「常に初等教育界の第一線に立つ苦心」永田与三郎編『大正初等教育史上に残る人々と其の苦心』東洋図書、一九二六年、一四三頁。
（8）斎藤諸平『国民的人格主義学習輔導の原理と実際』広文堂、一九二六年、三九頁。
（9）同前書、三九頁。
（10）原澄治「挨拶」児童教育研究会『新教育の基礎としてのディルタイ哲学』児童教育研究会、一九二五年、三頁。
（11）斎藤諸平『明宝荘の回顧――我が七十余年の自叙録――』私家版、一九五六年、二六頁。
（12）斎藤諸平「新学校経営学（二）」『学校経営』第二巻第二号、一九二七年、六一頁（橋本美保・遠座知恵編集・解説『大正新教育　学級・学校経営重要文献選』第九巻、二〇二〇年所収）。
（13）斎藤諸平「新学校経営学（一）」『学校経営』第二巻第一号、一九二七年、五七頁（橋本・遠座同前書）。
（14）同前書、五七頁。
（15）欧米教育視察の出発日と帰校日については、一次史料（岡山県倉敷小学校『我が校教育の実際』一九二四年、四七頁や児童教育研究会編『倉敷小学教育実際要覧』岸田書店、一九二五年、一〇四頁）にある「四月九日出発　九月十五日帰校」を採用した。
（16）具体的な視察先については、拙稿「岡山県倉敷小学校における「教科担任制」の展開――斎藤諸平の欧米教育視察と「分科教授」の導入をめぐって――」中国四国教育学会『教育学研究紀要』第六七巻、二〇二二年を参照されたい。
（17）斎藤諸平『教育理想の研究』広文堂、一九二四年、九四頁。
（18）宮本健市郎『空間と時間の教育史――アメリカの学校建築と授業時間割からみる――』東信堂、二〇一八年、六頁。
（19）「米国小学教育の実際――海外視察員、垣見、国富、斎藤三君の狭告生の一部――」岡山県教育会『備作教育』第一九四号、一九二三年、二五頁。句読点を付して通読の便宜をはかった。
（20）註（8）前掲書、二一八頁。
（21）伊東達也『苦学と立身と図書館　パブリック・ライブラリーと近代日本』青弓社、二〇二〇年、二四四頁。
（22）児童教育研究会編『倉敷小学教育実際要覧』岸田書店、一九二五年、九七頁。

(23) 倉敷市史研究会『新修 倉敷市史』第六巻近代（下）、倉敷市、二〇〇四年、四六八頁。
(24) 同前書、四六八頁。
(25) 岡山県倉敷町児童教育研究会『倉敷小学学習環境要覧』田本屋書店、一九二七年、一九頁。
(26) 同前書、一九頁。
(27) 註（8）前掲書、六八頁。
(28) 註（8）前掲書、六八頁。
(29) 註（8）前掲書、六八頁。
(30) 註（8）前掲書、七〇頁。
(31) 渡部政盛『教育学術問題批判』大同館、一九二三年、一三八—一五五頁。
(32) 註（8）前掲書、七一頁。
(33) 註（8）前掲書、七二頁。
(34) 吉良侠『大正自由教育とドルトン・プラン』福村出版、一九八五年、一六五頁。
(35) 中野光「編者解説　ドルトン・プランとわが国の教育」パーカースト著・赤井米吉訳『ドルトン・プランの教育』明治図書出版、一九七四年、二二六頁。
(36) 岡山県倉敷小学校第三部『ドルトン式自律学習の実際』岸田書店、一九二五年、一三頁。句読点を付して通読の便宜をはかった。
(37) 同前書、三六頁。
(38)『岡山県都窪郡倉敷尋常高等小学校施設概要』（パンフレット、一九二三年、一〇頁）。
(39) 同前書、一〇—一一頁。
(40) 同前書、一一頁。
(41) 斎藤諸平「岡山県倉敷校の教育一般」『内外教育評論』第一八巻第八号、一九二四年、三九頁。
(42) 井上二郎「大正九年入学生」創立百周年記念事業実行委員会『百年のあゆみ』倉敷市立倉敷東小学校、一九七四年、一一四頁。
(43) 註(5)塩見、前掲書、六六頁。
(44) 高桑康雄「学級文庫」日本近代教育史事典編集委員会『日本近代教育史事典』平凡社、一九七一年、二二五頁。
(45) 守安了「大正十年、学級文庫の誕生　自律学習を求めた倉敷小学校」全国学校図書館協議会『学校図書館』第三〇八号、一九七六年、四九頁。
(46) 斎藤諸平・清水甚吾『分団教授の実際』弘道館、一九一五年、一〇六頁。
(47) 註(45)前掲書、四九―五〇頁。
(48) 註(45)前掲書、五〇頁。
(49) 註(45)前掲書、五〇頁。
(50) 註(45)前掲書、五〇頁。
(51) 註(45)前掲書、五〇頁。
(52) 守安了「余が試みつつある優等児教育」児童教育研究会編『倉敷尋常高等小学校ニ於ケル優等児並ニ劣等児教育ニ関スル研究』児童教育研究会、一九二三年、八四頁。
(53) 大原総一郎「旭町校舎の一年間」九十年のあゆみ編集委員会編『九十年のあゆみ』倉敷市立倉敷東小学校、一九六四年、八一頁。
(54) 註(52)前掲書、六六頁。
(55) 註(52)前掲書、六六頁。
(56) 註(45)前掲書、五一頁。
(57) 渡邊雄一「木下竹次の『学習法』における環境整理と学校図書館について」日本教育学会『日本教育学会大會研究発表要項』第六七巻、二〇〇八年、七二―七三頁。
(58) 鞆谷純一「戦前の奈良県における学校図書館」大阪市立大学創造都市研究科情報学専攻『情報学』第十一巻第一号、二〇一四年、一四頁。

(59) 秋田喜三郎「環境上より見たる学級図書室」『学習研究』第三巻第十一号、一九二四年、五四頁。
(60) 註(45)前掲書、五一頁。
(61) 守安了「読方ノ自学態度ニナル迄」『改造教育ノ実際的研究』岡山県倉敷尋常小学校、一九二三年、三〇頁。奈良女高師附小の訓導であった秋田喜三郎は、「大正十年度学級経営報告書」(史料番号D-Ⅲ-2、奈良女子大学附属小学校所蔵)のなかで、「分団学習」・「学級学習」という語を用いている。
(62) 註(45)前掲書、五一頁。
(63) 註(45)前掲書、五一―五二頁。
(64) 註(52)前掲書、七一―七二頁。
(65) 註(45)前掲書、五三頁。
(66) 註(45)前掲書、五三頁。
(67) 岡山県倉敷小学校『我が校教育の実際』一九二四年、八頁。
(68) 註(45)前掲書、五三頁。
(69) 註(52)前掲書、七六頁。
(70) 註(52)前掲書、八二―八三頁。
(71) 註(52)前掲書、八三頁。句読点を補って通読の便宜をはかった。
(72) 註(52)前掲書、八三頁。
(73) 註(36)前掲書、序。
(74) 山田誠二「人工知能AIの現状と教育への影響」CIEC会誌設立準備委員会『コンピュータ&エデュケーション』第四五巻、二〇一八年、一五頁。
(75) 総務省編『令和五年版　情報通信白書』総務省、二〇二三年。

写真出典

図1　『岡山県都窪郡倉敷尋常高等小学校施設概要』一九二三年。

図2　岡山県倉敷小学校『我が校教育の実際』一九二四年。

図3〜5　岡山県倉敷町児童教育研究会『倉敷小学学習環境要覧』田本屋書店、一九二七年。

第10章　奈良靖規によるドクロリー教育法の受容とカリキュラム開発
――大正新教育期公立小学校教師の修養――

橋本　美保

はじめに

本書の「まえがき」でも言及したように、大正新教育期には「子どもの生活に基礎をおいたカリキュラム開発」が試みられていた[1]。ただし、本格的にそれに取り組むことができたのは設備や環境が整備され、優れた指導者を擁する私立学校や、一部の師範学校附属小学校に限定されており、文部省や地方行政当局の干渉が激しかった公立小学校においては困難であったといわれている[2]。しかしながら、子どもの生活に基礎をおいたカリキュラム開発を試みた公立小学校が皆無であったわけではない。教育内容が厳しく統制されていた中でも、その枠を超えたカリキュラム改造に着手した公立小学校は少数ではあるが存在していた。そうした公立小学校の教師たちによる実践改革の実態はほとんど解明されていないが、彼らが自主的にカリキュラム開発に取り組んでいった「プロセス」に注目することによって、彼らが「実際家」として覚醒した契機や彼らの成長を支えた環境を明らかにできるだろう[3]。

本章の目的と方法

本章では、旧東京市浅草区の公立学校、富士尋常小学校（以下、富士小）において生活単元カリキュラムの開発に主導的な役割を果たした奈良靖規訓導（1897-1985）に注目する。富士小では、昭和初年頃から校長上沼久之丞（1881-1961）が海外教育視察などを通じてもたらした西洋教育情報の研究が行われ、訓導たちによって合科学習や低学年教育、表現教育などの実践が展開されていた。こうした取り組みは、卓越したリーダーシップを備えた校長と当時の寛容な東京市の学事関係吏員の存在によって実現した、公立小学校における稀少な事例と位置づけられている(4)。

富士小のカリキュラム改革にドクロリー教育法が少なからず影響を与えていたことについては、先行研究の多くが指摘している(5)。それは、一九三一（昭和六）年以降、同校が出版物や上沼校長の講演などを通してその事実を盛んに宣伝したからであるが、実際の教育実践の場でドクロリー教育法がどのように理解され、実践改革に用いられていったのかについては十分明らかにされていない。そこで、本章では、ミドルリーダーとして同校のカリキュラム改革に携わった奈良靖規によるドクロリー教育法の受容過程を明らかにしたい。奈良のドクロリー教育法に対する理解と適用については、鈴木そよ子による研究でも言及されている(6)。鈴木は、晩年の奈良の回想を用いて、昭和初期の授業実践やそれに対する事後的な認識を紹介しているが、そこに至る思想形成やその具現化の過程は明らかにされていない。本章では、鈴木の研究成果をふまえつつ、富士小に赴任する以前から一九二〇年代の奈良の活動や実践に注目し、彼がどのような経験を基盤としてドクロリー教育法を理解していたのかを明らかにする。いわば受容の「レディネス」をふまえたうえで、奈良の実践思想の形成過程におけるドクロリー教育法受容の特質について考察したい。

1　思想基盤の形成

哲学研究と芸術教育への関心

奈良靖規は、一八九七（明治三〇）年一〇月二五日、秋田県大湯上の湯（現在の鹿角市十和田大湯）で生まれた[7]。父吉太郎は一八九八年に創設された花輪准教員養成所で教育学の講師を勤めた思想家であった。奈良は、幼少の頃から父の転勤にともなって任地を転々とし、高等小学校を卒業後鹿角郡准教員検定試験準備場で一年間学んだ後、一九一三（大正二）年四月に秋田県師範学校（以下、秋田師範）本科第一部に入学した。

鹿角市の郷土史家奈良寿によれば、秋田師範時代、奈良は教育、哲学、語学、音楽に優れていたというが、一九〇七年四月に改正された「師範学校規定」の学科目に「哲学」はない。同時期に同校に在籍した卒業生たちの回想には、課外でトルストイ（Lev N. Tolstoy）やショウペンハウアー（Arthur Schopenhauer）などの著作を読んで盛んに議論していた様子が記されている[8]。奈良も、こうした生徒同士の学習会で哲学の素養を養ったと考えられる。氏と仰ぐようになった先輩千葉命吉との交流もこの頃始まったとみられる[9]。奈良は、正課の授業では「教育史」に関心があり、「ペスタロッチ派の直観教授や哲学者フィヒテの教育思想などに興味を持っていた」という[10]。また、ピアノとバイオリンの演奏に長けていたため「音楽の奈良」と呼ばれて、式典や行事等ではいつもピアノの伴奏を担当していた[11]。

一九一七年に師範学校を卒業した奈良は、山本郡切石尋常小学校の訓導となった。小学校長の曲田慶吉（1888-1941）は秋田師範の卒業生であり、郷土史や教育学の研究に熱心な人物であった。奈良が着任の挨拶に訪れた際、曲田は世界の新教育運動の動向を問い、答えに臆している奈良に、「いま世界の教育哲学はドイツ流が衰退してフランス哲学に移り、学制発布以来の教育を支配してきたヘルンバルト《ママ》の主知主義のナショナリズムから自己活動の教育へ、教科書中心主義から児童主義へ大きく転換しつつある。教育改革は、確固たる信念と理論を身に付けることが大事だ」と説いたという。[12] その後奈良は、十数日にわたって曲田からベルクソン（Henri Bergson）の生命哲学に基づく教育論の講義を受けており、それが「思想のバックボーンになった」と回顧している。[13]

一九一九年、北秋田郡成章尋常高等小学校に転任した奈良は、本格的に新教育の実践研究に取り組み始めた。得意の音楽と語学を活かしてアメリカの唱歌教育を研究し、ジョンソン著『児童の歌声指導法』を翻訳して、雑誌『音楽界』で紹介した。[14] 筆者の調査によれば、原著は Claude Ellsworth Johnson, *The Training of Boys' Voices*（1906）であり、奈良が丸善を通してボストンから取り寄せたものである。奈良の翻訳記事は「音楽教育の羅針盤」と評されて、一九二三年一月以降の『音楽界』に連載された。当時、高学年を担任していた奈良は変声期の男子の唱歌指導に悩んでおり、こうした書からヒントを得て唱歌の教授法を工夫したほか、五年生以上に自由作曲を実施した。また、唱歌の授業や学芸会でバイオリンやオルガンなどの楽器を取り入れた指導を試み、小学校における器楽教育の実践者として県内で有名になった。[15]

「青年教育者同志会」の修養活動

こうした実践研究の背景に、当時の秋田県における自由主義教育運動の隆盛があったことを見逃すことはできない。特に、秋田師範を中心に展開された「青年教育者同志会」の修養活動は、青年教師たちの間に新教育の思想と実践を急速に波及させていた。同会は、一九一九（大正八）年五月に約三〇〇名の青年教師によって結成され、諸般の教育問題に真剣に取り組むためには新しい教育理論を学ぶ必要があるとして、一九二一年以降毎年一月と八月の二回、秋田県女子師範学校（以下、秋田女子師範）を会場とする講習会を継続的に開催した[16]。第一回講習会では、東京から成城小学校主事の鰺坂（小原）國芳が招かれて「教育の根本問題としての哲学・道徳・芸術・宗教」と題する講演を行い、四五〇名の参加者をみた。講習会では、主行事の哲学講義と同時に児童による学校劇の実演や自由画展覧会が開かれた。同会の活動に対して県の教育行政当局は警戒を強め、教員による哲学研究を危険視するようになっていった。奈良は、この頃の様子を以下のように述懐している。

新しい教育説に刺激され、何々の根本問題ということがはやり出し、哲学的なものに目が向けられ、書物もそのようなものが盛んに読まれたのである。あまりはやり出し、若い教員は教員室で気えんをあげているので、古い校長などは毛嫌いをし、それが県に反映したのか、視学などからあまり読まなくてもよいと注意を受けたこともあった[17]

一九二〇年頃、青年教師たちの間ではドイツやフランスの哲学者の著作が人気を博しており、「カントやウィンデルバントの名を口にしないものはない位[18]」の哲学ブームであった。行政当局は、教員が盛んに行っていた哲学研究によって児童の学習指導に影響が出ることを危惧し、視学に教員を監視させ、問題のある教員を左遷した[19]。

こうした自由主義思想に基づく改革運動とそれに対する抑圧の状況の中で、奈良は仲間と『解放』や『改造』といった雑誌を読み、鹿角郡が主催した「大山郁夫氏や杉森孝次郎氏らを中心とした講習会」に参加した[20]。大山と杉森は大正デモクラシーを唱道した政治学者であり、社会学的政治学の立場をとったいわゆる「早稲田政治学派」の教授である。両者が招聘された鹿角郡教育会主催の講習会は、一九二二年八月二六日から三一日まで開催されており、大山は「社会倫理の基礎」、杉森は「現今社会問題の原則的考察」という題目で講義を行っている。[21]デモクラシーの思潮に共鳴した青年教師たちとともに自由主義の哲学や政治思想に傾倒した奈良は、この時期にベルクソンの *Creative Evolution*、西田幾多郎の『善の研究』、クロポトキン（Pjortr A. Kropotkin）の相互扶助論などを読んで社会改革の基礎理論を学んでいた。[22]

自由画教育との出会い

奈良が青年教育者同志会結成時の会員であったかどうかは明らかでないが、講習会と同時に開催された児童画展覧会への参加が自由画教育を志す契機になっていた。[23]奈良は、「小原国芳が松原寛を伴ない秋田・築島小で講習会を開いた際」、松原が持参した数十点の自由画の展示を見たと記憶していることから、彼が参加したのは青年教育者同志会が主催した第二回講習会であったと思われる。同会は、秋田女子師範において一九二一（大正一〇）年八月一七日から二一日までの間、小原國芳と松原寛の講演を主行事として開催された。[24]関連行事として秋田女子師範の階上で開催されていた自由画展覧会は、八月二一日からは築山小学校に場所を移して一般に公開されている。奈良は、築山小学校に展示された児童の自由画の鮮烈さに驚き、図画教育の革新を志したという。奈良のような改革意識の高い教師たちは、山本鼎を中心とした自由画教育運動や、鈴木三重吉らの『赤い鳥』運動、学校劇運動などに関心を持ち、同好会的な団体を組織して多様な学習会に参加していた。[25]

奈良は、当時盛行していた官製の研修会にも積極的に参加している。一九一八年、秋田師範で開催された手工講習会に出席した際に購入した雑誌で霜田静志の「図画手工合一論」を読んだ奈良は、丸善を通してその原典である *Industrial art text books* を取り寄せた。[26]この書は、一九一五年にニューヨークで刊行されたスノー（Bonnie E. Snow）

らによる図工の教師用書であり[27]、奈良はその内容について以下のように述べている。

[*Industrial art text books* は] 一年から八年までのもので八冊からできていた。それは八つのscop [scopeの誤り] からできており、八年生までsequenceができている。平面表現と立体表現とが統合された、しかも生活に結びついた実用的なものだ。この書物の構造があとでわたくしのカリキユラムに対しての考えの土台をなしてくれたのであった[28](以下、引用文中の [ ] 内は引用者)

この回想は一九六三（昭和三八）年のものであり、戦後のカリキュラム理論に基づく説明を含んでいるため、当時の理解とはいえないが、奈良が自由画に出会う前にアメリカの図画教育の動向にふれていたことは注目される。国内ですでに「図画手工合一論」を唱道していた霜田は、成城小学校や明星小学校で芸術教育を実践し、後に日本に初めてニイル（Alexander S. Neill）の『問題の子ども』を紹介した人物である。奈良は、訓導になったばかりの時期に霜田の造形美術教育論の影響を受けて、教科を統合するという発想に出会っていたのである。「art」の本質に迫り、「美」を「芸術の美」と「実用の美」の二側面から捉えるようになった奈良は、図画教育に図案・工芸を取り入れるべきだと主張するようになった[29]。

「表現科」教育の構想

音楽教育や図画教育の改革に取り組むようになった奈良は、同志による研究発表の場として、一九二四（大正一三）年九月に季刊雑誌『美の教育』を創刊した[30]。同誌を紹介した奈良寿によれば、創刊号には「表現科一般の改革をはかる」という目的が記されており、記事には図画、唱歌、綴方、童謡、手工、劇に関するものなど広範な内容が含まれていた。図画に関しては、自由画だけでなく「音とか心とかを表現する抽象画の世界」も取り上げられていた。奈良自身は、創刊号に「唱歌に於ける農村児童の発声に対する考察」という論文を発表したというが[31]、現在は同誌の所在を確認することができないため記事は未見である。

奈良は、この頃の表現科の研究成果の一部を一九二五年一〇月に成城小学校で開かれた新教育研究会において発表している[32]。「自我発展に基調したる音楽教育」と題した奈良の発表は、欧米の音楽教育研究の成果を整理したうえで、ベルクソンの『創造的進化』に依拠しながら彼の音楽教育論を示したものである[33]。奈良は音楽について、「我々は一の音を聞くに耳が聞くのではない。生命が聞くのである。［中略］音とは物に対する生命其れ自身の意味の創造である」、「音楽とはかゝる耳の創造即ち内的生命が耳を通して築き上げげたる音の思索に外ならぬ」と述べ、児童の「音楽的生命の発展」のために、児童に「自由作曲」をさせる有効性を説いている。そして、「視唱も作曲も演奏も児童の生命発展に即した表現」であるとして、唱歌の授業に音楽鑑賞や自由作曲、器楽の演奏を取り入れることを主張した。このように、富士小に赴任する以前に奈良は、生命を互いに相連関して全体をなす自然の一部と認め、生命本質の発現を目指すものとして芸術を中心とした表現活動の必要性を訴えていた。以上のことから、彼は芸術を中心とする合科的な授業実践の発想をすでに有していたと考えられる。

2　富士小のカリキュラム改革への着手

一九二四（大正一三）年一〇月三一日付けで秋田県の小学校を休職した奈良は[34]、澤柳政太郎の「事実に基づく」教育研究法に共鳴し、文通していた小原國芳を頼って上京した。[35] 成城小学校への就職は叶わなかったが、富士小の校長上沼久之丞に望まれて、一九二五年四月同校の訓導となった。

研究態勢の整備

富士小では、一九二二（大正一一）年に校長に就任した上沼が「文化創造主義の学級経営法」を掲げて、児童の自律的な学習を目指す実践改革に着手していた。こうした改革は、上沼校長が訓導たちの自主性や創造性を尊重し、「失敗してもよい試み」を誘発する環境、すなわち「実験」できる環境を設えていたことで促進された。[36] 同校では、訓導たちの疑問や不安から自然発生的に生じた教え合いの関係の中で、カリキュラム改革の発端となる「試み」が開始され、その成果を共有するために研究会が組織された。一九二〇年代に始まった教科別の研究会は一九三一（昭和六）年には部会制となり、すべての訓導が四つの研究部（第一部合科、第二部技能科、第三部文科、第四部理科）のいずれかに所属した。この研究部は、一九三四年以降、学年制の研究部へと改編されていく。

その過程で、改革のモデルとされていたのは、奈良女子高等師範学校附属小学校（以下、奈良女高師附小）である。周知のように、同校では一九一九年に着任した主事木下竹次によって「学習法」が導入され、翌年からは「合科学習」の試みが始まっていた。当初、同校に範を取ることを決めたのは上沼であったが、実践研究を主導したのは、主席訓導の坂本鼎三であった。[37] 坂本が奈良女高師附小に倣って始めた修身教育における題材中心学習の試みは、奈良によって低学年合科学習や中学年以降の教科学習における「中心題材学習」に発展し、やがて合科学習に関心を持つ訓導たちの題材選択の研究に取り入れられた。奈良の「中心題材学習」の単元開発については後述するが、ここでは富士小の訓導たちが奈良女高師附小以外からも新教育の情報を得ていたことを指摘しておきたい。

第一に、教育学者からの助言である。東京帝国大学の入澤宗寿は、一九二二年から一九二三年にかけて同校に招聘されて教員を指導したことを、以下のように述懐している。

［富士小の合科教育は］大正十二年に教材中心の統合を以て始まり、十五年から観音堂、校庭といふ如き生活題材となつて、昭和六年頃から生活題材によるカリキュラムもつくられた。［中略］

大正十二年は実に関東大震災の年、［中略］著者はその借住居の校舎に新教育を数回に亘つて物語つた記憶を持つて居る[38]（以下、傍線は引用者）

入澤は一九二二年一一月に同校を訪れて「新教育の哲学的基礎」の講話を行っている[39]。講話内容の詳細は不明であるが、同年九月に入澤が刊行した『新教授法原論』には、欧米を席巻していた新教育の教授理論の原理（自由・生活・構案・作業の原理）が紹介されており、この頃の研究関心が表れている[40]。入澤は数回にわたって、ドイツの総合教授（Gesamtunterricht）やドクロリー教育法、プロジェクトメソッドなどの基礎理論とその背景にある哲学を紹介したとみられる。理論研究が主流であった東京帝大の教育学講座の中で、入澤は新教育の思想や教育現場の実践改革に関心を持ち、富士小や川崎市の田島小学校、鳥取県の成徳小学校など懇意な公立小学校に出向いて観察や実験を行った。富士小は入澤に合科カリキュラムの実践情報を提供する役割を担うと同時に、入澤から国内外の新教育運動の動向を学んでいたのである。

第二に、在京の「実際家」たちとのネットワークである。富士小は、上沼や奈良の人脈から、新教育研究会（一九二五年結成）や日本新教育協会（一九二八年結成）の活動を通じて、成城小学校や池袋児童の村小学校、東京府師範学校や浅草区の教員たちと交流があった。坂本の転出後に実践研究の中心となった奈良は、上京前から小原國芳や千葉命吉と既知であり、上京後は北澤種一や野口援太郎らとの交流を深めていた。東京女子高等師範学校の北澤は、富士小の訓導たちが翻訳して一九三一年に刊行した『生活学校デクロリイの新教育法』の校閲を担当しており、同校をしばしば訪れていたようである。一九二九年に奈良の授業を参観した北澤は、彼の実践能力を高く評価して自校へ転任させてほしいと校長に打診している[41]。また、奈良は、昭和初期に「故野口援太郎氏や故入深《ママ》宗寿氏らにたのまれ日本の新学校のリストを作製するためほとんど全国の新学校の教育の視察をした」と回顧している[42]。新教育協会（一九三〇年結成）の結成以前に、富士小の訓導たちは幹部に依頼されて各地の新学校を調査していた。一九二九年に上沼が発表した「日本新教育学校表」[43]は、このときの調査報告を上沼と奈良がまとめたものである。

このように、富士小の訓導たちは新教育運動の指導者たちから国内外の新教育情報を得ていただけでなく、地方の実践校に足を運んで情報を集めていた。ここで留意しておきたいのは、彼らが上沼の方針に盲従して奈良女高師附小を模倣したのではなく、さまざまな情報を得ていた中で、同校の実践を参考にしていったことである。

奈良の研究関心の推移

奈良が富士小に着任した一九二五（大正一四）年は、「児童の自主的学習態度建設を目ざし」た校内研究会が始まっていた[44]。新教育に意欲的であった校長や同僚の下で、奈良は秋田時代の研究関心をどのように変化させていったのだろうか。

富士小では、毎月行われていた校内研究会に加え、校外での研究会や新聞・雑誌への発表題目が、職員ごとの「職員票」に記録されていた[45]。その記録を基に作製された教員の研究発表題目総覧から、奈良訓導の発表題目を抜き出し

1925（大正14）年	5.19	図案と教育
	7.10	文芸思潮の変遷
	10.7	唱歌教授革新命論
	10.21	自我発展に基調したる音楽教育
1926（大正15）年	5.25	私の低学年教育（生活）
	7.4	ホイツトマンと教育
	9.29	私の低学年教育（生活指導）
	11.	唱歌科の新教育
	12.	低学年の自由作曲
	12.	感情強調主義への音楽教育
	12.	日本に於ける徹底したる個別教育
1927（昭和２）年	2.7	音楽的絵画
	2.15	マツケンジーの musical design に就て
	5.25	私の低学年教育（環境）
	5.25	合科に依る尋一国語教育
	9.26	児童文学としての表現文に対する処理
	10.19	生活としての文学と人生の平等観
1928（昭和３）年	2.18	感情強調主義への美術教育
	2.18	感情強調の美術教育「イロヌリ」について
	5.25	作業による国語教育
	6.11	実験実測に対する反省的一考察
	10.	私の図画教育
	12.5	生命信順の修身教育（その実際）
	12.15	学級文化の創造
		読方学習に於ける絵画表現
		新教育に対する宣言
		低学年国語教育の破壊と建設
		現代思潮に基調したる国語教育
1929（昭和４）年	4.27	児童の思想による読みの発展研究
	6.5	新教育による尋四の学級経営
	10.1	供養塚を題材としたる修身学習
	11.22	題材による学習の発展
	11.28	修身学習の題材研究
	12.1	生活による修身教育
	12.1	新教育による学級経営

図１　奈良靖規の研究発表題目一覧（1929年まで）

1925（大正14）年	芸術教育、	文芸教育				
1926（大正15）年	↓	↓	＋低学年教育〈１年生担任〉			
1927（昭和２）年	↓	↓	↓	＋国語教育		
1928（昭和３）年	↓	↓	↓	↓	＋修身教育	
1929（昭和４）年				↓	↓	＋学級経営

図２　奈良の関心の推移

たものが〈図１〉(46)である。

一九二五年四月に富士小に着任した奈良は、その年五年生を担任した。翌一九二六年度には一年生を担任することになり、卒業まで同じ学級を持ち上がっている。一年生を担任した年に低学年教育の研究を、一九二七（昭和二）年度には国語教育、一九二八年度には修身教育、一九二九年度には学級経営の研究を始めている。〈図１〉の研究発表題目一覧からは、奈良の研究課題の推移をおおよそ〈図２〉のようにまとめることができよう。発表題目だけをみると、「音楽→美術→国語→修身」の順に関心のある科目が変化したようにもみえるが、上京前の奈良の思想と活動を鑑みるならば、彼は表現教育の理念を学校教育の場で具現化するために、その実践研究の領域を拡大していったと考えるべきであろう。次節では、奈良によるドクロリー教育法の受容過程に注目しながら、彼の実践やそれに対する意識の変化をみよう。

3　生活単元の開発過程におけるドクロリー教育法の受容

生活題材による単元作りの実践情報

富士小における奈良靖規の実践については、鈴木そよ子の研究に詳しい(47)。鈴木によれば、奈良は奈良女高師附小の影響を受けつつ独自の実践を展開しており、それが修身を中心とした合科学習に結実したとされている。ここでは、奈良の実践がどのように展開されたのかを、奈良女高師附小の池内房吉と鶴居滋一の実践と比較しながらみておきたい。

奈良の実践の第一の特徴は、低学年における「教科書なしの学習」である。たとえば、一九二六（大正一五）年度の新入生に実践した「観音様学習」は、児童を浅草公園に連れ出して行う校外学習であった。奈良は児童に「観察」させたことを「記載」させ、それを「表現」することへと活動を導いた。授業は、独自学習から相互学習に進み、作品を素材にディスカッションを行うという展開で、鈴木はこの試みが合科学習に発展し、「Textbook Method に対置して Notebook Method と自覚するに至っ」たと指摘している。[48] 後年、奈良は「私は低学年教育で生活の中に学習材を発見したが、この発想は坂本氏の示唆による」[49]と述べている。坂本によって導入された題材中心学習のアイデアが修身の授業だけでなく、低学年合科学習における単元開発にも応用されていた。このような奈良の初期の実践は、奈良女高師附小の池内や鶴居の合科学習の実践に酷似している。一九二三年に合科学習を始めた池内は、「奈良市の旧大仏停車場付近の広墓」や「春日野の公園」など校外で実施した学習題材を記録しており、合科による実践の特徴を、時間割や教科書によらない学習、児童による題材選択、児童の表現（思想界）の尊重、学習帳（おけいこの友）の重視、学習形式の自由などにあると紹介している。[50]

第二の特徴として挙げられるのが、中高学年における「中心題材学習」である。奈良は、低学年の「教科書なしの学習」からの連続性に注意しつつ、中高学年の教科学習における指導法を工夫し、修身、算数、地理、理科を中心に「中心題材学習」を考案した。そこでは、児童が学習の題材を生活の中からみつけて決定し、「反省→実行→比較」という学習過程の各段階で独自学習から相互学習へという学習形態を繰り返す。たとえば、奈良が実践した「水道学習」の単元では、間接・直接観察による「内省」から「見学」を経て、児童による「価値の決定」が行われ、児童の自律的な態度形成に至ったとされている。[51] 一方、このような単元は、奈良女高師附小においては「題材中心の学習」と呼ばれて実践されていた。先述の池内は、題材中心の学習において「［学習される事柄は、］児童の主観が環境を素材として創造し発見したるもの」[52]と考えて、児童の生活を題材にした単元学習を行っていた。同僚の鶴居も、「合科より分科への交渉」に中合科学習が有効であることを説き、たとえば「水の学習」などの単元においてプロジェクトメソッドを用いた授業展開の事例を報告している[53]。後年、奈良は、「中心題材学習」は、富士小ですでに実践されていた題材中心学習とドクロリー（Jean-Ovide Decroly, 1871-1932）の「興味の中心」から学んだものであると述べ、特に「生活の中に学習材、カリキュラムを見つけるという発想も坂本訓導の修身教育の実践に負うところが大きい」と回顧している[54]。奈良の「中心題材学習」は、その呼び方や学習過程の説明の仕方は独特のものであったが、奈良女高師附小の実践報告から単元構成のイメージを得ていたと思われる。

ドクロリー教育法との出会い

奈良は、中学年以上においても生活題材による単元開発を試みるようになったが、その過程でドクロリー教育法はどのように導入されたのだろうか。

富士小の訓導たちにドクロリー教育法を紹介したのは上沼校長だと言われている。一九二五（大正一四）年一月の校内研究会で「ドクロリー教育法」について発表した上沼は、翌年に出発した欧米教育視察先から訓導たちに四冊の *The Decroly Class* を送っている[55]。上沼によれば、欧米視察中ブリュッセルのエルミタージュ校（以下、ドクロリー学校）の実践に最も感動し、帰国後に訓導たちと相談して、同校の実践解説書である *The Decroly Class* を翻訳、一九三一（昭和六）年に『生活学校デクロリイの新教育法』を出版したとされる。しかし、上沼がドクロリー教育法を紹介した経緯と内容については拙稿で考証したように、視察前にドクロリー教育法に関する報告書を出版する計画があった可能性が高い[56]。上沼は視察直前に、奈良と谷岡市太郎に欧米での調査事項について相談している[57]。欧米の新学校の実践に強い関心を寄せていた奈良は、表現教育の実態を観察することやドイツの作業学校、ドルトンプランやウィネトカプラン、サンフランシスコ師範学校におけるバーク（Frederick L. Burk）の実践などの情報を集めることを提案していた。

富士小では一九二七年頃から *The New Era* や *Progressive Education* などの洋雑誌や *The Decroly Class* をテキストにした有志による学習会が開かれたといわれているが[58]、それ以前から欧米新教育についての研究は始まっていた。校旧職員の小林茂は一九二二年ごろから「パーカースト女史の本を読んだり手当り次第に新教育の本を読み始めた。校長はロンドンタイムスの教育版をわざわざ取り寄せて之を読むやうに激励してくれた[59]」と回顧している。小林は一九二四年二月に転出しているから、富士小ではそれ以前に *Times Educational Supplement* の購読を始めていたことがわかる。一九二五年に着任した奈良は、坂本や伴安丈ら英語が得意な訓導たちとこうした書を読んで欧米の新学校の存在を認識したと思われる。

ドクロリー教育法への言及

ロンドンから送られた *The Decroly Class* を受け取った奈良はその翻訳に取り組み、ドクロリー学校の実践を知ることとなった。以下では、奈良が *The Decroly Class* からドクロリー教育法について知り得た情報と、その中にどのような価値を見出していったのかについてみていこう。

筆者の調査によれば、一九二九（昭和四）年の末までに奈良がドクロリー教育法に言及した雑誌記事は少なくとも一〇件ある。彼が最初にドクロリーに言及したのは、一九二七年一二月に発表された「生活としての文字と新児童文芸の建設[60]」である。この記事では、低学年の国語科において「分科のために分科を課する不自由さ」に悩んだ奈良が、教科書を離れて児童の内面生活を重視したことが報告されている。奈良は、文字を生命・生活の自由表現の材料と考える「新児童文芸の建設」を主張しており、参考文献に *The Decroly Class* を挙げている。

一九二八年四月以降、ドクロリーの名は彼の著作に度々みられるようになり、ほとんどの場合旧ソビエト連邦のコンプレックスシステム（メソッド）とセットで紹介されている。「Complex method」を紹介した以下の記述からは、合科の形態をとる両者を「題材中心の学習」という点で共通していると認識していたことがわかる。

Complex method　然らば低学年にとつての適切な学習は如何にすべきかの問題であるがこれは現在日本の使つてゐる言葉で云へば合科学習であらねばならぬ。［中略］かくして考へられた教育上の方法は unit problem system 即ち題材中心の学習である。［中略］ヨーロッパにてはデクロリイの生活学校がある。其の他英国に清新にその運動を見、更にロシヤに於て徹底したものがある様に見受ける[61]

このころの著作には、欧米の新学校における合科的学習形態の特徴や原理が紹介されており、中でもドクロリー学校の「興味の中心」、コンプレックスシステムの「単一問題法」と呼ばれる単元構成の理論が参考になったという。奈良は、コンプレックスシステムについて、米国人ニアリング（Scott Nearing）によるソビエト連邦の教育視察報告 *Education in Soviet Russia*（1926）から情報を得ている。[62]「生活のための生活による教育」を掲げたドクロリーの生活教育に共鳴していた奈良は、「社会生活」を重視して題材を設定するコンプレックスシステムにも関心を有していた。

一九二八年九月以降、奈良はドクロリーの「興味の中心」や「聯想（アソシエーション）」を自身の実践に応用したことを報告している。入学時より担任している児童が三年生になった年である。彼は、「生命の発展と拡張」のためには発表による「表現」こそが重要だとし、ドクロリー学校でみられるような「文化素材」による学習が有効であるとした。(63)奈良は、文化素材による学習で得た価値体験によって児童は一般価値的なものを再創造することができ、そうすることで真に文化的な価値の継承が行われると考えていた。ドクロリー教育法における「アソシエーション」は、文化素材と文化価値との取り扱いを調整する機能を有していると評価されている。さらに、「児童が自由な生のよろこびの立場に立つ」ためには「自治」を発達させることが不可欠であるとして、学校や学級に「社会生活の姿」を取り入れる必要性が主張されている。(64)児童の社会性を養うために「共同や扶助」の体験が必要だと考えた奈良は、コンプレックスシステムにみられる「学級構案」(class project)や「分団構案」(group project)の導入を提案するようになった。

一九二九年六月、奈良は初めて「中心題材」という言葉を用いて自身の実践を説明しており、(65)中学年児童のための単元開発に一定の成果と自信を得ていたと思われる。奈良は、児童の活動意識を「時間的立体的に働かせること」(＝聯想)が大切であると考え、中学年の単元開発にその発想を取り入れた。

児童には学級的社会生活がある。彼等の相談とは学級各自の自主的感情の整理であつて、相談によつて、学習題材の選定も行はれるのである。

私の学級に於けるこれまでの題材は低学年にあつては、合科学習としての題材であつたが、中学年にあつては、小題材となり、この小題材によつて分科が建設されて来てゐる(66)

低学年の合科学習の題材から時間的空間的に拡大された問題を解決するために、奈良は分科が必要だと考えていた。問題解決のための多角的なアプローチとして小単元が展開されると、児童にも分科の必要性が認識されてきたという。結果的に、合科から分科に移行する中学年の学習法としてドクロリー教育法が導入されたといえるだろう。ところが、ドクロリー教育法の導入後すぐに、奈良は以下のような疑問を呈するようになった。

> 中心題材は教児共に選出するのである。私は児童の自主的学習に立てば立つ程、そこに感情生活をぬきにして考へることは出来ない。［中略］この点から言へば、デクロリイの Center of intere《ママ》 に対してある不満が感じられる[67]

奈良は、「デクロリイの如く予め学習の種類が定められ課題的なもの」ではなく、「児童自らが分類をし系統立ててゆくものが大切」だとして、ドクロリー教育法では、児童に題材選択をさせていないことが不満だと述べている[68]。

一九二〇年代におけるこうした実践とその認識の変化から、奈良がドクロリーの教育原理をどのように理解していたのかについて考察を進めよう。

「全体化機能」の捉え方——全体としての「生命」の観察

ドクロリーの認知論の大きな特徴は、「全体化機能」と「興味の中心」理論にある[69]。「全体化機能」は、子どもの心理機能の特徴を表す概念であり、子どもの認識が、要素から全体を、単純なものから複雑なものを理解するといった分析的なものではなく、情動的要素の強い「興味」を媒介にして対象を自分にとって意味のある全体として捉えるという見方である。このような考え方は、全体としての「生命」の観察を重視した奈良の実践からも読み取れる。

ミノムシ、コホロギ、レンゲソー、ケムシ等のものは、自然の場所を生かして、それらの生活や本能や形態を観察させたいと思ふ。この観察も従来の理科教育にあつては、情意を忘れて物の姿を全体的にながめることがかけてゐた。［中略］

然し自然のまゝとして観察させる時は材料が少ないから、内容が貧弱となる。こゝに於て教室内に植木鉢、水槽等を用意し、全体的に観察実測させることが必要である(70)

奈良は、昆虫の生活は「理科」の中で一面的に学べるものではなく、「情意」に彩られた子どもの心の全体をもって「命」を観察する必要があると考えるようになった。秋田時代からベルクソンの生命思想や表現教育に精通していた奈良は、ドクロリーにふれる前から「全体性」に通じる思想を有しており、生命の本質である「表現」を重視したドクロリー教育法に親近感を抱いたであろう。彼は、「生活」を生命の連続的な活動と捉える動的な哲学観によって、ドクロリーの「生活教育」を理解したと考えられる。したがって、奈良の生命観や生活観はドクロリーのそれに類似したものであったといえるだろう。

「興味の中心」理論と「観念連合プログラム」の理解

一九二〇年代の奈良の著作には、「興味」そのものの概念や意義への言及はほとんどない。先にみたように、奈良は「中心題材学習」の構想に「興味の中心」理論を用いたと述べ、児童による「自由」な題材選択を主張している。

そのために、実践現場においては児童の日誌から彼らの興味を探し出したり、児童の行動を観察することで彼らの微細な変化から関心の推移を見出すことに努力しているが、その理論的意義を追究するような興味研究の記述はみられない。彼は、*The Decroly Class* には書かれていなかった、興味を媒介とした子どもの知的認識形成論、いわゆるドクロリーの「心の発生」理論については理解していなかったと思われる。

ドクロリー学校においては、ドクロリーの「興味の中心」理論に基づく「観念連合プログラム」というカリキュラムの原理によって実践が組み立てられている。同校の第三学年以上では、人間の本質的な四つの欲求（食物、保護、防御、労働）の中から一年に一つのテーマを設定して、七つの環境領域（家庭、学校、社会、動物、植物、鉱物、天体）からアプローチを行うプロジェクト学習が展開される。それぞれのプログラムは「観察（observation）」「連合（association）」「表現（expression）」という三つの活動で構成され、子どもの興味が「複中心から単中心へ」に向かうとした「興味の発達」理論に基づいてより分析的なアプローチに進んでいく。奈良は、観念連合プログラムに倣って三年生以上に、合科学習をより分科的に展開した中心題材学習を考案した。その学習の展開は「観察→表現→発表と反省」の順で進めることを目安とし、それを学習の「システム」と呼んでいる。[71] ただし、彼のいう「システム」とは固定された形式的なものではなく、「学習の原案」を意味している。その学習過程で最も重要なことは、「児童の一切の表現を有効に価値づけること」とされている。教師は児童の表現から価値を看取り、それを連続的に発展させていくような学習活動へ導く必要がある。その際に奈良が適用したのが「デクロリーに由来」[72]する「聯想」（アソシエーション）の原理であり、それは「学習のエンリッチメント」のために大変役に立ったという。彼は、アソシエーションが「時間的立体的」に働き、児童の活動意識が歴史的分野、地理的分野などに「連結」されていくと考えており、アソシエーションが学習を深化させる「作用」（機能）であると把握している。[73] そして、奈良の実践では、中心題材によって学習を教科書の内容と「連関させる」ことができ、やがて教科書は必要なものと実感される。このことを奈良は、「連綜《ママ》によって教科書が生かされる」と説明している。[74] つまり、奈良にとって観念連合プログラムは、合科から分科を生じさせる単元構成の原理だったのである。

観念連合プログラムに対する奈良の理解は、ドクロリーが重要視した「連合」（アソシエーション）の概念を学習の「段階」としてだけではなく、学習を連続的に発展させるための「機能」とみた点に特徴がある。彼が *The Decroly Class* からこのことを理解できたのは、学習を問題解決の過程と捉えていたからであろう。奈良は、「自主性」や「社会性」の養成のために、疑問（問題）やその解決の「見つけ方」を学ばせることを重視している。[75] 秋田時代に千葉命吉に触発されて「問題解決法」に関心を持った奈良は、[76] その後奈良女高師附小の題材中心学習やコンプレックスシステムの「単一問題法」、リンカーンスクールの「作業単元」などの実践情報から、プロジェクト法によって単元を展開する方法を学んでいた。[77] それは、「どうやって児童の感情生活と環境を結びつけ、環境を創造する力をつけるのか」という問題が、表現教育に端を発する奈良の一貫した実践課題だったからであろう。その課題解決のために、奈良はさまざまな新教育情報を研究し、試行錯誤を繰り返しながら自身の生活単元を開発した。ドクロリー教育法は、その際の主要な実践情報としてだけでなく、彼の生活単元の原理や有効性を説明するためにも用いられたのである。

こうした奈良によるドクロリー教育法の受容には誤解がみられることも指摘しておかねばならない。第一に、題材選択の方法についてである。先述のように、奈良はドクロリー教育法における題材選択の方法に「不満」を呈していた。彼は、ドクロリー教育法では予め教師が課題を決定することになっていると理解していたからである。ドクロリー教育法では必ずしも教師が題材を決定していたわけではなく、むしろ児童が自身の作業課題を自由に決定することとされていた。

第二に、「学級プロジェクト」のような大きな共同作業は行われないと考えていたことである。奈良は、合科学習の総まとめとして、ドクロリー学校にはない「学級プロジェクト」を考案したと回顧している。[78] 一九三〇年代に入ると奈良は、学習の目的達成のために「観察→記載→連想→構成」という学習段階を「道標」として設定し、作業による「構成」の段階に「学級プロジェクト」を取り入れている。それは、「社会中心のかげが薄い」[79]とドクロリー教育法に不満を持っていた奈良が、生徒集団の共働を重視したコンプレックスシステムの「学級構案（class project）」に共感したからであろう。コンプレックスシステムにおいては、「興味の中心」にとどまらない「生活活動の中心」に基づいて、全学年で「人生と自然・社会・労働」の三項目に関する問題中心の単元学習（unit problem system）が行われる。奈良は、コンプレックスシステムの単元展開法として用いられた集団的プロジェクトを特に重視したが、ドクロリー教育法においても集団によるプロジェクト活動は展開されている。

おわりに

本章では、奈良による「中心題材学習」の開発過程におけるドクロリー教育法導入の経緯やその役割を明らかにしてきた。奈良はドクロリー教育法を、低学年の合科学習から分科へ移行する過程の中学年から導入していた。富士小に赴任する以前から生命主義に基づく総合的な表現教育の実践に着手していた奈良は、ドクロリー教育法に親近感を持ち、「興味の中心」や「全体化機能」を原理とした実践に共感したとみられる。ただし、奈良が読んだ *The Decroly Class* はエルミタージュ校における実践事例の解説書であり、この書だけではドクロリーの興味概念や世界観といったドクロリーの教育思想を理解することは不可能である。そのため、*The Decroly Class* に記述されていないことについては誤解した部分があったことは否めない。しかしながら、奈良がドクロリーのカリキュラム論である「観念連合プログラム」の原理をかなりの程度理解できていたことに注目すべきであろう。

奈良が一九三〇（昭和五）年に発表した「生活創造の学習システム」の構想では、「システム」は「教師の頭」の中にあって「参考」とすべきものであり、児童によって「創造」されるものと説明されている[80]。そのシステムの重要な要素は、第一義的には「システムその者の直接的創造」、第二義的には「学習歴史による系統」であり、後者は前者の当然の帰結として生じるという。奈良の「学習システム」論には、教師が予定する学習のプランとそれを経験することによって生じる学習履歴としての「カリキュラム」の発想を認めることができる。彼は一九二〇年代の実践研究を通して、自身のカリキュラム思想を形成していたのである。

最後に、奈良の実践研究の特質として、積極的な人的交流の拡大がそれを促していたことを指摘しておきたい。師範学校時代から、人間や社会に対する好奇心が旺盛であった奈良は、哲学や社会学など広い視野から日本の教育の問題構造を把握することに努め、校外の研究会や講習会に積極的に参加していた。富士小の学校改革に携わるようになってからも校内における協働的な研究態勢の組織化を主導すると同時に、近隣の小学校や浅草区の教育会、民間の教育団体や学術団体の研究会に参加し、さまざまな人脈を通じて貪欲に新教育の実践情報を収集・発信している。このような地域や学閥、社会的立場を超えた研究ネットワークは、奈良のような公立小学校の教師にとって自己改革を促す重要な存在であったと考えられる。彼らの実践思想や力量形成のプロセスを解明するためには、こうしたネットワークの中で行われていた協働的な研究の実態を明らかにすることが必要である。現在の教育改革においても教師の実践力向上のための条件整備が問題となっているが、そうした教師教育の課題にアプローチするためにも、教師のネットワークが果たす役割に関する歴史的考察は有益である。今後は、大正新教育期の実際家たちがどのようにネットワークを構築し運営していたのか、そこで行われていた研究の実態を明らかにできるような事例研究を蓄積する必要があるだろう。

〈付記〉

本研究の遂行にあたり、奈良公夫氏と故上沼舜二氏には何度も調査にご協力を頂き、奈良寿氏のご遺族からは貴重な文献のご寄贈を受けた。また、コロナ禍のため資料調査が困難な中で、東京学芸大学附属図書館情報リテラシー係をはじめ、鹿角市芸術文化協会、鹿角市生涯学習課、鹿角市立図書館、秋田大学附属図書館の方々に大変お世話になった。度重なる問い合わせや依頼に対して丁寧にご対応いただき、多大なご支援を賜った。記して謝意を表したい。

註

（1）近年、明石女子師範学校・東京女子高等師範学校・奈良女子高等師範学校の附属小学校など、学校を挙げて生活単元の開発を行った事例の実態解明が進められたことで、大正新教育運動におけるカリキュラム改革の意義が再評価されるようになった。

（2）中野光『大正自由教育の研究』（黎明書房、一九六八年、二七〇頁）など。

（3）「実際家」の登場や彼らの教育学に対する意識の変容については、拙稿「「実際家」たちの大正新教育」（『文献資料集成大正新教育』第二〇巻「解説」日本図書センター、二〇一七年、三一四―三四六頁）、および橋本美保・遠座知恵「大正期における教育学研究の変容」（『教育学研究』第八六巻第二号、二〇一九年、二八―四〇頁）に詳しい。

（4）鈴木そよ子「富士小学校における教育実践・研究活動の展開――昭和初期公立小学校の新教育実践――」『東京大学教育学部紀要』第二六巻、一九八七年、二五一―二六〇頁、同「公立小学校における新教育と東京市の教育研究体制――一九二〇

年代を中心に――」『教育学研究』第五七巻第二号、一九九〇年、一三一―一二二頁。

（5）同前鈴木論文、および渡邉優子「東京市富士小学校におけるカリキュラム研究の特質――校長上沼久之丞の果たした役割に着目して――」（『カリキュラム研究』第二一号、二〇一二年、一五―二七頁）など鈴木・渡邉による一連の研究のほか、谷口和也『昭和初期社会認識教育の史的展開』（風間書房、一九九八年、二八六―三二三頁）など。

（6）鈴木そよ子「富士小学校の授業改造と奈良靖規の実践」『教育方法史研究』第二集、東京大学教育学部教育方法学研究室、一九八四年、一―一九頁。

（7）奈良靖規の生涯や事績については、奈良寿の聞き取り調査に基づく以下の文献に拠った。奈良寿『鹿角人物誌』十和田史談会、一九九一年、鹿角市編『鹿角市史』第三巻下、鹿角市、一九九三年、第八章。

（8）「感想録」秋田県師範学校編『創立六十年』附録、秋田県師範学校、一九三三年。

（9）千葉命吉は一九〇六年に秋田師範を卒業し、同年から一九一四年三月まで同校附属小学校の訓導を勤めた。奈良は「東京へ出る前千葉先生の「創造教育の理論及実際」によってはじめて問題解決法なるものを知った」と語ったという（奈良寿「教育通信」その三、［一九七〇―一九七五年］、未公刊）。

（10）奈良靖規「低学年教科書なしの教育法覚え書き」前掲『教育方法史研究』第二集所収、一五七頁。

（11）奈良公夫「わが父奈良靖規」『芸文かづの』第二四号、鹿角市芸術文化協会、一九九八年、九頁。

（12）前掲『鹿角人物誌』六四頁。

（13）前掲奈良公夫論文、九頁。他にも、曲田校長から西田幾多郎の『善の研究』を勧められて読んだことを振り返り、「文字は読めても内容がわからず、ただ何となく心が引かれたので、曲田氏と別れた後も西田氏の「自覚に於ける直観と反省」を愛読し、何度も繰り返し読んでいた」と述べている。西田の思想を理解できるようになったのは、一九三〇年代後半に崎門学を修めるようになってからだという（奈良靖規「随筆」『教育経営研究』第八巻第一・二合併号、一九八〇年、九二―九三頁）。

（14）奈良靖規「低学年教育法とその反省」前掲『教育方法史研究』第二集所収、一三一頁、および前掲奈良寿『鹿角人物誌』九〇頁。

（15）同前奈良靖規論文、一三一―一三二頁。

(16) 同会の結成と活動については、秋田県教育委員会編『秋田県教育史』第六巻通史編二（秋田県教育史領布会、一九八六年、八七一―八八頁、二二五―二二六頁）を参照。

(17) 奈良靖規「わたしはこう歩んだ」『教育あきた』一六九号、秋田県教育委員会、一九六三年、一二一―一二三頁。

(18) 藤井吉次郎「附属生活の思ひ出」前掲『創立六十年』附録「感想録」八四頁。

(19) 前掲『秋田県教育史』第六巻、八八―九〇頁。県市当局による対応については、小泉善蔵「思ひ出す事など」（前掲『創立六十年』附録「感想録」七八頁）を参照。

(20) 前掲奈良「わたしはこう歩んだ」一二三頁。

(21) 早稲田大学大学史編集所編『早稲田大学百年史』第三巻、早稲田大学出版部、一九八七年、五〇四頁。

(22) 前掲奈良「低学年教育法とその反省」（一三〇頁）、および註（13）を参照。

(23) 前掲『鹿角市史』第三巻下、三七〇頁。

(24) 青年教育者同志会第二回講習会における児童の自由画展覧会については、長瀬達也「秋田県自由画教育の研究（三）――発展過程と特色――」（『美術教育学』第二八巻、二〇〇七年、二八三―二八六頁）に詳しい。

(25) 前掲奈良「わたしはこう歩んだ」一二三頁。

(26) 同前論文、一二三―一二四頁。

(27) Bonnie E. Snow, Hugo B. Froehlich. *Industrial Art Text-books: A Graded Course in Art in its Relation to Industry.* New York, The Prang company, 1915.

(28) 前掲奈良「わたしはこう歩んだ」一二四頁。

(29) 奈良公夫氏は、父靖規から「美はこの二側面から成り立つこと、その立場から『美の教育』を創刊したこと」について何度か話を聞いたという（奈良公夫氏への聞き取り、二〇一五年五月一三日、二〇二一年八月一一日）。靖規はこうした考え方を、一九二三年一〇月に秋田県教育会が主催した「全県図画研究会」において、「図案教授の研究」という題目で発表したとみられる（長瀬達也「秋田県自由画教育の研究（六）――「全県図画研究会」の詳細――」『美術教育学』第三二巻、二〇一一年、三二九頁）。

(30) 前掲奈良「わたしはこう歩んだ」一三頁、前掲『鹿角市史』第三巻下、三六九―三七〇頁。
(31) 同前『鹿角市史』第三巻下、三七〇頁。
(32) 新教育研究会は一〇月二二日から二五日までの四日間開催された。同会の様子を報じた『教育週報』の「新教育研究会議事録」によれば、奈良は「自我発展を基調とする音楽教育は結局生命への教育であると説」いたという(『教育週報』第二四号、一九二五年一〇月三一日、四頁)。
(33) この研究会の発表内容は、『私たちの学校と其研究』(『教育問題研究』臨時増刊、文化書房、一九二六年三月)に収載されている。奈良の発表内容についての引用は同書(二三四、二三八頁)による。
(34) [奈良靖規履歴書]「教員任用ノ件」(「市立学校職員」冊の二一)、大正一四年(東京都公文書館蔵)。
(35) 前掲奈良「低学年教育法とその反省」一四一頁、前掲奈良寿「教育通信」。
(36) 富士小のカリキュラム改革を支えた研究態勢、および上沼の学校経営の特質については、拙稿「大正新教育期富士尋常小学校のカリキュラム改革と学校経営――公立小学校長のリーダーシップと教師の協働――」(『カリキュラム研究』第二九号、二〇二〇年、一五―二七頁)を参照されたい。
(37) 富士小のカリキュラム改革にみる教師の関係性と協働の実態については、同前拙稿において考証した。
(38) 入澤宗寿『合科教育原論』明治図書、一九三九年、七〇頁。
(39) 上沼久之丞編『富士の教育』Ⅱ、東京市富士小学校内学習指導研究会、一九二九年、五九頁。
(40) 入澤宗寿『新教授法原論』教育研究会、一九二二年。
(41) 前掲奈良「低学年教科書なしの教育法覚え書き」一四九―一五〇頁。奈良は富士小在任中に木下竹次や北澤種一から、度々引き抜きの勧誘を受けたという(大高常彦「曠野を拓いた人々」『台東区教育の研究』第一集、東京都台東区立教育研究所、一九七七年、二二頁)。
(42) 前掲奈良「わたしはこう歩んだ」一三頁。
(43) 上沼久之丞編「日本新教育学校表」『教育時論』第一五八二号、一九二九年、一二―一六頁。この調査結果は入澤と小林澄兄によって翻訳され、羽仁もと子らが New Education Fellowship に届けたという(奈良靖規「小林先生と新教育」『教育

新時代』第四六号、一九七一年、三四頁）。

（44）東京市富士尋常小学校・富士小学校学級保護会『紀元二千六百年教育勅語渙発五十年本校創立四十年記念誌』一九四〇年、一一頁。

（45）職員票は、「職員の研究発表題目、指導研究科目、視察方面、受講題目、無欠勤、表彰講演等を年度別に記入するカードで、職員の研究的方面の生活歴史を発展的に眺められるもの」であった（前掲『富士の教育』Ⅱ、五頁）。

（46）〈図1〉は、「研究発表総覧」（上沼久之丞編『生活学校富士の教育』東京市富士小学校内学習指導研究会、一九三三年、三一五—三二八頁）をもとに、筆者が作成した。

（47）前掲鈴木「富士小学校の授業改造と奈良靖規の実践」一—一九頁。

（48）同前論文、八頁。

（49）前掲奈良「低学年教育法とその反省」一三一頁。

（50）池内房吉『実験合科学習』目黒書店、一九二四年、九—七二頁。

（51）前掲鈴木「富士小学校の授業改造と奈良靖規の実践」一二—一七頁。

（52）前掲池内書、四四頁。

（53）鶴居滋一『合科学習の実施と其の一般化の研究』東洋図書、一九二六年、三〇一—三一〇頁、四四五—四五八頁。

（54）前掲奈良「低学年教育法とその反省」一四〇頁。

（55）伴安丈『教育一筋に生きる』一九八三年、八二頁（私家版）。上沼が送った書籍は、Amélie Hamaïde. *The Decroly Class: A Contribution to Elementary Education* （Translated by Jean L. Hunt）のロンドン版（London/Tronto: J. M. Dent & Sons Ltd., 1925）であったと思われる。

（56）拙稿「上沼久之丞によるドクロリー教育法の紹介——大正新教育期公立小学校長のリーダーシップ——」『東京学芸大学紀要』総合教育科学系Ⅰ、第六九集、二〇一八年、一—一四頁。

（57）上沼が渡航前に作成した「調査事項15.7.19」と表紙に書かれたノートには、視察中の調査事項について相談した記録があり、特に奈良と谷岡から多くの要望が出されている。

(58) 前掲鈴木「富士小学校の授業改造と奈良靖規の実践」三頁。
(59) 小林茂「追憶」『実際の理論化』第七輯、東京市富士小学校内学習指導研究会、一九三三年、六頁。
(60) 奈良靖規「生活としての文字と新児童文芸の建設」『教育時論』第一五二九号、一九二七年、一七―二一頁。
(61) 奈良靖規「低学年国語教育の破壊と建設（四）」『日本新教育』第一巻第四号、一九二八年、七頁。
(62) 一九二八年三月に『労農ロシヤの教育制度』（松山止戈訳）と題する同書の邦訳が刊行されている。
(63) 奈良靖規「新思潮を基調とする国語教育の実際」『教育時論』第一五五七号、一五五八号（連載）、一九二八年。
(64) 同前論文、第一五五八号、六―七頁。
(65) 奈良靖規「新教育による尋四の学級経営」『教育時論』第一五八三号、一九二九年、三四―三七頁。
(66) 同前論文、三五頁。
(67) 奈良靖規「生活による修身教育」『帝都教育』第四五号、一九二九年、五〇頁。
(68) 奈良靖規「稲の学習の展開に対する紹介」『帝都教育』第五一号、一九三〇年、二三―二四頁。
(69) ドクロリーの認知論・教育論については、田中智志「ドクロリー教育思想の基礎――全体化と生命――」（橋本美保・田中智志編著『大正新教育の思想――生命の躍動――』東信堂、二〇一五年、六二―八八頁）、ドクロリー著・斉藤佐和訳『ドクロリー・メソッド』「解説」（明治図書、一九七七年、二四七―二五七頁）、Francine Dubreucq, "Jean-Ovide Decroly" (*Prospects*, vol. 23, no. 1/2, 1993, pp. 249-275) に詳しい。本章では、ドクロリー学校の実践の詳細については割愛した。その特質については、遠座知恵・橋本美保「大正新教育の実践に与えたドクロリー教育法の影響――「興味の中心」理論の受容を中心に――」（『近代教育フォーラム』第二三号、二〇一四年、二九八―二九九頁）を参照されたい。
(70) 奈良靖規「新教育による尋四の学級経営（二）」『教育時論』第一五八四号、一九二九年、二六頁。
(71) 奈良靖規「新教育による学級経営の要諦（一）」『小学校』第四八巻第三号、一九二九年、六六―七〇頁。
(72) 前掲奈良「低学年教科書なしの教育法覚え書き」一四六―一四七頁。
(73) 前掲奈良「新教育による尋四の学級経営」三七頁、同「生活の修身学習に於けるシステムの考察」『学習研究』第九巻第六号、一九三〇年、四六頁。

(74) 前掲奈良「新教育による学級経営の要諦（一）」六九頁、同「新教育に対する宣言」『日本新教育』第二巻第一号、一九二九年、三頁。
(75) 同前「新教育による学級経営の要諦（一）」六八頁。
(76) 註（9）を参照。
(77) 一九三〇年頃から、奈良はデューイやコロンビア大学の実験学校リンカーンスクールの「作業単元」（unit of work）についても言及するようになった。富士小の研究報告『富士の低学年教育』（東京市富士小学校内学習指導研究会、一九三二）にはリンカーンスクールの作業単元に関する資料が訳出されており、同校でその原理に関する研究が行われていたことがうかがわれる。
(78) 前掲奈良「低学年教科書なしの教育法覚え書き」一五九―一六〇頁。
(79) 奈良靖規「社会改造の合科学習」『小学校』第五〇巻第三号、一九三一年、八五頁。
(80) 前掲奈良「生活の修身学習に於けるシステムの考察」四九頁。

第11章　池袋児童の村小学校における「道徳の創造」

――創設期「相談会」の実践を中心に――

香山　太輝

はじめに

問題意識と本章の目的

情報化やグローバル化の進展にともなって価値観の多様化が進む中、道徳教育においては、特定の価値や規範を子どもたちへと伝達するものから、子どもたち自身が協働的な活動を通して新たな道徳的価値を創造していくものへと転換していくことが求められている(1)。こうした要請に応えるべく、問題解決的な学習や体験的な学習を導入した授業方法の開発が進められている(2)。しかしながら、そもそも子どもたちによる道徳的価値の創造とは、教育実践の中のどのような瞬間に見出されるものなのだろうか。教育実践の現場は極めて複雑な様相を呈している。こうした教育の実際的な状況に身をおく教師＝実際家たちは、はたしてどのような瞬間に、子どもたちによる道徳的価値の創造を見出すのだろうか。

歴史を振り返ると、価値伝達的な道徳教育から、価値創造的な道徳教育への転換を試みる取り組みは、大正新教育期にすでに見出すことができる。本章では、同時期における道徳教育の実践事例に着目し、具体的な取り組みの内容とその背景にある教育の実際家たちの道徳教育をめぐる思想や姿勢について検討する。このことを通して、前記の問題に応答することを本章の目的としたい。

本章の課題と方法

明治期以来の道徳教育は、教育勅語に基づく諸徳目を教授する修身教授を中心として行われていた。こうした中で大正新教育期の実際家たちは、道徳的知識を形式的に教え込むことでは子どもたちの道徳性を育むことができないと考え、生活の中で経験的に道徳性を学習させることを志向した。(3) 話し合い活動を通じ、学校生活上で生じた問題を、子どもたち自身が解決していくことを目指した自治会活動はその一例として知られている。(4) なかでも、一九二四（大正一三）年四月に教育の世紀社という民間教育団体によって設立された池袋児童の村小学校（以下、児童の村）は、教師による強制を厳しく制限し、子どもたちによる自治を徹底して重んじた学校として知られている。(5) 興味深いことに、同校で主事を務めた志垣寛（1889-1965）は、子どもたち同士のやり取りの中に「道徳の創造」と呼べる営為があるとしている。(6) 後述するように、子どもたち自身に学校生活の秩序形成を委ねるには、一時的な混乱状況を引き受けなければならなかった。はたして、混乱極まる学校生活の中で児童の村の教師たちはどのような子どもたちのやり取りに「道徳の創造」を見出し、それに向き合ったのだろうか。

児童の村における教育実践については、とりわけ同校の教師の一人である野村芳兵衛（1896-1986）に注目した先行研究によって検討されてきた。子どもたちが主体的かつ協働的に生活上の「約束」を結ぶことや、「運動会」や「学校劇」などの計画や運営をしていくことを、野村は後年振り返って「仲間作り」と表現している。先行研究は、児童の村における道徳教育がこうした「仲間作り」の実践を通して展開されていたことを明らかにしてきた。(7) しかしながら、従来、前記のような活動と子どもたちの道徳性を育むこととがどのように結びつくのか、いいかえれば、活動の中での子どもたち同士、あるいは教師との関わりの中でなされたやり取りの実態や、そのやり取りがどのようにして道徳的価値の創造へと結実していったのかが十分に分析されてこなかった。

その要因は、先行研究が、『文化中心修身新教授法』（一九二五）や『新教育に於ける学級経営』（一九二六）といった、児童の村での教育実践とその基盤となる思想が体系的にまとめられた野村の著作に大幅に依拠し、これらが発表されるまでの開校一年目の時期（以下、創設期）の試行錯誤の実態の分析が不十分であったことにあると考える。

創設期の児童の村では、時間割や教科目などの、子どもたちの自己活動を制限してきた学校の既成秩序を解体するという大胆な実験が試みられ、その結果、学校生活は混乱を極めた。この時期を回顧した校長の野口援太郎（1868-1941）は、「昨年の四月十日に学校を始めて開いた当座は、子供の元気は大したものであつた。［中略］この間の私共の苦心は並大抵ではなかつた。然るに第二学期の始めから追々とこの状態は変化して来た。そして何日の間にか学校には秩序が出来て、子供達の間に本当の社会が生れて来た」と述べている[8]。この時期を乗り越えた後に、野村をはじめとする児童の村の教師たちは独創的な時間割やカリキュラムを組織化していくこととなるのだが[9]、野口の発言をふまえれば、この創設期の試行錯誤の実態を検討することでこそ、子どもたち自身の手によって道徳的価値がつくり上げられるプロセスやそれに対する教師の働きかけを考察するうえでの示唆が得られるのではないだろうか。

そこで本章では、児童の村創設期に焦点をあて、この時期に子どもたちがどのようにして集団の秩序を形成していたのか、またそれを教師たちがどのように受け止め、働きかけていたのかを検討することを課題とする。その際には特に、子どもたちが生活上の問題を話し合う場として設けられていた「相談会」に注目する。その理由は、この「相談会」を中心とする子どもたちによる秩序形成の過程にこそ、先述した「道徳の創造」と呼ばれる営為が見出されているからである。[10]

以下ではまず、教育の世紀社同人や児童の村の教師たちが抱いていた道徳教育に関する問題意識と方針について確認する。次に、創設期に学級主任を務めていた野村、平田のぶ（1895–1958）、および学級主任であり主事を務めた志垣らによる記録に依拠しながら、創設一年目の児童の村での学校生活の概要を確認し、「相談会」の特徴を他の学校で実践されていた「自治会」と比較しながら整理する。そのうえで、「相談会」の実践報告を取り上げ、教師たちがどのような状況を指して「道徳の創造」と表現していたのかを検討する。最後に、「相談会」を中心とする道徳教育実践に取り組む際に教師たちが抱えていた葛藤に注目し、それを乗り越える際に彼らがどのような姿勢で子どもたちと向き合っていたのかを明らかにする。

1　問題意識と児童の村における道徳教育の方針

修身教授を中心とした道徳教育に対する教育の世紀社同人たちの批判はまず、徳目を形式的に押し付ける傾向に対して向けられていた。野口は、「道徳上の知識の推売り」は「効果」をもたらさないばかりでなく、かえって子どもが「道徳に反抗する」結果を招くことになり、むしろ「実際生活上に於て由々しい弊害を来たす」と述べる。道徳を「苦しいもの、嫌なもの」と思わせることなく、「自他共に安穏に生活し得る」ために必要なものとして受け止めさせるには、「子供達の必要に応じて少しづゝ啓発自覚」させなければならないという。[11] 志垣も同様に、「形骸のみ」の知識を伝達することに終始する修身教授は「無意味」であり、「すべては内よりの欲求に従ふ事だ。外よりの強制、外よりの誘惑、外よりのくつつけでは何にもならない」と述べる。[12] 両者とも、子ども自身の「必要」や「欲求」と無関係に価値や規範を押し付けることに問題意識を持っていた。

野村は、修身教授だけでなく、訓練について類似する問題点を指摘していた。子どもの訓練を行う際には、「抽象的に定められた原則といふやうなものを前提として総ての行為を其の尺度で一律に評価せやうとしたら、飛んだ間違を起すことになると思ふ」と述べている。彼は、異なる個性を持った子どもが個別的な状況で行う行為の善悪を、既存の道徳的価値に照らして杓子定規に判断することはできないと考えていた(13)。こうした発想のもとで、修身教授を行う際にも、その教材は「子供そのものゝ生活と教師そのものゝ生活から取りたい」（傍点原文ママ）と述べ、道徳教育を生活と連続したものにする必要性を訴えていた(14)。

現状の道徳教育に代わる「徳育改善の方法」として、野口は、「修身科」の時間を確保するよりも、「出来得る限り児童生徒を自由の境遇に置くこと」が重要であると考えていた。たとえば、「運動会や、学芸会や、学校劇」など、子どもが「興味」を持ち、「しかも協同一致の力」や「工夫創作の力」を必要とする活動を、子どもたち自身に「計画実行」させるべきで、このような活動が子どもたちにとっての「道徳の実習場」となるのだと述べている(15)。この発言は、一九二四年七月号の雑誌『教育の世紀』に掲載された記事に見られるものであり、校長である野口が、開校当初から子どもたちの協働的な活動を道徳教育の基盤にしようと考えていたことが窺える。

野村の回想によれば、実際に、開校当初から子どもたちの「自治活動」は児童の村における「教育の本流」として位置づけられていた。しかし、ここでいう「自治活動」とは、野口が述べたように子どもたちが計画を立て、それを実行するといったような組織的なものではなく、「子どもの一人一人の自由を尊重するということから、個人主義的」なものだったという(16)。では、この時期の「自治活動」とはどのようなものであったのだろうか。

2　子どもたちの共同生活と道徳教育の位置づけ

まず、志垣による実践報告をもとに開校当初の学校生活の様子を概観したい。児童の村では「始業終業の時間」が厳密に定められておらず、子どもは登校と同時に自分で選んだ場所で、自分で選んだ内容の学習を始める。学習作業に共通の時間区分はなく、子ども自身が区切りをつけるまで一つの作業が継続された。そして、学習作業に「あき」を感じると、屋外に遊びに出たり、教室の中で「ふざけつこ」をしたり、教師に「話」をねだったりする。このように、子どもたちは個別の課題にそれぞれのリズムで取り組んでいた。(17)

子どもたちの個性を重視することは児童の村の教育方針の一つであった。(18)その方針を実現するため、各学級は一八～二〇名という少人数で組織されていた。(19)このように学級規模を小さくすることも同校の特色の一つとされていたが、一方でそれは「社会生活」を営ませていくうえでは「欠点」とも捉えられていた。野村は、小規模であることは「いろんな人格にふれることが不充分」であると考え、この欠点を補うべく、「部屋の開放、全校一しよの遠足、おきやくごつこなどいろいろの方法」によって学級を超えた子ども同士の関わりが生まれるような配慮を施した。(20)

こうした配慮の成果もあり、子どもたちは学級を超えて積極的に交流を持つようになっていった。野村による一九二四年五月六日の実践記録には、野村の担当している学級の子どもたちが、志垣の担当する学級の子どもたちと「喧嘩」をしたという記述がある。このことについて野村が子どもたちに尋ねると、それは「喧嘩」ではなく「戦争ごつこ」という遊びだったという。(21)「戦争ごつこ」はその後、他の学級の子どもも巻き込みながら約一年間にわたって継続された。志垣はこの「戦争ごつこ」を「児童たちだけの共同生活」、そして「学校の生活科」とみなし、子どもたちの人間形成上重要な役割を果たしたものとみなしていた。なぜなら、「戦争ごっこ」という遊びは、それを起点としてさまざまな学習活動へと展開していたからである。たとえば、戦争の武器としての「槍」を作ったことは「手工」に、「軍記ものをよみ且きいた事」は「国語」や「歴史」に、オリジナルの「軍記もの」を書いたことは「綴方」とみなすことができると説明されている。(22)

そして、本章の課題に照らして着目すべき点は、「戦争ごっこ」の中で生じた数々のトラブルをめぐる子どもたちの間でのやり取りを、志垣が「修身」とみなすことができると述べている点である。「戦争ごっこ」において子どもたちは、「棒ぎれをふり廻す」、「土塊」や「石ころ」を投げるなど危険な行為に及ぶこともあり、ある日には隣接する煙草屋のショーウィンドウを壊してしまう事件にまで発展する。(23) しかし、注目すべきことに教師たちはこの遊びを禁止しなかった。これは、「子供の意志を強制束縛する」ことをしないという児童の村における訓練の方針によるものと考えられる。(24) 教師たちは子どもが没頭している「戦争ごっこ」を頭ごなしに禁止することはできなかった。ただし、トラブルが放置されることはなかった。「戦争ごっこ」の危険性を訴える他の子どもたちによって、その是非が問われたのである。そうした問題提起と議論の場として「相談会」が設けられた。この「相談会」での議論を契機として、子どもたちは、「他人に迷惑」をかけないように「遊び方を工夫」し「戦争ごっこ」を発展させていくこととなる。こうした一連の出来事を、志垣は「修身」の学習としてみなすことができるというのであった。(25)

3 「相談会」の特徴と「道徳の創造」

「自治会」活動批判にみる「相談会」の特徴

管見の限り、「相談会」に関する記録の最も早いものは、「戦争ごつこ」がはじまった数日後の五月一三日に野村によって記された実践記録の中に見出すことができる。[26] 平田によれば、当初「相談会」は月に一度ほど不定期で行われていたが、[27] 一九二五年三月に上梓された野村の著作においては「学校全体でも毎週一回位やる」とされており、[28] 実施頻度があがっていることからこの活動が重要視されていたことがわかる。そして平田は、「相談会」を「窮屈な反省会的なものでもなく、味のない会議式の様なものでもありません」と説明している。[29] この説明の背景には、当時、他の学校で広がりをみせていた「自治会」に対する問題意識があった。児童の村の教師たちは、一般的な「自治会」と対比しながら児童の村における「相談会」の特徴を説明しており、その特徴は以下三点にまとめることができる。

①生活との連続性

志垣、野村、平田の三名は、一九二五年一月三一日から二月一日にかけて福島県師範学校附属小学校を訪ね、同校の教育実践を視察している。志垣は視察中、ある学級で「自治会」が行われているのを見学し、その感想として、「討議の問題に就て今少し子供が真剣にならねばウソだ。子供は自分たち自身の生活問題に即する事であるならば、そしてそれが深刻に自分の上に迫つてくるものであるならば、やはり口角泡をとばして議論すべきだと思ふ」と述べている。[30] 議論の内容と子どもたちの生活の連続性を問う視点からの批判である。児童の村の場合、「相談会」はそもそも子どもたちの共同生活上で生じるトラブルを取り上げるもので、より良い生活を実現しようとする取り組みの中で必然的に導入された実践であった。このようなプロセスを経て実施されるようになった点に、児童の村における「相談会」と、それを起点とした道徳教育実践の特徴を見出すことができる。

②忖度のない自己主張

志垣は一般的な「自治会」の問題点として、子どもが「全く教師のくわいらい［＝傀儡―引用者］」となってしまっている状況を指摘している。外見上、子どもの自治を尊重しているように見える実践であっても、実際には教師が子どもを「あやつつて」おり、子どもの方では「教師の気持をそんたくしてそれに迎合する事を事としてゐる」実態があるのだという(31)。平田も同様の批判意識を抱いていており、「よくあちこちの学校で流行してゐる自治会」は「教師が無形の黒幕の内にあつて操つてゐるに過ぎないといふ、あらはな教師専制よりも、もつと不快な、不自然な虚偽に充ちた世界と大差ないもの」であると述べている。意識的に口出しをすることはもちろんのこと、「無意識の内に出る」教師の言動までもが子どもを萎縮させ、正直な想いを口にだすことを阻むことがある(32)。対して児童の村の「相談会」では「教師はだまつてきいてゐる」のみであって、子どもたちの中に「教師の気もちとか、教師の考へとかを忖度したりして意見をのぶる」者はおらず、「みんな自分自分の信ずるところを卒直に大胆に勇敢に語りあふのみ」であったという(33)。

③「内なる規範」を育む議論

志垣は「自治会」と「相談会」との違いを、議論の主眼を何処におくかという点にも見出している。彼は「自治会」について、集団を組織的に成立させるための「規約」や「法の制定」、あるいはその「実行を督励する機関」であると説明する。これに対して「相談会」は、明確な議題を定めることや、議決を導き出すことよりも、子どもたちがその場でいいたいことを遠慮なく相手に伝え合うことを重視するものであるとする(34)。

野村も志垣と同様の観点で、「自治会」と「相談会」を区別する必要性を訴えている。彼は「私は小さいまだ経験の少い子供に、不自然に形の上の共同だとか同情だとか言ふ社会性を強いることは、決して正しい社会性の育て方ではないと思ふ」と述べ、「規約」を定めて共同生活の秩序を形成するための話し合いの場である「自治会」を批判する(35)。そして、「外なる規約によつて共同的に自治する法律生活」と、「内なる規範内《ママ》至純情によつて自己の生活を統一する道徳乃至宗教生活」とを区別する必要性を訴えている(36)。つまり、学校における自治的な活動は、たとえそれが、子どもが主体となったものであるとしても、子どもたちの「内なる規範」を育むものになるとは限らないというのである。そして、望ましい話し合い活動のあり方を次のように述べる。

> 相談会と言ふものを学校全体でも毎週一回位やるし、学級でも必要に応じてやつてゐるが、全く喋りたい者が、自分の感じを述べると言ふまでで、そこに決をとつて、その通り実行して行かうと言ふやうなものではない。全く他人の心持ちをきいて、理解しや《ママ》ふ雑談会なのだ。社会生活としてはこれが大切だと思ふ。他人の心持ちをきいてその上で自分らしい歩み方をして行く。それがうれしいことだ(37)。

①の特徴において述べたように、「相談会」で取り上げる話題は子どもたちが生活上で直面した問題であって、それを解決することは彼らにとって切実な課題である。しかし、形式的に「規約」や「法」を定め、それに従うことで問

題を解決していくやり方は子どもたちの「内なる規範」を育んでいくうえで望ましくないものとされていた。では、いったいどのような問題解決のあり方が望ましいものとされていたのか。次節では「相談会」の実践の様子を確認していきたい。

「相談会」の実践と「道徳の創造」

志垣は「相談会」における具体的なやり取りを報告している。以下に引用したい。


三の組のMと云ふ子は、この組の暴君である。さかんに弱いものをいぢめる。四つ這ひにさせてそれに跨る。云ふ事をきかぬ子があると眼をむいて叱る。その相貌に恐れてみんな従ふ。然も誰も抗議するものがない。ある相談会の日、一の組の大きい子yがそれをもち出した。

「Mは小さいものをいぢめるからいけない。」

真正面からの攻撃だ。するとその暴君ぶりに義憤をかんじてゐた子供たちが忽ちそれに和してMは四面楚歌の声だ。流石のMも慌うやつつけられては頭が上がらぬ。元来Mは暴君ではあるが頗る涙もろい感情的な子である。下うつむいて顔をあかくしてゐる。

「何ぜあんなにいぢめるのか。わけを云ひ給へ。」とみんなが云ふ。

そのわけなんかあるもんぢやない。あつた処で云へるもんぢやない。ひどくしよげてゐる様子をみると攻撃者たちも少し気の毒になつて来る。

Mの担任教師が嘴を入れる。

「Mちゃんは今心の中に何と思つてるでせうか？なぜだまつてる《ママ》でせうか。」

「もういぢめないと思つてると思ひます。」

「みんなが余り云ふもんだから悔しいと思つてゐます。」

批難した子も、かねていぢめられてゐた子もみんな急に態度が変つてMに同情してゐる。

それだけである。先生は何にも云はない。[38]

議題となったのは、弱い者いじめをする「M」の行動であった。この場面での教師の働きかけは、特定の規範に導こうとしたり、問題の解決へと導こうとしたりするものではなく、子どもたちが抱いている想いを言葉にすることを促すにとどまっている。注目すべきは、そうした率直な意見交換の結果として自分の振る舞いを省みようとする態度が、「M」のみならず、「M」を問い詰めていた周囲の子どもたちにも見られることである。「相談会」に関する記録にはしばしば、子どもたちが問題の解決を急がずに互いの想いをぶつけ合うことで、相互に自己を見つめ直す結果に至ったことが報告されている。そのことが顕著に示されているのが次の事例である。

　この事例も志垣によって報告されている。学級を超えた子ども同士の交流を図るため、教室を開放して出入りを自由にしていたことはすでに述べたとおりであるが、この出来事はそのような配慮によってこそ生じたトラブルであった。

　ある冬の日であつた。三の組の廊下は日当りがよくて風がないから一等暖い。そこで他の組の子供たちがそこへ日なたぼつこにくる。そしてしやべるもんだから三の組の子供たちは勉強の邪魔になる。その事を相談会にもち出した。困るからきて貰ひたくないと云ふのである。すると外の組の子供たちの云ひ分が面白い。君たちは困るだらうが、僕たちは大変い丶気持だ。僕たちの所は寒いんだからな。と云ふのである。

「人の困るのに何でい丶気持か。」

「い丶気持だよ。暖かいんだもの。」

「それでも僕たちは迷惑だよ。君たちがきてやかましく云ふもんだから勉強も何も出来ない事がある。」

「でも僕たちの処はとても寒いんだよ。」

「ウソ、そんなに寒かない。」

「いや、寒いよ。そいぢや代らうや。」

そんな相談がいつまでも続く。何時まで続いても際限がない。い丶加減な処で、先生の一人が云ふ。

「もうい丶、だらう。両方の云ふところもよく分つた。」

それで終りである。(39)


「相談会」において子どもたちは、このように互いの想いをぶつけ合う。ここでも教師は問題解決の方向性や道徳的価値を示すことはない。議論は平行線をたどったまま、結局解決をみずに終わり、「そのま丶流れて行く」のだという。(40)

その後、子どもたちはどのような行動をとったのだろうか。「三の組の子供たちは他の組の子供たちの寒さに対して若干同情の心」が起こり、「少し位は我まんしなくてはなるまいと考へる」。一方で他の組の子どもたちは、「なるほど三の組のものは困るだらう。全く迷惑に違ひない。余り行かないやうにしなければなるまい。行つてもさうやかましく云はないやうにしなくてはなるまいと云ふ気持になる」。このように、子どもたちは議論の終わった後で「思ひ思ひに自己を顧み探る」のであった[41]。

「相談会」では、教師によって価値が押し付けられることはもちろんのこと、子どもたちが問題を解決するためのルールをつくることも重視されていなかった。子どもたちはそのような「外なる規約」に従うことによってではなく、他の子どもの言葉にふれたことで各々が自分自身の行為を反省し、変えようとする。このとき、子どもたちの内面に「内なる規範」が形成されるものと考えられる。問題を解決するための共通了解が見出されることはないにもかかわらず、子どもたちはそれぞれの「内なる規範」にしたがって自らの振る舞いを改める。その結果として、子どもたちの共同生活はより良いものとなっていく。志垣はここに「共生生活への調和点があり、道徳の創造がある」と述べているのである[42]。

4　子どもたちに向き合う教師の姿勢

「相談会」を通じて子どもたちが見せる姿はときに、教師が有していた規範意識からはずれることがあった。この点に関して、野村は次のような出来事を報告している。

ある日の「相談会」で「あだな」に関して議論がなされることがあった。野村はその日まで「あだな」をつけることは「悪いものだと決めていた」のだが、友人を「あだな」で呼びかける心持ちを直接伝える経験を経ることで、子どもたちの間で「あだな」は「だんだんと親しみをあらわすものとして使われるようになって行った」という[43]。この記事においては、野村は既有の規範からは外れる子どもたちの姿を肯定的に捉えて記述している。しかし、実践の渦中にいた当時の彼にとって、束縛から解放され、思いのままに生活する子どもたちを受け入れることは困難な経験であった。

開校当初の野村は、「場所」、「時間」、「先生」、「教材」を選ぶ「自由」を子どもに認めるという方針に従おうと努めた。そうすれば、「子どもたちは、どんどん勉強をし出すにちがいないと、勝手に信じていた」のだ。[44] このときに野村が子どもに認めようとしていた「自由」とは、彼が望むように子どもたちが自ら進んで勉強に取り組む場合において認めることのできるものだった。しかし、その期待に反して、子どもたちは「鬼子をしたり、かくれんぼをしたり、キャッ、キャッ、キャッ、キャッと、子猿のように飛回」り、野村にとっては、「こんなことをやっていてよいのだろうかと、ゆううつな毎日であった」という。[45]

先行研究において指摘されてきたように、創設期の混乱状態において野村が経験した価値転換は、この点に関わるものであった。[46] 初年度の八月に敢行した「夏の学校」において、子どもたちが自然の中で生き生きと活動する姿をみるにつけ、「自然の中の子どもたちというものを、勇敢に認めるべきだということがわかって来た」という。[47] 彼は、彼の想定を外れる子どもの姿にこそ、子ども自身の生活があり、そこに独自の意義を認めるべきであると考えるようになった。

しかし、野村がこの時期に経験した価値転換は、子どもの生活に独自の意義を認めたことだけではなかった。この時期に彼は「子どもの生活を傍観していたり、そうでなかったら子どもの家来になってお使いばかりしている」自分を問い直し、「子どもの自由ばかり重んじているが自分の生活を無視している」ことに気づいたという。そして、「これでは私自身誠実に生きているともいわれないし、本当に子どもを信頼しているとも言われない」ため、「子どもの自由を認めながら、私の自由を要求していった」と述べている。[48]

たとえば野村は、子どもたちが喧嘩をしている際、「喧嘩の中から二人の願と純さをうるわしさを見出すことが出来るなら、先づ私たち自身の生活がどんなにか幸福となるだらう。その時二人の子供もきつと何かの光をみるであらう」とする。しかし一方で、「そんなことが私たちに出来ると思つてはいけない。やつぱり私たちは私を投出して子供の前に立ちたいものである」とも述べ(49)、次のような事例を紹介している。

何日だつたか覚えてゐない。AさんとKさんとの二人の女の子が席のとりやひ《ママ》でお意地悪をやつてゐた。私は不快な顔をKさんに向けて「嫌だなあ」と言つた。Kさんは少し赤くなつて「私も自分で嫌なんだけれ共、やつぱりお意地悪してしまふの」と言つた。そのことが私の心を非常に柔かにしてくれた。それから後私はKさんに対して、何でも思つたことを忠告してやるのに心持ちよくなつた。Kさんも心持ちよく私の語るのを聞くやうになつた(50)。

「相談会」において教師たちは、子どもたちを一定の価値に導こうとはせず、意見交換を促すことに徹していた。それに対し、Kとのやり取りにおいて野村は、自分自身の想いを押し殺さない。むしろKにそれを率直に曝け出している。ここで検討しておかなければならないことは、野村がどのような意図で自身の想いを曝け出そうとしていたかということである。野村とKとのやり取りについての記述は次のように続けられている。

私はよく思ふ。自分が子供に対して淋しさを感ずるのは子供がいたづらだとか悪いからだとか言ふのではないと思ふ。「あなたいけないじやありませんか」と言ふことが心持ちよく要求も出来たり「でも先生面白いんだもの」

と子供もやんちやが言へたりするならどんなに幸福であらう。
「誰が見ても許してくれるやうな叱り方」それが私と子供との間に出来るならと私は私の学級を思ふ度に念願する。(51)

ここからは、野村が、問題状況を打開するために子どもを思いどおりにコントロールしようとして叱っているのではないことを読み取ることができる。また彼は、AとKとのトラブルが解決されたのかどうかを語っていない。彼にとって重要だったことは、自身とKとの間に「心持ちよく」語り合うことのできる関係性を構築することだったのである。他者との関係性の構築については次のようにも述べている。

私は他の人たちと愛しやつて生きたい。しかし凡ての人々と手をとつて生きることはそんなに容易なことではない。私は真面目になつて、だうしたらあの人と和解できるかと考へるであらう。然しそれだけでは決して和解されないと思ふ。私が私を投出してその人の前に生きた時、その人と私とを結んで生かしてくれる力が私を越えて働きかけることを私は感ずる。それは私が二人を統一しやうと努力したのではない、又私の欲求を捨てたのでもない。私はたゞ私を投出しただけである。(52)

自由に振る舞う子どもたちの生活に価値を認めるということは、それを放任することや、傍観することとは異なる。容易に「和解」できない他者としての子どもを理解し、ともに生活するためには、教師も自身の想いを子どもに表明しなければならない。野村は子どもたちの間に成立していたものと同様に、教師と子どもとの間においても、率直な想いをぶつけ合える関係性を構築することによってこそ、互いを尊重したうえで共同生活を営むことができると考えていたのだった。

加えて野村は、「協力とか調和とか言ふ事実は型に於て妥協によく似て、然もその実感を異にするものである」と述べている。[53] 彼は両者の意味を区別して「調和」や「協力」を実現することを重視し、この点に度々言及している。[54]「妥協」は、「互に本当な理解がなく、又理解を求めようとする熱愛がない。そして互に外形的な合一に満足して、その中に自分勝手な利己を求めてゐる」状態を意味する。対して「調和」や「協力」は「友も生き自分も生き、共に協力して広大なる合一の世界を創造して行く喜びを実感し得る所の愛の生活」であると説明している。[55] 野村は、直面する問題の表面的解決を越えて子どもとの間に「調和」や「協力」の関係性を構築するために、子どもをコントロールしようとせず、また価値葛藤の現場から退いて安全な場所から子どもを「傍観」することもせず、「私を投出」して子どもにぶつかろうとする姿勢が必要であると考えていたのであった。[56]

おわりに

従来の研究では、共同生活上の「約束」を結ぶことや、「運動会」や「学校劇」の計画や運営などの協働的な活動の中で子どもたちの道徳性を育もうとする点に、児童の村の道徳教育の特質が指摘されてきた。しかし、そうした活動と子どもたちの道徳性の育成がどのように結びつけられていたのかについては未解明の部分が残されていた。本章では、前記のような組織的な活動が展開される以前に着目し、この問題への応答を試みてきた。

教育の世紀社同人たちは「要求」や「必要」と切り離された道徳的価値や規範を押し付けるような道徳教育の弊害

を訴え、子どもたちの主体的で協働的な活動の中で道徳性が育まれるべきだと考えていた。こうした発想のもとで、児童の村は協働的な活動を基盤として道徳教育を行うことが目指されていたのだが、そのような活動は開校当初から組織的に導入されていたのではなかった。教師による配慮のもと、当初は個人主義的な傾向にあった子どもたちの間に遊びを中心とする共同生活が生まれる。そして、「相談会」を起点として展開される共同生活の改善の経験が、創設期児童の村における道徳教育の学習として位置づけられていた。「相談会」では、たとえそれが問題の解決を先延ばしにすることになったとしても、子どもたちが、生活上の問題状況をめぐって互いに率直な不満や願いを表明し、相手の気持ちにふれる経験が重要視されていた。なぜなら、同校においては、共同生活を円滑に営んでいくための「規約」や「法」、あるいは明確な規範をつくり出すことよりも、他者の率直な想いにふれ、子どもたちが各自の行動を変容させることを通して共同生活に「調和」が生み出されることにこそ、道徳が「創造」されると考えられていたからである。

こうした子どもたちによる営みに対して、教師たちは、子どもたちを見守り、意見交換を促すといったような、消極的な役割にのみ徹していたのではなかった。子どもたちによって創造される共同生活のあり方はときに、教師の価値観を揺さぶった。それを理解し、自らも学校での生活をともにするために、児童の村の教師たちは子どもたちを放任したり傍観したりするばかりではなく、直面している問題状況に対する自身の想いを子どもに曝け出そうとする姿勢を有していた。そこには、自らの有する規範に子どもを従わせることで問題を解決しようとするのではなく、率直な想いを表現する言葉の応酬を通じて、子どもとともに生きていくための関係性を構築しようとする意図があった。

児童の村において、共同生活の中で生起するアクチュアルな問題の解決に向けた活動は、子どもたちの道徳性を育むことに欠かせないものであった。しかし、そこで教師たちが重要視していたことは、問題解決のための合理的な合意形成をもたらすような規範をつくることとは限らなかった。創設期の実践の中で彼らが見出していた「道徳の創造」とは、子どもたち同士、あるいは子どもと教師とが外的な権威や規範によらずに他者とともに生活するための関係性を構築することを意味していたのだった。

野村によれば、開校後一年が経過した頃、「相談会」が子どもたちの率直な語り合いの場としてだけではなく、役割分担や規約を取り決めていく「自治会」的な機能も持つようになったという[57]。本章で明らかにしたとおり、創設期において彼は、「相談会」がこのような機能を持つことに批判的であった。このことをふまえれば、ここで野村がいう「自治会」は、他の学校で実践されているそれとは異なる独自の意味をもった取り組みであった可能性がある。今後は、創設期以後の児童の村の実践に注目して、子どもや教師の間で営まれる自治的な活動がどのように展開していったのかを明らかにしていきたい。

註

（1）文部科学省『小学校学習指導要領（平成二九年告示）解説 特別の教科道徳編』あかつき教育図書、二〇一八年、一―二頁、渡邉満「学校の道徳教育と道徳授業の可能性を拓く」『教育哲学研究』第一一二号、二〇一五年、一〇八―一〇九頁。

（2）柳沼良太「Society5.0時代に道徳教育はどうあるべきか――未来を拓く道徳的資質・能力の包括的な育成――」『道徳と教育』第三三九巻、二〇二一年、四九頁。

（3）貝塚茂樹「解説」同監修『修身教授改革論の展開』文献資料集成日本道徳教育論争史六、日本図書センター、二〇一三年、一三―一五頁。

（4）川本和孝「小学校特別活動における自治観の歴史的変遷からみた学級活動の課題――話合い活動を中心として――」『教育実践学研究』第一六号、二〇一二年、四五―四八頁、江島顕一『日本道徳教育の歴史――近代から現代まで――』ミネルヴァ書房、二〇一六年、一〇三―一〇四頁。
(5) 中野光『大正デモクラシーと教育』新評論、一九七七年、一一〇―一一五頁。
(6) 志垣寛『新学校の実際と其の根拠』東洋図書、一九二五年、二〇四頁。
(7) たとえば、水崎富美「野村芳兵衛の「訓練」と教科外活動の実際――教育課程づくりへの子ども参加と相互評価――」（東京大学大学院教育学研究科教育学研究室『研究室紀要』第二八号、二〇〇二年、五三―六三頁）、山住勝広「子どもを独立させる道徳教育――野村芳兵衛の道徳教育構想――」（関西大学『学校教育学論集』第六号、二〇一六年、三七―四四頁）、冨澤美千子『野村芳兵衛の教育思想――往相・還相としての「生命信順」と「仲間作り」――』（春風社、二〇二一年）。
(8) 野口援太郎「子供の生活といふこと」『教育の世紀』第四巻第一号、一九二六年、三〇頁。
(9) たとえば、民間教育史料研究会編『教育の世紀社の総合的研究』（一光社、一九八四年）。
(10) 志垣前掲書、二〇一―二〇六頁。
(11) 野口援太郎「道徳は自由の天地に育つ」『教育の世紀』第二巻第七号、一九二四年、六六、七一頁。
(12) 志垣寛「生命に触るる新道徳の樹立にまつ」『小学校』第三三巻第五号、一九二二年、一二七、一二九頁。
(13) 野村芳兵衛「科学的取扱に偏する勿れ」『岐阜県教育』第三五五号、一九二四年、一四頁。
(14) 野村芳兵衛「私の信仰と修身教育」『小学校』第三三巻第五号、一九二二年、九四―九五頁。
(15) 野口前掲「道徳は自由の天地に育つ」七二頁。
(16) 野村芳兵衛「児童の村における学級会活動」『生活指導』第二三号、一九六一年、五三頁。
(17) 志垣寛「「児童の村」の教育状況」（二）」『教育の世紀』第二巻第八号、一九二四年、七二―七七頁、同「児童の村の教育」『熊本教育』第一七四号、一九二四年、一一―一三頁。
(18) 教育の世紀社「「児童の村」のプラン（一）」『教育の世紀』第一巻第一号、一九二三年、七頁。
(19) 志垣寛編『私立池袋児童の村小学校要覧』教育の世紀社、一九二四年、五―六頁。
(20) のむら「児童の村だより」『教育の世紀』第二巻第六号、一九二四年、一一二頁。
(21) 野村芳兵衛「私たちの歩む道池袋児童の村小学校（第一組）」一九二四年（岐阜県歴史資料館蔵、五―（一）―三号文書）

頁番号なし。

(22) ここで「手工」や「国語」、「歴史」と呼ばれているものは、実際に教科学習の時間として時間割上に位置づけられていたものではなく、あくまで教師の目線から、子どもたちの活動をそのように意味づけることができるということであった（志垣前掲『新学校の実際と其の根拠』二七八―二八六頁）。

(23) 同前書、二七九―二八一頁。

(24) 志垣前掲「児童の村の教育」一二頁。

(25) 志垣前掲『新学校の実際と其の根拠』二七八―二八六頁。

(26) 野村前掲「私たちの歩む道池袋児童の村小学校（第一組）」頁番号なし。

(27) 平田のぶ「児童の村だより」『教育の世紀』第二巻第七号、一九二四年、一四四頁。

(28) 野村芳兵衛『文化中心修身新教授法』教育研究会、一九二五年、三二三頁。

(29) 平田前掲「児童の村だより」一四五頁。

(30) 志垣「一つ一つの授業について」『教育の世紀』第三巻第四号、一九二五年、一一四頁。

(31) 志垣前掲『新学校の実際と其の根拠』二〇七頁。

(32) 平田のぶ「子供の道徳生活」『教育の世紀』第三巻第四号、一九二五年、六四―六五頁。

(33) 志垣前掲『新学校の実際と其の根拠』二〇一―二〇二頁。

(34) 同前書、二〇二―二一一頁。

(35) 野村前掲『文化中心修身新教授法』三二八―三二四頁。

(36) 野村「私の見た福島」『教育の世紀』第三巻第四号、一九二五年、一一六―一一七頁。

(37) 野村前掲『文化中心修身新教授法』三二三頁。

(38) 志垣前掲『新学校の実際と其の根拠』二〇四―二〇五頁。

(39) 同前書、二〇二―二〇三頁。

(40) 同前書、二〇二頁。

(41) 同前書、二〇二―二〇四頁。
(42) 同前書、二〇一―二〇六頁。
(43) 野村前掲「児童の村における学級会活動」五五頁。
(44) 野村芳兵衛『私の歩んだ教育の道』野村芳兵衛著作集八、黎明書房、一九七三年、九二頁。
(45) 同前。
(46) 冨澤前掲書、四五頁。
(47) 野村前掲『私の歩んだ教育の道』九四―九五頁。
(48) 野村芳兵衛「私はこんな教師だった――児童の村教育時代――」『教育』第五五号、一九五六年、二五頁。
(49) 野村芳兵衛「私の児童論」『明日の教育』第五巻第一号、一九二五年、四〇頁。
(50) 同前。
(51) 同前。
(52) 野村芳兵衛「生命信順の教育」『明日の教育』第四巻第一二号、一九二四年、五四―五五頁。
(53) 野村芳兵衛「教育の本質を思ふ――生活の本義に立ちて――」『教育の世紀』第三巻第五号、一九二五年、六六頁。
(54) 野村芳兵衛「児童の村二ヶ年（二）――私の観た村の生活――」『教育の世紀』第四巻第五号、一九二六年、五九頁、同「高学年の学級経営――交友の指導――」『学校経営』第二巻第七号、一九二七年、四三―四四頁。
(55) 同前「高学年の学級経営――交友の指導――」四三―四四頁。
(56) このような姿勢を取ろうとしたのは、野村だけではなかった。平田もまた、創立当初の子どもとの関係性を振り返り、「私は一学期の頃は叱るまいと努力しました。叱る事は私の利己心のさせるわざだ、不純な心の働きだと思ひました。然し今はもう、そんな形の上に拘泥しなくなりました。言葉の上で叱つても、少しも心に苦い後味が残らなくなりました」と述べている（平田のぶ「生活学習――人は合科学習と呼ぶ――」『明日の教育』第五巻第二号、一九二五年、六四頁）。また、新聞『婦女新聞』において、自身の教育実践の記録を寄稿する際、平田は、「私は、これから、私の生活を（勿論子供も含む）さらけ出して行き度いと思ひます。然し、その生活を通して、「だからかうしなくてはならぬ」とか、「かうあるべきだ」といふ風な、批判や、結論は、出来るだけ避け度ひと思ひます」と述べ、続けて、「批判や結論で去勢しないで、悪いなら悪いま丶、もし善いなら善いま丶で触れあつて行けば、そこに何か起る事を信じるからであります」と述べている。これは子どもとの関係性ではなく、他者との関係性を一般化して述べたものであるが、意見を押し通し、他者をコントロールするためにではなく、互いに自己表現し、それをぶつけ合うことで生起する他者との結びつきに希望を見出そうとする姿勢を認めることができる（平田のぶ「寄稿に先つて」『婦女新聞』第一二八三号、一九二五年、一〇頁）。

（57）　野村前掲「児童の村における学級会活動」五六―五七頁。

第12章　野村芳兵衛の「新教育」概念
――「協働自治」の実践を中心に――

冨澤　美千子

はじめに

野村芳兵衛（1896-1986）は、東京の私立池袋児童の村小学校において訓導と主事を務め、大正自由教育の代表的実践家として活躍した教育者である。野村は、一九二四（大正一三）年の開校から一九三六（昭和一一）年の閉校まで、池袋児童の村小学校に務めたあと、日の出学園、日本女子大学附属高等女学校、下妻高等女学校を経て、戦後一九四五（昭和二〇）年に岐阜県に帰郷して、岐阜市立高等女学校に半年勤めてから、一九四六（昭和二一）年、岐阜市立長良小学校へ校長として赴任した。

野村の独自な教育体系を樹立することとなった発端は、池袋児童の村小学校における教育実践の実験によるものであろう。池袋児童の村小学校は、当時、日本の新教育運動をリードした自由主義的な教育者のグループであった「教育の世紀社」[1]によって設立された。西洋教育史の研究者であり、コア・カリキュラム連盟を主宰した梅根悟（1903-1980）は、児童の村小学校を新教育運動における「最後の、そして頂点的な存在」[2]と評した。その教育方針は、教育の世紀社が開校時に刊行した『私立池袋児童の村小学校要覧』によれば、子どもに「四つの自由」である「場所を選ぶ自由」、「時間を選ぶ自由」、「先生を選ぶ自由」、「教材を選ぶ自由」を認め、子ども自身の自由と自発性を徹底化するものであった[3]。野村は「新教育」に憧れて、児童の村小学校の訓導になった当初は、こうした教育の世紀社のコンセプトに従い忠実に教育実践すれば、子どもたちは自ら学習すると信じていた。しかし、実際の子どもたちはまるで子猿のように飛び回り、少しも野村の考えるような、学校において当たり前である、教室で勉強することはない。そのような状況は、野村の想像とあまりにかけ離れた学校の風景であったため、新教育の学校の現状に対する違和感に、野村は苦しむこととなる。しかし、児童の村小学校で毎年二週間程度行うことになっており、寝食を共にする活動である「夏の学校」を通して、「やっと、私にも、教科書の勉強は、一先ず別にして、教育には、こうしたあそびから直接展開する、子どもらしい創造や研究が豊かにあるのだということが、わかるようになった。そして、自然の中の子どもたちというものを、勇敢に認めるべきだということがわかって来た[4]」と気づき、子どもたちの姿から、学校生活の中で子ども文化を創造する時間の意義を確信するのである。

野村芳兵衛は生涯にわたり、多くの執筆物を残した。それらは、この児童の村小学校で実践したことから考えた教育観や教育方法に関わるものであり、実践者であると同時に、自らの実践を自ら観察し、内省して研究し論述する作家でもあった。そのような作品のおかげで後世において私たちは、野村の教育思想と教育実践について研究することができる。本書における「実際家」は、「教育の理論を実際に展開することと同時に、教育事実に基づく研究[5]」をする者である。野村芳兵衛はまさに、本書が焦点化する実際家の一人であったと言ってよいであろう。

本章では、野村が新教育への理想と現実の葛藤を乗り越えるような教育思想を、どのように創造し意味づけて、実践へ具現していったのか、明らかにしたい。

1 「新教育宣言」における「生命信順」の意味

野村芳兵衛が、池袋児童の村小学校の訓導となって三年目に出版された『新教育に於ける学級経営』は、児童の村小学校において野村が具現化しようとした教育構想を全体的に提起した、いわば野村の新教育宣言と呼びうる書である。それは、第一章「新教育を懐ふ」から始まり、第二章は「生活の場所としての学級経営」、そして第三章以降は学級経営における具体的・日常的な教育実践の諸活動について記されている。こうした構成に表れているのは、新教育構想の思想的基盤を明らかにし、そのうえで教育思想を具現化していこうとする野村の実際家としての試みと姿勢であると言えるであろう。

第一章「私の懐ふ新教育」では、野村の考える「新教育」について、「真教育」であり「信教育」であるとし、「単に教育と言ってもいい」と述べられている[6]。そしてここでは、「私の思ふ」ではなく「私の懐ふ」という言葉が用いられている[7]。それは野村にとっての新教育が、ただ単に頭に浮かべる「思ふ」ものではなく、胸に秘めた「懐い」であるということであろう。それは彼にとって「常に憧れの対象であり[8]」、「常に一つの生々した二葉の声を与えてくれる[9]」ものであるという表れであろう。このことには、当時興隆してきた社会的な運動としてのいわゆる「大正新教育」ではなく、あくまでも野村自身にとっての新教育を、何よりも自問し内省している姿が見受けられる。つまり野村は、いわゆる大正新教育と自らの教育実践との関係について追求したいのではなく、自分自身にとっての本当の意味での新教育とはなにかを自問しているのである。それでは、そのような野村自身にとっての教育は、どのようなものだったのであろうか。

「私の懐ふ新教育は、私にとつては命である」[10]と述べている。これが第一章「新教育を懐ふ」の冒頭の一文である。ここで野村が「命」と呼ぶものは、このすぐあとの箇所で「生命信順」と言い換えられている。さらに「私は新教育を愛する」という新教育は、「古教育と戦ふため」のものではなく、「萬人と合唱」する「生命信順の教育である」と言うのである。[11]さらに野村は、「生命信順」を「生命」と「信順」にわけて説明する。「生命」については、「生命は全であり、我々は部分である」[12]という。すなわち生命は、存在論的に無限の全体であり、それに対して我々は有限の個である。したがって、「我の自覚は如何程拡大しても部分であつて全の自覚ではない」[13]のである。他方「信順」は、こうした有限である我が、ただ無限である生命を「信順」するとき、そのときにのみ部分を超えた全が自覚されてくるという信の姿を示したものである。野村は、このようにいったん「生命」と「信順」をわけて説明したうえで再度結びつけ、「生命信順」が「ただ我が信の姿にある時、部分のままに全が恵まれる」[14]と説明し、それは「純に恵を受けて生きる」[15]ことであると結論づけている。

野村は『新教育に於ける学級経営』において、彼自身にとっての新教育の核心として据えた「生命信順」の教育思想の具現は、教師と子どもの間の教育的関係について述べた次の一節に、端的に表れているであろう。

本当の意味に於て、生活を導くものは、如来であつて、私たち教師ではないと私は信じてゐる。子供が導かるるやうに、私も導かれるのである。だから教師としての私が生活指導を考へると云ふことは、どうしたら子供と共に如来に信順し得るかと云ふことなのである。[16]

ここで野村は、「本当の意味に於て、生活を導くものは、如来」であり、生活指導としての教育が可能なのは、子どもとともに「如来」に「信順」し得えたときであると述べられている。野村の言う「如来」とは、もちろん「阿弥陀」のことである[17]。サンスクリット語のアミターバに由来する阿弥陀は、無量であるような、すなわち量りしれない光や命を意味する言葉である。つまり、存在論的な無限である。それゆえ野村は、「常に生活を導くものは自他を越えた無量寿である[18]」というように、如来について「無量寿」という表現で説明する。こうして野村は、如来を阿弥陀と同等とし、生命・全・無量寿などの言葉を使い補足説明をしている。それらについて、野村自身の中でどのように意味づけているのであろうか。彼の教育思想の根幹にある宗教心はどのようなものであろうか。

野村の生まれ育った岐阜県武儀郡洞戸村（現在の岐阜県関市洞戸）の尾倉地区は、江戸時代にキリシタンの村である疑いをかけられて、現在の岐阜市長良にある浄土真宗本願寺派法久寺に檀家になることで、弾圧を逃れることができた土地である。寺の代用である尾倉道場は、定住する僧はなく、村人が集まってお経の練習をしたところである。そのため、尾倉の住民は、浄土真宗の形式を持たず、親鸞（1173-1262）の言葉を繰り返し唱えるだけの親鸞主義者たちであった。尾倉道場における両親や周囲の大人たちを含む地域の人びとの集まりが、幼少期の野村の中に親鸞信仰を培っていったのである。一九七八年、野村が八二歳のときに行われた「聞きとり」によると、野村は自分の村について次のように述べている。

ぼくの百姓というのは、なんか闘いとらんような、圧迫を受けた生活じゃないんですよね。村が穏やかで村中、共有林やなんかで、いくらでも木を伐って生きていく。貧乏人だからといって馬鹿にすることもなければ、お寺にみんな寄ってきて村のこと相談したり、夜になるとお経なんぞみんなで唱えているというふうなんで。[19]

このように尾倉では、道場に人びとが日常的に寄り合って、相談し助け合い、励まし合いながら生活していた。そして親鸞の言葉を唱え学び、信仰していた。このような土着の親鸞信仰に基づく村の協働的な集団生活の経験が、野村の宗教的態度を養っていったのではないだろうか。その宗教的態度とは、いわゆる信仰を核にした宗教によるものであるというよりも、このような村の協働生活の中で形成された態度や姿勢であると考えられる。

一九六七（昭和四二）年、中日新聞に書かれた「私の中のもう一人の私」というコラムでは、野村の岐阜市立長良小学校校長時代に小学校を卒業してから訪ねてきた女子中学生たちとのやり取りについて記されている。野村は女学生たちから「校長先生、神様はいますか」と聞かれ、ドイツのリロリンケの小説『憩いなき日々』の中に出てくる神様を例に、神様に対する認識と態度について語ったという逸話である。

私の中にいる、もう一人の私に向かってだけ、それができる。その、私の中にいるもう一人の私だが、それは私のつかむことのできない私だ。いつも私を越えてすべての人びとにつながる私だ。しかも、私と一緒にいてくれて、私を導いてくれる私だ。親鸞が「形もましまさねば、無上仏という」と教えてくれたあの如来さまだと私は信じている。[20]

野村は、神様は「私の中のもう一人の私」であり、それは親鸞が教えてくれた如来であると言い、それは「私を導いてくれる」と述べている。その如来は、親鸞自身ではなく、親鸞の教えてくれた「私の中のもう一人の私」なのである。

野村にとって「新教育」の概念は、親鸞に教えられた自然法爾の思想である生命信順の宗教的思想が基盤になっており、それは親鸞自身でもなく教師によるものでもない。そのことがさらに思想的に追及されているのは、同年に出された論文であろう。

次にその論文「旧教育を埋葬する日の私――協力意志に立つ教育とその実現（一）――」について検討したい。

2　「新教育宣言」としての「教育意識なき教育」の概念

野村の戯曲仕立ての論文「旧教育を埋葬する日の私――協力意志に立つ教育とその実現（一）――」が『教育の世紀』に掲載されたのは、一九二六（大正一五）年である。[21] それは『新教育に於ける学級経営』の刊行の年でもあった。同じ年に出版されたこれら二つの作品は、明らかに一対のものであり、相互に補完し合いながら野村の新教育宣言を構成している。殊にこの論文は、「旧教育を埋葬する」という衝撃的な強い印象の言葉が使われ、創作物語風の彼独自の文体によって、一九二六（大正一五）年に彼に生じた「旧教育」から「新教育」への認識論的切断とも言いうる考え方を鮮明に打ち出した論文である。

野村は、「旧教育」を何よりも「指導を認める教育」と規定して、それが「くたばるべき運命」にあることを次のように述べている。

それが
教師中心であろうと児童中心であろうと
遊戯の学習化であろうと合科学習であろうと

芸術教育であろうと自由教育であろうと
教授であろうと学習であろうと
プロゼクトメソッドであろうとダルトン案であろうと
若しもそれが
指導を認める教育、教育意識の上に立つ教育
教育者と被教育者とを対立させる教育であるならば
さう言ふものを三束一紮にして
旧教育と呼ぶことに私はちつとも躊躇しないのみか
さう言ふ旧教育はもうくたばってもいいのだし
くたばるべき運命が近づいてゐることを直覚する
なぜならば
さう言ふ教育は、教育意識の上に立つ教育は
人生の深きところに根を持たぬ花瓶の花だからである(22)

このように野村は、「教育意識の上に立つ教育」は「くたばってもいい」と宣言する。それが指し示しているのは、大正期の「新教育」以前の教育、すなわち明治期の学制施行以降の国家主義的な教授型教育だけではないことを述べている。つまり、野村にとっての「新教育」は、明治期に支配的であった教育に対抗して現れた、大正自由教育を指し示しているのではない。大正自由教育の潮流の中に位置するような教育思想であっても、それが「教育意識の上に

立つ教育」であるならば、それは野村においては「新教育」ではない。事実野村は、当時の自由主義教育を代表するような新教育学校を次々と批判するのである。なぜなら、それらがどれほど明治期の画一的な注入主義的教育に対抗した自由教育を標榜しようとも、その根底には、「教育意識の上に立つ教育」、すなわち「指導を認める教育」が決して変わることなく据えられているからである。

このあと論文は、「人間は導かず導かれず／友情によって協力する／人と人との中には無形の力が内在して／二人の生活を統一してくれるのだ／人間はただ手をとり合って／生命の統一に信順すればいいのだ」[23]と続く。そして、指導を認める「旧教育」を「父」と呼び、自分の志す教育を「新教育」と呼ぶ。そのうえで、野村（論文中の「私」）は、「父」（旧教育）が亡くなることで嬉しいことを二点挙げる。父の念じているのは、本当の教育になりたいということだったと確認できたこと、そして二つ目に、父の生活態度の誤りは指導意識に立った教育であったことが認識された点である。こうして、父が亡くなることで、「真実な教育を発見」し、「教育意識なき教育」「協力意志に立つ教育」を志すと述べている。すなわち、「私は今日から子供にとってよき一人の友」であることこそ本当の教育である、というのである。しかし、そのような父が亡くなるのを助けようと駆け付ける「友」（教育）がいる。

まず現れたのは、「奈良の友」である。この「奈良の友」とは、奈良女子高等師範学校附属小学校のことである。奈良女子高等師範学校附属小学校は、一九二〇（大正九）年から一九二六（大正一五）年に、「合科学習」が実践されていた。それを提唱したのは、一九二〇（大正九）年に附属小学校の主事として着任した木下竹次（1872-1946）である。木下は、低学年向けを大合科学習、中学年向けを中合科学習、高学年向けを小合科学習とし、学習の手順を独自学習―相互学習―独自学習とした。野村はこの合科学習について、「奈良女高師を中心として、現在日本に広まってゐる合科と言ふものは、合科の後に、国定教科書がふらついてゐたり、又その方法に於いても、今迄の分科である、地理だとか手工だとか読方とか言ふ観念が、ふらついてゐて、全く生活とか言ふ夢を見てゐる夢遊病者のやうな気がする」[24]と言い、生活教育という意味での本当の合科教育になっていないことを指摘する。そして、「若し合科が、本当な生活教育まで行かうとするなら、教室から畑に子供をつれて行かねばならぬ」と述べ、「修身・算術・読方…（省略）と言ふ考へ方に暇をやらねばならぬ…（中略）…国定教科書を読書として生活の一部に存在させねばならぬ」[25]と言う。つまり、教科書の系統教育の枠内にありながら合科学習を行うことはできず、そこで合科学習と呼ばれているものはあくまでも系統主義的教育の一部なのである。なぜなら、生活教育に「系統案」は必要なく、生活そのものが教育となるからである。それゆえ、奈良女子高等師範学校附属小学校をはじめとする合科学習は、結局のところ生活教育になっておらず、合科のふりをして教科書で知識を教える系統教育になっていると、野村は批判する。本文では「奈良の友」は、「新しく発明された療法」を持って来る。そして父の病気の病原を、「教師中心」であると突き止める。この病気は日本全国に流行しており、「児童中心」の薬を服用すると良くなるという。しかし父は亡くなっているのである。その状況も把握していない友なのである。

次に現れたのは、「千葉の友」である。この「友」は、千葉師範学校附属小学校のことである。千葉師範学校附属小学校には、一九一九（大正八）年に主事として手塚岸衛（1880–1936）が着任し教育改造を行う。野村は、手塚が推進した自由教育について、次のように述べている。「千葉師範は、理想を捨てなくていいが、観念的な、真や善や美を捨てねばならぬ。真や善や美の中に、資本主義の毒汁が入ってゐるからである。いや真や善や美を捨てなくともいいが、その奥に労働の実在することを直感せねばならぬ。理想人になることは、野性人を捨てることであってはならない。観念人になることは、労働人を捨てることであってはならない。労働と野性とに自覚を与えない中に、真と善や美とが語られてはならない。官立学校であることは、新生への教育にとって、一つの悶えではある。しかし悶えこそ立派な仕事である」[26]と言う。ここでの「悶え」は、千葉師範学校が官立の教員養成校であり、その附属小学校は、国のデモンストレーション・スクールとして、標準化・公式化された教授法を広める使命を持っていたことに起因する。そのため、野村が説明するように、そこでの「自由教育」の追求は、きわめて観念的な性格を帯びることになる。千葉の友は、死にかけた父を霊薬で蘇らせるというのだ。その霊薬とはドイツの「カント派株式会社」製造の「理性的自由」という硬いもので、亡くなりそうな人でもアプリオリの力で消化できるという。しかし、こうした霊薬のようなものは、昔から日本にあり、中国の「朱子株式会社」のものと一緒だと野村は言う[27]。

「千葉の友」の次には、「大塚のお爺さん」が現れる。「大塚のお爺さん」とは、東京の大塚にあった東京高等師範学校のことである。それは、まさに、日本の近代学校教育制度の樹立と普及を牽引する役割を持った、官立師範学校体制の頂点に位置する存在である。「お爺さん」は、天照大神の神薬を持って来る。「本当な者は亡びないよ」と言い、神の力が含まれている薬を与えるように言う。しかし、どんなによく効く神様の薬であっても、時は既に遅く、父は息を引き取ってしまっているのである[28]。

そのような中、最後に現れるのが「児童の村くん」と「私」である。二人は一緒になって、父を埋葬するのだった。そして、「旧教育を埋葬する日の私」は、次の言葉で締めくくられる。

人間の病原は薬でなほるのではない。
健全の身心は原始な生活の中に根を持つてゐるのだから。
野に行きたい。
友を持ちたい。

働きたい。
文化を原始の生活の中に息づかせたい。[29]

「指導を認める教育」すなわち「教育意識の上に立つ教育」から、「教育意識なき教育」すなわち「子供にとってよき一人の友」となるような、「真実な教育」としての「協力意志に立つ教育」を確信する野村の「新教育宣言」がここに表れている。それは当時のいわゆる新教育思想の、児童中心的な言説が、たとえ強力に旧教育へ対抗するようにみえたとしても、野村はそれらの隠された深層に「指導を認める教育、教育意識の上に立つ教育／教育者と被教育者とを対立させる教育であるならば」、「さう言ふものを三束一紮にして／旧教育と呼ぶことに私はちつとも躊躇しないのみか／さう言ふ旧教育はもうくたばってもいいのだし／くたばるべき運命が近づいてゐることを直覚する」のである。すなわち、その時代の旧教育に対する児童中心主義の対抗は、その実は擬似的な対立であり、みえない「教育意識」を内包しており、両者は「教育意識の上に立つ教育」という点において、見事に一致し共通しているのではないかという野村の根底的な批判が表れているのである。

それでは野村は、独自の新教育概念による実践を、どのように具現できると考えたのであろうか。

3　新教育概念の具現としての「協働自治」の実践

野村は、子どもたちが学校において自ら自治的に生活を行っていく教育方法を「協働自治」[30]と呼んだ。協働自治は、学校の「環境的必要」と、子ども一人一人の「個性的欲求」の融合のために組織化（計画）が必要であるという考え方である。環境的必要だけを優先し、子どもの欲求を考えなければ、子どもの自主性を失ってしまう。また、子どもの欲求だけではなく、それを社会的自治にしなければ、学校で行うことはできない。個々人の欲求を社会的欲求にするためには、どうしたらよいのであろうか。野村は、子どもの生活に寄り添わなければ、抽象的なものになってしまうと考えたのである。

原理のない制度主義は、子供を奴隷にし、あきらめの人間にすると言つて単なる主観的抽象的解放主義は、実際生活に向つて何の解放をも可能にするものではない。協働自治組織は、生活の組織的解放であつてこそ、子供達は生活技術を把握するが故に、それだけの生活を自由にしていくことが出来るのである。つまり実力的生活解放であるのだ。その点は今日までの原理なき圧迫教育や、組織なき解放教育とは違ふ。[31]

このように野村は、抽象的解放主義ではなく、子どもの生活に足場がある実のある「組織的解放」、すなわち、子どもの環境と個人の考えが融合した社会的欲求で社会的自治を行うことが、子どもたちの学校生活を解放することにつながるという考え方を「協働自治」と呼んだのである。子どもたち個々人は、違う欲求を持っている。だからこそ社会的欲求にするためには、話し合う必要がある。話し合い、組織化（計画）することによって、学校という協働社会の欲求（目的）を明確化していく必要がある。子どもたちがそのように、目的的に学校生活を自主的に営むことが、学校生活の本当の意味での自主性へつながるというのである。それでは、そのような状況において、教師はどのように指導すればよいのであろうか。

吾々は興味と必要、個性と環境とを綜合する立場又は原則を認識せねばならぬ。協働的社会—個性の協働によつて組織づけられる社会—を組織せんとし、協働自治の原則を把握せんとするのは、全くかくの如き社会的生活的欲求からである。

第一の立場は教師中心であり、環境重視の必要原理の教育であつた。

第二の立場は児童中心であり、個性重視の興味原理の教育であつた。

そして第三の立場は生活中心であり、自治重視の協働原理の教育である。

吾々は第三の立場に立つ時のみ、本当に興味と必要とが綜合されると信ずる。(32)

すなわち、吾々教師は、生活中心であり自治重視の協働原理の教育を行うことが、子どもたちを支配するのではなく解放すると同時に、子どもたちが明日を生きる力を育成する指導を行うことになるというのである。では実践においては、どのような指導をして環境作りをしようとしたのであろうか。

学校の環境づくりの方策

野村は、児童の村小学校の実践の基盤として、「児童の村ハウスシステム」と、それを活用した学級の組織としての係活動を提案した。児童の村ハウスシステムは、学校全体を家の集まりとして考える児童会活動である。学年を家に分割して、縦割りの家組織を形成する。家は、月曜日から土曜日の六つの家と、太陽の家という代表の家にわけられる。また、全校生を学年で高い方から、「海」の組、「川」の組、「山」の組として、各家のお父さんとお母さんは、上級生の海の組の子どもたちがなり、学校自治を行うという考え方である。すなわち、組ごとの縦割りの異学年混合の集まりを作る発想であり、しかも学校生活を組織化する（計画する）基礎となるように、一週間の単位で考えるという画期的な発想である。野村の著書『生活学校と学習統制』には、児童の村ハウスシステムについて、次のような説明がある。

（イ）児童の村家組織はラジオ体操の隊形であり、遠足旅行の隊形であり内集の場合の座席順でもある。いつでも全校活動には、この家組織が利用される。

（ロ）海組の子供達は、各家のお父さんお母さんになって、その組の指導をする。

（中略）

（ヘ）太陽の家の子供達は、全校の世話係、進行係、連絡係である。(33)

このように考えられた学級づくりのシステムの基盤に、家庭の形態がある。野村は「協働自治の学校経営は、教師の協働自治であるばかりでなく、教師・児童・父母三つの協働の上に根を持たなくては、健康に成長しない。ハンブルグのゲマインシャフト・シューレの教育はそれを指標しているのだ(34)」と述べているように、学校全体の協働自治において、子ども・教師・保護者の「学校共同体(35)」における「協議」と「抗議(36)」による自治的学校経営を目指していることを強調している。

さらに学級自治においては、七つの家が仕事を分担する作業部になっており、それぞれの家、すなわち作業部に属する児童が、自分の学級でそれぞれの仕事のリーダーになるという考え方である。

太陽の家―子供家庭部（毎日客の応接、食事の世話、時を知らせる等の仕事をする）
月曜の家―子供園　火曜の家―子供集会部（内集の日）　水曜の家―子供博物館
木曜の家―子供図書館　金曜の家―子供運動部（外集の日）　土曜の家―子供工場[37]

このように児童の村ハウスシステムは、決してリーダーによる統治的・封建的なヒエラルキーではなく、家族のように助け合うグループの中で、子どもたちが仕事の分担と自主的な自治活動を行えるように促すものとして考えられている。野村は、「学校を文化伝達の場所と見るだけでなく学校を生活の場所と見ることに、より深い学校の意味を感ずる私は、学級の編成を家庭的にしたいと願った[38]」と述べている。

また、学級においては、役員選挙で学級の公利を最大限に発展させてくれる指導者（村長と呼んだ）を選び、「子供博物館」「子供図書館」「子供園」「子供工場」「子供三倶楽部」（「集会部」「運動部」「家庭部」）のリーダーと委員を決めて、学級活動も分業的に行うことができるシステムを導入した[39]。このような組織（計画）を提案することにより、子どもたちは学級や学校の経営を自ら行うことができるようになるという構想であった。このような考え方は、戦後の岐阜市立長良小学校で行った「長良プラン」においても確認できる。児童の村ハウスシステムは「部制」と呼ばれ、各学年一組は縦割りで一部学校となり、委員会活動・係活動を、係の仕事分担として考えられた。児童の村小学校で実験したことは、小さなグループを作り出すことにより、家庭的な学校生活習慣を生み出すことができるということである。小集団を作り、縦割りで児童会活動を行うことは、野村が児童の村小学校で実際的に研究し獲得した教育方法だったのである。

新教育としての教授の構想

新教育実践の教授については、『生活学校と学習統制』において、教科の学習指導の説明まで生活指導として著されている。それによると、「ぐんぐん自学させて行くには、生活の本質的興味にまで生活《マ》味《マ》はせ自覚させて行くことが大切だ[40]」や、「事実問題から分数が出来て、六年の第一学期の分数は全部かたつけた[41]」など、教科の学習指導においても、子どもたちの足場を意識した教授が望ましいとする。たとえば「算術教科書に、書いてあるやうな問題は、子供にとつてむつかしいと言ふよりも、問題の文章が抽象的すぎてむつかしいのだ。そのためには問題を自作してみて、だんだんと抽象的な文章で表現することを理解することが必要だ[42]」と言うように、教科書が子どもたちの生活から遊離しているところを補足するのが教師の教授の役目であると言う。教師が教科書や時間割ばかりに捉われていると、学習は「ままごとのやうにチビチビ[43]」になってしまうと指摘する。子どもの興味は多方面であり、「一方に興味を持ったら、うんと突込んでおくがいいと思ふ。一方へ傾くと言ふやうな心配などあるものではない。相当に深まれば、又他に転換する[44]」と、断片的な、生活に根を下ろさない教育のあり方に対し批判する。

また、新教育における教育方法について、六つの点に転換の必要性があると指摘する。

①窮屈な作法から明るい作法へ　②上下的縦の作法から友達的横の作法へ
③趣味的作法から便利の作法へ　④奴隷的作法から協働的作法へ
⑤静的作法から動的作法へ　⑥家庭的作法から社会的の（ママ）作法へ[45]

このように、教師の意識の転換が、新教育において重要であると述べている。そして「勉強は自分達の仕事だと言ふことをはっきりわからせて一年生の時から、学習の学級自治を実現させねばならぬ」[46]や「学習は教師のための学習ではなく、学級全体のための学習であり、学級全体によってなされる学習であらねばならぬ」[47]というように、あくまでも学校集団としてどのように指導すればよいのかということを追求する。野村は、児童の村小学校を、学校としてどのように学習させる場にしていくのかという命題について、実際的に研究することに向っていたことが明確である。協働自治という言葉を巡っては、後世の研究者たちにより多くの論評がなされてきたが[48]、野村の協働自治とは、子どもたちの個々の統一体としての学校ではなく、社会的欲求と個々の欲求を融合させた、学校社会をどのように築いていくのかという問いに対して、児童の村小学校で実際的に研究をした野村なりの成果であると確信する。

おわりに

児童の村小学校校長である野口援太郎（1868-1941）は、澤柳政太郎（1865-1927）が設立した帝国教育会[49]の専務理事であり、一九三〇（昭和五）年には新教育協会の会長に就任する。児童の村小学校では訓導たちに向けた講話や研究会で、欧米の新教育の教育法について語ったということが『教育の世紀』に記されている。[50]

『ある教師の生活探究――野村芳兵衛の生活と教育――』において岩本憲は、野村の教育観がジョン・デューイの思想と「きわめて相似的である」[51]と述べている。そこで、岩本は、「デューイときわめて深い相似にもかかわらず、氏の書物の中にでてくるDeweyの名前の少ないことを、私は野村氏にたずねたことがある」[52]というエピソードを紹介している。それによると、次のような返答が野村からあったとのことである。

私は若い時代には野口援太郎先生等と Dewey の "School and Society" や "Education Tomorrow" 等をよんだこともありますし、また原田実先生から Dewey の思想を感銘深く学んだこともありました。しかし私はいちいち学説や言葉の引用をていねいに記しておく気持ちが最初からありませんでした。そういうことは学者のすることです。私は学者ではないようです。やはり先生です(53)。

このように述べていることから、野村芳兵衛はあらためて教育実践者であり、日々読書によって多くの理論を勉強しつつも、目の前の現実の教育実践にいかに生かすのか、考え続けていたに違いないと確信する。たしかに、野村の著作に親鸞をはじめ、モンテッソーリ、パーカースト、トルストイ、ドクロリー、カント、ゲーテ、スピノザ、メーテルリンク、ドストエフスキー、サンタヤーナ、ミル、スペンサー等の名前や教育観は、そのほとんどが引用として示されてはいないが登場する。そのことについて、野村が著した『明治・大正期の教育運動』「【記録】児童の村の創立のころと、その教育」では、さらに次のように述べられている。

児童の村の精神というのは、共同社会学校（Gemeinschaftsschule）の教育精神をとったものだといわれていたが、同校は第一次世界大戦後、一九一九（大正八）年にドイツの自由市ハンブルグにできた公立学校で、アメリカのウォシュバーンが「時間割なく、カリキュラムなく、学年制なく、試験もなく、規則もなく、罰もない学校」と評したそうであるが、公立初等学校で、中央統轄の学校ではあったが、地方自治の上に立った学校で、子どもは、教師を選らび、仕事を選らび、自らの活動を自らの手で統制することをめざしたようである。将来資本主義であろうと、社会主義であろうと予知できない学校は、なまの社会を切り開いて行く人間に育てて置けばよい、という考え方であったようである。

私たちは、同人からゲマインシャフトシューレという言葉や、ウォシュバーンという言葉や、デューイという言葉や、デグロリー学校という言葉をよくきかせられたことを記憶している。(54)

このように野村は、野村の根底にある親鸞主義的思想の上に、野口援太郎をはじめとする同人たちを通して教えられた教育思想や方法と、目の前の現実の教育実践を鑑みて、独自の教育観を創り上げたことが推測される。

野村の執筆物において、岩本が指摘したデューイの思想の影響と同様かと思われる私の疑問は、西田幾多郎についてである。岐阜県歴史資料館が出している『野村芳兵衛文書目録（上）』において、西田に対する惚れ込みようが指摘されている。(55)歴史資料館に保存されている野村の蔵書をみると、野村は書き込みが多いため、読み進めるなかで感じた多くの言葉を確認することができる。『善の研究』(56)は、一九二一（大正一〇）年から一九四七（昭和二二）年にかけて、少なくとも六回読んでいるようである。それについては他日、あらためて分析したいと考えている。書き込みを読んで想像されることは、終戦直後、さまざまな思いとともに、野村のなかで、これまで敬愛していた西田に対する批判が高まったということである。しかしそのことが、野村の教育思想の変化につながったとは思えない。それにしても、初期の読後の書き込みは大絶賛であったにもかかわらず、その頃の野村の執筆物に、西田の名前は見当たらない。野村において、デューイの名前が出てこないことと類似した事例であり、理論を自分のものにして具現していく実際家ならではの現象であると思えてならない。現実にある史資料をさらに研究し、これらの点について明らかにしたいと考える。

註

(1)「教育の世紀社」は、野口援太郎、下中弥三郎、為藤五郎、志垣寛の四人を中心に結成された。池袋児童の村小学校設立のきっかけとなる四人の出会いやその後の経緯については、中野光「池袋児童の村小学校の教育」中野光・高野源治・川口幸宏『児童の村小学校』（黎明書房、一九八〇年、一二—一六頁）に詳しい。

(2) 梅根悟「日本の新教育運動――大正新教育についての若干のノート」東京教育大教育学研究室編『日本教育史』金子書房、一九五二年、二七三頁。

(3) 教育の世紀社『私立池袋児童の村小学校要覧』教育の世紀社、一九二四年。

(4) 野村芳兵衛『私の歩んだ教育の道』黎明書房、一九七三年、九四頁。

(5) 橋本美保編著『大正新教育の受容史』東信堂、二〇一八年、九頁。

(6) 野村芳兵衛『新教育に於ける学級経営』聚芳閣、一九二六年、二頁。

(7) 同前書、二頁。

(8) 同前書、二頁。

(9) 同前書、二頁。

(10) 同前書、二頁。

(11) 同前書、五頁。

(12) 同前書、六頁。

(13) 同前書、六頁。

(14) 同前書、六頁。

(15) 同前書、六頁。

(16) 同前書、三〇—三一頁。

(17)『新教育に於ける学級経営』から「如来」という言葉を使い始めた。それまで「神」あるいは「神」の例としての「阿弥陀」(『文化中心修身新教授法』教育研究社、一九二五年、二五頁）や「キリスト」の例え話を挙げるなど（四三頁）、対象が定まっていない。そのことについては、「礼拝だけの宗教がほしい。ほんとうにさう思ふ。何一つむづかしい規範がなくて、ただ純に礼拝するままに救われて行く恵みの宗教あるが故に、私はおちついて生きて行かれる」(四八頁)にあるように、野村にとっての宗教は「救われたい」という気持ちなのである。

(18) 前掲『新教育に於ける学級経営』七頁。
(19) 野村芳兵衛「聞きとり⑦　野村芳兵衛に聞く　『綴方生活』と歩んで」『綴方生活復刻版第七巻月報』一九七八年、一二頁。
(20) 野村芳兵衛「私の中のもう一人の私」『中日新聞』一九六七年七月九日朝刊。
(21) 野村芳兵衛「旧教育を埋葬する日の私――協力意志に立つ教育とその実現(一)――」『教育の世紀』第四巻(十)、一九二六年、一二一―一二七頁。
(22) 同前書、一二一―一一三頁。
(23) 同前書、一一四頁。
(24) 野村芳兵衛「教育改造の新指標――新教育の再認識――」『野村芳兵衛著作集六　生活教育論争』黎明社、一九七四年、一二四頁。(『教育改造』創刊号、一九二九年)
(25) 同前書、一二四頁。
(26) 同前書、一二二―一二三頁。
(27) 前掲「旧教育を埋葬する日の私――協力意志に立つ教育とその実現(一)――」一二三頁。
(28) 同前書、二四―二五頁。
(29) 同前書、二七頁。
(30) 「協働自治」は、一九三二年に東京郷土社から出版された『綴方生活』一一月号(六―九頁)に、野村が掲載した論文「生活技術と綴方教育(一)――その理論と実際――」における「C生活技術の訓練」(九頁)の六つの生活訓練を行う条件の一つとして、「(ロ)生活の技術が人間の生活に対する評判である以上、子供達の生活も、これを自然生活の範囲に止めることなく必ず社会生活の分野を発展させねばならぬ。そしてその社会生活とは、功利的協働的自治組織の生活である。この意味に於て、吾々は子供達の学級生活を組織的に**協働自治**せしむべく訓練して行かねばならぬ」と書かれたところが初出であったと思われる。
(31) 野村芳兵衛『生活学校と学習統制』厚生閣書店、一九三三年、六五—六六頁。
(32) 同前書、一〇〇頁。
(33) 同前書、一五五—一五六頁。
(34) 同前書、一四七頁。日本におけるゲマインシャフトシューレの情報普及については、香山太輝「近代日本におけるゲマインシャフトシューレ情報の普及——教育雑誌記事の分析を中心として——」(『東京学芸大学　学校教育学研究論集』第四六号、二〇二二年、一—一〇頁)に詳しい。それによると、野口援太郎が一九二二年に、The New Era(新教育連盟の機関誌)へ掲載されたドイツ支部の中心人物であるエリザベス・ロッテン(Elisabeth Rotten)の論文(二〇一四年)をいち早く手に入れ、早速、一九二四年『教育の世紀』へ訳載した。一九二四年は児童の村小学校の創設の年であり、この内容が学校づくりの考え方に影響を与えたことは言うまでもない。
(35) ゲマインシャフトシューレのドイツにおける起源と展開については、渡邊隆信「『共同体としての学校』の起源と史的展開——ドイツ新教育における『ゲマインシャフトシューレ』概念に着目して——」(『教育学研究』第八七巻第四号、二〇二〇年、二九—四一頁)に詳しい。
(36) 野村芳兵衛『生活訓練と道徳教育』(厚生閣書店、一九三二年、四九頁)では、「抗議」について、「協働自治に於ける実践原則は、集団自治としての協議と抗議である」と述べたうえで、「抗議とは、協働を不完全ならしめてゐるある社会人の行動又は制度に対して、訂正を要求し、行動又は制度の社会的統制を要求すること」であると記している。
(37) 前掲『生活学校と学習統制』二七三頁。
(38) 同前書、一〇八頁。
(39) 同前書、五七頁。
(40) 同前書、三一一頁。
(41) 同前書、三一一頁。
(42) 同前書、三一三頁。

(43) 同前書、三一二頁。
(44) 同前書、三一二頁。
(45) 同前書、三四三頁。
(46) 同前書、三四五頁。
(47) 同前書、三四五頁。
(48) これについては、拙著『野村芳兵衛の教育思想――往相・還相としての「生命信順」と「仲間作り」――』(春風社、二〇二一年、二四―二五頁)を参照願いたい。
(49) 辻新次(1842-1915)により一八八三(明治一六)年、日本の教育者を一つにまとめて教育水準を上げようとする大日本教育会が創設され、一八九六(明治二九)年に名称変更され、帝国教育会となる。一九一五(大正四)年辻が亡くなり、翌年澤柳政太郎が会長に就任した。澤柳は野口を専務理事にし、一九一九(大正八)年以降の澤柳・野口時代を築いていった。
(50) 野村芳兵衛「児童の村だより」『教育の世紀』第二巻(六)、一九二四年、一一一頁。
(51) 岩本憲『ある教師の生活探究――野村芳兵衛の生活と教育――』黎明書房、一九七〇年、二八四頁。
(52) 同前書、二八七頁。
(53) 同前書、二八七頁。
(54) 野村芳兵衛「【記録】児童の村の創立のころと、その教育」井野川潔編著『明治・大正期の教育運動』三一書房、一九六〇年、一四七頁。
(55) 林由佳子「野村芳兵衛の読書」岐阜県歴史資料館『野村芳兵衛文書目録(上)』岐阜県所在史料目録第五〇集、二〇〇二年、三〇二頁。
(56) 野村の所蔵する『善の研究』は西田幾多郎が一九一一(明治四四)年に岩波書店から出版したものの三一版である。

第13章　北村久雄の「音楽生活の指導」の特質
――唱歌専科教師におけるカリキュラム論の検討――

塚原　健太

はじめに――問題関心と研究課題

欧米の新教育や進歩主義教育の理論と実践の受容を契機として、明治末期から昭和初期にかけて展開された大正新教育は、子どもの側から教育実践を改革する必要を浮き彫りにした。その一方で、当時の唱歌専科の教師たちは、芸術教育運動の影響を受け、徳育の手段としての唱歌科から芸術教育としての音楽教育への転換を目指す過程で、教科の本質に根ざした教育実践を展開する必要があった(1)。

こうした事情から、従来の研究では、唱歌専科教師の音楽教育論には児童中心主義的な性格を確認しながらも、彼らの指導法を分析対象とし、当時の唱歌科が「教科主義の特質を有せざるを得なかった」との評価が行われてきた(2)。しかしながら、唱歌専科教師として音楽教育実践を行う限りは、教科内容の系統性やその指導から完全に自由になることは困難である。従来の研究のように、実践を対象化した教案や実践記録などに看取される指導法を分析対象とするのでは、ある部分は児童中心主義的で、他の部分は教科主義的だということを確認し、その両面のバランスが取れているか否かという観点から評価せざるを得ない。教育実践が教師の意図的な営為であるとすれば、教育実践の質を検討するためには教師の意図が検討されるべきである。教師の意図やそれを支える思想の解明に基づき教育実践を分析しないことには、実践の質や内実を評価することはできない。

教師の思想や意図と教育実践との関係を解明するには、その間にあるカリキュラムをつくるという営みに着目すべきだろう。この営みは、教師が自身の思想を具現化することであり、いわば思想と実践を切り結ぶことだからである。そこで本章では、子どもたちの成長のために必要な文化や経験を構成したものをカリキュラムとし、それをどのような意図や原理によって構成するのかという教師の理念をカリキュラム論と捉えたい。カリキュラム論の視点で唱歌専科教師の音楽教育論を検討することで、大正新教育期における唱歌科の再評価が可能になるのではないだろうか。

以上の問題関心に基づき、本章では、この時期に長野県内および兵庫県内において公立小学校の唱歌専科訓導を務めた北村久雄（1888-1945）が提唱した「音楽生活の指導」が、「音楽的美的直観」の体験という彼の音楽教育の目的論を具現化するための方法論であったことに注目する。「音楽生活の指導」については、寺田貴雄によって「教師が与えるだけの音楽教育から、児童による創造的で意欲的な学習への転換」をするために提唱されたと紹介されるにとどまり、その内実は明らかでない[3]。北村が「音楽を生活させる」とは、「音楽といふ芸術と児童の生活とを外面的に関係づけくっつけることでは無くてもっと深いところに両者の関係を見出す」ことだと表現したように[4]、「音楽生活の指導」には、教科主義的な性格を超える視点が内包されていたと考えられる。こうした視点は、彼の音楽教育の目的概念である「音楽的美的直観」にも見出される。この目的概念は、北村における音楽と「生命」の理解の上に形成されたものであった[5]。

したがって本章では、「音楽的美的直観」との関係を検討することを視野に入れて、「音楽生活の指導」の特質をカリキュラム論の視点から検討することを課題とする。北村自身は「カリキュラム」という言葉を既述のような概念では用いていないし、本章で意図するカリキュラム論を体系的に論じている訳ではない。[6] しかし、カリキュラム論の視点から北村の著述を検討することで、彼の実践を支える思想を解明することが可能であろう。

考察の手順としては、まず先行研究に依拠しながら音楽教育の目的概念「音楽的美的直観」の形成過程を整理する。続いて、その目的概念との関連で「音楽生活」の概念を検討する。最後に、彼のカリキュラム概念を明らかにしたうえで、「音楽生活の指導」の特質を考察する。

1　北村の教師としての成長と「音楽的美的直観」概念の形成

「生命」の成長の促進という使命感

北村久雄は大正新教育期の音楽教育界を代表する実際家であり、理論的な牽引者の一人である。彼の主著『音楽教育の新研究』（一九二六）は、少なくとも一九三〇（昭和五）年一〇月には増訂一二版が発行され、当時の音楽教育界で多くの者に参照されたと考えられる。また、彼は夏期休暇になると方々を講演してまわったという。[7] こうした音楽教育界における牽引者としての活動の一方で、晩年に自身を「一実際者に過ぎない」と表現したように、生涯を通じて実際家としての立場を貫いた。[8] 彼の多くの著作では、国内外の思想家の言説や理論を援用しながら、音楽教育の理論的・実践的な考察が展開されており、その基礎には彼の実際家としての問題関心が反映されている。

彼の問題関心は、子どもとのやり取りの中で生まれたものであり、その問題を解決しようと試行錯誤する中で、教師として成長していた。[9] 北村は小学校訓導として五年目の一九一五（大正四）年に、唱歌専科訓導になったが、その年にはすでに技能中心・楽譜中心の指導に行き詰まりを感じ、児童の音楽的本性を育む教育を目指した。このときに北村は、「生命」の本義は表現であり、唱歌は表現を十全にすることができるため、うたうことはよりよく生きることにつながっているという認識を得た。彼は、児童の「音楽的本性」を伸張し表現を促進することによって、児童の人格を陶冶することを、自身の教師としての使命だと悟ったのであった。(10)

「音楽的美的直観」概念

こうした北村の「生命」理解は、「音楽的美的直観」の体験という音楽教育の目的論に敷衍された。彼は唱歌専科訓導として一〇年目の一九二四（大正一三）年頃から、音楽教育の目的は、児童に「音楽的美的直観」を体験させることにあると主張するようになった。一九〇〇（明治三三）年の小学校令施行規則に掲げられた「美感」や「徳性」を養うという他の教科でも達し得る漠然とした目的ではなく、音楽の独自性の考察に立脚して、音楽教育においてのみ到達可能な状態を「音楽的美的直観」という概念であらわしたのである。彼は、美術や文芸などを含んだ芸術全体の中でも、音楽だけがそれ自体以外の何らの観念をも媒介としていない性格を持っているため、容易に「美的直観」の状態に到達することが可能であると考えた。そして、この「美的直観」の状態を、ベルクソンの「純粋持続」を理論的基盤にして説明した。(11)「純粋持続」とは、いわば「異質的で連続的な流れ」である。(12)そこでは、互いに個別化されない継起が存在するだけで、一つの意識事象が絶えず「相互浸透と有機的統合」を繰り返している。(13)

北村によれば、音楽と接することによって、「美的直観」の状態、すなわち「純粋持続」の状態に身をおくことが可能となる。それは意識の中でリズムや音色、そして音高などの印象が相互浸透と有機的統合をすることによって質的で連続的な流れとなるためである。さらに、意識が「音楽的美的直観」の状態にあり、それが深くなればなるほど表現的になってくるという。(14)つまり、人の意識が「音楽的美的直観」の状態にあることによって「生命」の本義である表現を促すことができるのであり、そこには「生命」の絶え間ない成長が予見される。北村はこの音楽することによって到達可能な「純粋持続」に身をおくことにより真に自由になった自我の絶え間ない「生命の成長」に、音楽の陶冶的価値を見出したのであった。(15)

2　一元論としての「音楽生活」概念

「生命」様態の顕現としての「生活」

北村が、次のように述べたように「音楽生活の指導」は、児童を「音楽的美的直観」の立場に導くことによって彼らの「生命」の成長を促すという音楽教育の目的を実現するための方法論であった。

私は今後の音楽教育はどうしても、児童に教材を伝授したり、歌ひ方を伝授したり、音楽の物識りを作つて居る様な方法を脱して、児童をして音楽的［美的直観の］体験に導くために、彼等をして音楽を生活せしめることに観点を向けなければならないと考へる。(16)（以下、［　］内は引用者）

彼が初めて「音楽生活」という言葉を用いたのは、一九三〇年三月の「音楽的生活課程に於ける器楽指導」という記事(17)においてであるとみられる。また、日本児童音楽協会の雑誌『唱歌と遊戯の研究』に、一九三一（昭和六）年九月から翌年三月まで連載された「音楽生活指導の原理」(18)では、その理論的な全体像が初めて論じられた。

まずは「音楽生活」の概念を検討したい。そこにはカリキュラム構成の際に問題となる子どもか教科か、そして

「形式陶冶」か「実質陶冶」かという二律背反を乗り越える一元論的な性格が看取されるのである。北村は、児童を「音楽的美的直観」の体験に導くためには、従来の唱歌教育のように「児童に歌曲を与へて謡はせるとか、楽曲を提供して聴かせると云ふ様な具合に、児童と音楽とを結びつけようとする」二元論的な立場を脱却し、児童が音楽を生活するという一元論に立脚する必要があると主張した。[19]

然らば如何にして児童を音楽的直観にまで導くことが出来るか。それは今までの様に歌謡を伝授して美しい模唱をさせて居るのでは、到底この目的を達成する見込みが立たない。それにはどうしても、児童と音楽を別々に眺める従来の立場を覆へして、児童と音楽とを打つて一丸としたところの、児童の音楽生活と云ふものを考へなければならない。「児童と音楽」ではなくて「児童の内なる音楽」つまり音楽生活を対象とした教育を考へなければならない。

音楽生活は児童と音楽とを結びつけたものではない。それは児童生活に内在する音楽の事実であり、児童が音楽を自身［で］生活することである。[20]（以下、傍点は原文ママ、傍線は引用者）

「音楽的美的直観」の状態に児童を導くために「音楽生活」という一元論に立脚する必要があるのは、「直観」が、主観と客観とが合一された意識状態だからである。北村は、西田幾多郎の『自覚に於ける直観と反省』（一九一七）から「直観といふのは、主客の未だ分れない、知るものと知られるものと一つである、現実その儘な、不断進行の意識である」[21]という一節を引用して「音楽的美的直観」にさらなる考察を加えた。彼は「音楽的美的直観」の状態とは、主観と客観、すなわち音楽を認識する自我と認識の対象である音楽とが合一されている状態であると説明したのであった。[22]

では、北村のいう「音楽生活」とは何を意味するのだろうか。それにはまず彼の「生活」概念を検討しておく必要がある。彼が「音楽生活」という言葉を用い始めた一九三〇年代前半には「生活」の概念的な説明は行われていないため、一九三七（昭和一二）年の記事を用いて検討したい。北村のいう「生活」は、日常生活を意味するのではなく、自己の興味と意欲を満たすための活動の連続であり、それはより高い価値を獲得し続ける「生命」の顕現である。

> 「興味」は対象に対する意欲を満さんとする内面的活動であると考へる。意欲は実に生命発現の姿であり、生命が価値に志向するものである限り、興味には価値感《ママ》が内包されて居る筈である。
> そこで「生活指導」と云ふことは、児童の興味をより高き客観的価値の獲得に導くことでなければならない。[23]

彼の「生活」概念には、初任期に得た「生命」理解が通底していた。「生活」とはより高い価値を求め続ける、すなわちよりよく生きるという「生命」の基本様態が、具体的な活動としてあらわれたものである。この「生活」概念に基づく「音楽生活」は、「児童が音楽的欲求と音楽的興味を満」たしていくことで、より高い美的な価値を獲得していく活動を意味するのである。[24]

音楽的感覚・技能を育む「形式陶冶」の重要性

北村のいう客観が意味するものは「音楽の客観的な美そのもの」であり、[25] これは先に述べた「音楽の美的価値」と同義である。音楽美は、旋律やリズムなどの音楽的要素が感覚を通して聴かれることで構成されるのである。すなわち音楽の客観的な美的価値は、予め音楽に内包されているのではなく、主観の内に再構成されるものである。

音楽美は単一な要素から出来て居るものではなくて、メロディー、リズム、ハーモニーなどのいろいろな音楽的要素に依つて構成されるものである。又私達が音楽の姿に触れるには耳を通して聴かなければならない。換言するならば、音楽の美を構成する各客観的な美的要素のそれぞれに応ずる感覚が準備されて居なければならない。つまり音楽の美は私達の感覚即ち主観のうちに組み立てられるものと見ることが出来る。[26]（以下、くの字点はひらいた）

こうした音楽の美的価値の獲得のためには、「「形式陶冶の方面」も実に重要なものとなつて来る」という。北村は「形式陶冶」を「旋律感であるとか節奏感であるとか発想感であるとか又は和声感であるとか、更に調子感、拍子感等の音楽を表現したり味つたりするための能力及び心情陶冶を目的とする方面」と説明した。それに対して、「実質陶冶」は「客観的な内容即ち歌ふべき歌曲や鑑賞すべき音楽の内容を授けることを目的とする方面」と説明されているように、音楽の美的価値を獲得させようとするものである。[27]彼によれば、当時の音楽教育の実践において「形式陶冶」が看過されていることによって、小学校のどの学年でも指導目的が異ならない状況であったという。「其の時間時間に於ける教材をうまくこなして行けば、指導の目標」が達成され、一年生の指導と六年生の指導で異なるのは「単なる教材の程度と技術方面」だけであった。音楽の美的価値の獲得に必要な音楽的な能力や心情を育むことは「てんで顧られて居ない状態」にあったのである。[28]

そのため「音楽生活の指導」においては、各教材すなわち楽曲を通して指導される音楽的な能力・心情が「音楽生活の内容」として設定されていた。「音楽生活の内容」は「歌謡生活」「鑑賞生活」「楽譜生活」「作曲生活」「演奏生活」に大別されていた(29)。この中でも「歌謡生活」は、「歌詞生活」「旋律生活」「リズム生活」「発想生活」に分類され、それらの内容ごとに、特定の歌謡教材を通して具体的に指導される内容が一覧として示されていた(30)。

たとえば、第三学年の歌謡教材として取り上げられていた《茶摘》の指導内容をみてみよう。「歌詞生活」では「詩的想像と詩的情緒の触発」をすること、「旋律生活」では「休止の気持を会得せしめること」、「リズム生活」では「タクトに依る休止の暗示」をすることと「リズム的効果に対する感受性の陶冶」を行うこと、「発想生活」では「旋律の変化と色調とを感味させる」ことが設定されていた(31)。このように「音楽生活の指導」では、歌謡教材の音楽的な特徴に基づいて、指導内容が設定されていたのである。

しかし、北村はこれらの指導内容は特定の要素だけを切り離して指導することが、不可能であることも認識していた。つまり歌をうたったり、音楽を聴いたりすることは「歌詞生活」「旋律生活」などの「いろいろな歌謡的生活要素が渾然として融け合つた活動なので」ある(32)。具体的な指導内容を設定するのは、特定の歌謡教材を通して発達させる児童の音楽的感覚を、教師が意識するためである。これら教師が教材を通して育みたいと意図した音楽的な能力・心情は、歌をうたうという児童の活動の中で指導されるのである。そして育まれた能力と心情は、感覚を通じて感受された音楽的な特徴を、技能を駆使して表現する児童自身の活動に直ちに反映されることで生きた能力となるのである。

唱歌学習の生活たらしめるためには、従来のやうに児童の模倣的活動に終始して居ては駄目である。［中略］音の関係に於ける知識の方面をもつともつと豊富にしなければならない。

併しこゝに最も肝要な問題は、低学年児童に対して、音に関する体験〔単なる概念的な知識では役に立たない。それが体験として把捉されなければ、学習は発展しない。〕この体験を得しめるに、より適切な仕方は如何にすべきかと云ふことである。(33)（〔 〕は原文ママ）

このように「音楽生活の指導」では指導の目的や内容を教師が明確に把握し、教材を通して児童の音楽的な能力・心情が育まれ発展することを保障するため、「形式陶冶」の重要性が強調されていた。しかしながら、北村は「学習作用の本質に於ては、「形式陶冶」と「実質陶冶」とは一如なものでなければならない」と考えていた。(34)

「形式陶冶」と「実質陶冶」とを結ぶ「音楽生活」

先に述べたように「形式陶冶」が目的とする音楽的な能力や心情は、児童の表現活動の中で発揮されてこそ生きた能力となるのであり、それは「実質陶冶」が目的とする音楽の美的価値を実現するための能力であった。一方で、「実質陶冶」が目指す音楽の美的価値は、児童の音楽的な能力や心情を通して実際の音楽として表現されることで、児童の内に構成されるものである。「形式陶冶」と「実質陶冶」は、児童が音楽することによって実現されるのである。

児童が音楽しているときは、「形式陶冶」が目的とする音楽的な能力や心情などの形成と、「実質陶冶」が目指すそれらの能力が発揮され音楽美を獲得していく過程は同時に進行しているのであり、二項対立的なものではなく、相互補完的なものとして働いている。こうした「形式陶冶」と「実質陶冶」が相互補完的に行われ、そこで育まれた能力がさらに児童の表現に生かされるという連続的発展が「音楽生活」なのである。

以上に述べたところの［音楽的な感覚や技能などの］各要素は歌謡の態度を構成するものではあるが、これは単なる知識として所有したのでは歌謡の態度が出来上らない。

斯うして構成された児童の歌謡的態度は、発声とか発音とか発想的に謡ふと云ふ所謂歌謡活動に訴へることに依つて真に確実な態度となり、又斯うした活動に訴へることに依つてその態度は益々深まり、その態度は真に児童の生活に織り込まれて行くのである。(35)

以上みてきたように、北村が意味するところの「音楽生活」は、児童が音楽的欲求や音楽的興味を満たしていくことで、より高い美的価値を獲得していく活動であった。彼は、「音楽生活」いわば児童が音楽するという活動様態を教育方法論の原理とすることによって、児童と音楽、「形式陶冶」と「実質陶冶」という二項対立を止揚しようとしたのであった。こうした「音楽生活」の一元論的な性格を具現化するためには、教師によって論理的に構成される系統的な教科課程からの転換が必要であった。

3　「音楽生活課程」にみるカリキュラム概念

音楽的興味の連続的発展を促す課程

北村は、「音楽生活」の立場においては児童に音楽を与えるという発想から児童から音楽を引き出すという発想に転換する必要があるという。そこでの教師の役割は生活環境を与えることであり、この生活環境が「音楽生活課程」である。(36)

「音楽生活課程」を構成する基準となるのが、各学年児童の音楽的興味と能力の特徴である。北村は「音楽生活を指導するに当つて先づ知つて置かなければならない」ことは、「その学年児童の音楽生活事実、音楽生活特徴、音楽生活状態」であるという[37]。ここで彼がいう「生活事実」「生活特徴」「生活状態」が、児童の音楽的興味の特徴や、音楽的な能力の特徴のことである。たとえば、中学年児童の特徴は次のように捉えられていた。①音楽に対して感覚的興味と美的興味を同じくらいにも持っている。②歌曲に対して旋律的な興味を持ってくる。③楽譜的な判断力ができてくる。④声が自由さを持ってくる。⑤鑑賞的態度に適してくる。⑥歌謡的欲求が他の生活から独立してくる[38]。このような児童の興味や能力の特徴を基準として、指導方針や指導内容が設定された。

「音楽生活課程」構成の基準を児童の興味や能力の特徴に求める方法は、彼の「生活」理解に基づいていたと考えられる。北村が「生活」をより高い価値を獲得し続ける「生命」の顕現であり、自己の興味と意欲を充たしていく活動の連続であると捉えていたことは既述のとおりである。こうした「生活」の立場に依拠する「音楽生活の指導」では、発展的で連続的な「生活」の流れに基づいて「音楽生活課程」を体系づける必要があるという。

生活は断片的なものではなくて、一つの流れであり連りである。従つて［中略］低学年、中学年、高学年等の各学年独特の生活はその学年のみの生活を眺めた場合で、これを生活の流れとして眺めると、中学年の生活は低学年の生活の発展であり、更に中学年の生活が発展して高学年の生活を産み出して行くのである。故にそこには生活の流れに伴つて、生活指導の体系が考へなければならない[39]。

したがって、「音楽生活課程」はその時々の児童の「音楽生活」つまり意欲や興味を充たしていくように構成される必要がある。そのため北村は、児童の音楽的興味の特徴を「低学年」「中学年」「高学年」にわけて説明した。しかし、それらの特徴は彼の児童観察に基づいて蓋然的に措定されたものであり、個人間においても差異があることが理解されていた。すなわち、教師がその時々に個々の児童が持っている音楽的興味を把握する必要があったのである。

> 生活様相が異ると云ふことや変転して行くといふことは、低学年とか中学年、高学年など学年に依つて異るばかりでなく、児童の各個人個人についても甲と乙との間には生活様相や生活要素の間に他少《ママ》の異りはあるものである。
>
> 故に児童の音楽生活を低学年、中学年、高学年等に別けてその各学年期に於ける生活を特色づけると云ふことは、蓋然《がいぜん》的なものを示すに過ぎないことは致し方がない。[40]（以下、ルビは原文ママ）

以上のように「音楽生活課程」は、児童の音楽的な興味を充足させることによって、その連続的発展を促す環境として構成されるものであり、それゆえに、音楽的興味の連続的発展に即して不断につくりかえられるものとして理解されていたといえよう。ここには指導の前提となる計画としての教科課程ではなく、実践において児童の実態と教師の意図との相互作用によって構成されるものとしてのカリキュラム概念を看取することができる。

能力の飛躍を内包した体系

児童の音楽的興味の発展に基づいて構成される「音楽生活課程」の体系は、従来の唱歌教育が採用してきた系統性とは根本的に異なるものであった。

今までの一般的教育の立場も低学年の教育は中学年の準備であり、［中略］小学校教育は大人の準備をすることであると云ふ様に考へる人が多かつた様に、従来の唱歌教授に於ては兎角上学年の準備として、下学年の教育を意味づけて来たものである。そしてこれが系統的であると考へられて居つたのである。(41)

従来の唱歌教育では、指導に先立って教師によって歌唱の完成した姿が想定され、そこに向かって「指導者の気に入る様な謡ひ方をさせる様に努め」てきたのである。北村はこうした態度を「完成主義」だとして退けている。(42) そのため彼は「楽譜力を養ふとか視唱力をつけると云つたことを目的」として、「大人の頭で構成した理屈ぜめの系統的基本練習」についても、「児童の音楽的生活の発展」を考えていないばかりか、「実際児童に消化され難いために、却つて力がつかない場合が多い」と批判している。(43)

先に検討したように北村は音楽的な感覚・技能などの形成を目指した「形式陶冶」を看過してはいない。各学年に配列された歌謡教材には、それぞれ具体的な指導内容が想定されていたのである。しかし、それらの指導内容は教師によって論理づけられ系統づけられ、必ずその順番に習得しなければならない「段階」の発想によって組織化されたのではない。「音楽生活課程」の体系はその時々の子どもたちの興味や能力の連続的発展に求められるのである。すなわち指導内容や技能の系統的な指導に依らずとも、児童の内に関係性や体系が産み出されるのである。北村はこうした作用は、精神における「飛躍」によって起こるという。

児童は必ずしも論理的に順を追つた系統的な基本練習の過程を通らずに、自由に選択した断片的な生活材料に依つて学習して行く間に、一見聯絡のとれて居ない断片的な生活の中に或る関係を見出したり、或る体系を産み出したりすることが出来る。
これは精神生活に於ける飛躍に依るもので、論理を超越したはたらきである。[44]

「音楽生活課程」は、児童の音楽的興味に即して不断につくりかえられる動態であり、その体系は児童の能力の飛躍を内包したものであった。ここに看取されるカリキュラム概念からは、北村が音楽の系統性を重視した教科主義から児童の音楽衝動を重視する児童中心主義へと転換したとして評価できなくもない。しかしながら、児童の音楽的興味の連続的発展を捉える視点の基礎には、彼の「生活」理解だけでなく、音楽の発生的知見への接近を通した人類史における音楽の起源についての理解があった。

4　発生的知見に基づく「カリキュラム」改造

音楽発生に関する知見の獲得

北村は、「各学年音楽生活指導の根本課程方針の根拠を文化史的発展にもとめた」とし、自身を「文化史的教科課程案」を主張する一人であると位置づけていた。[45] 彼が「文化史的発展」と「文化史的教科課程案」について、次のように説明したように、「音楽生活課程」構成の原理には、個体発生は系統発生を繰り返すという発生的知見の影響があったと考えられる。

誰も知る通り人間の生活は人類史の縮図の如きもので、個人の発達様相は丁度人類の発達過程を辿るものである。

これは生物学的発生的生長の過程であるが、人類の発達に伴つて文化が進むのであるから、文化の発展した跡つまり文化史に於ける人類文化の発達過程を、私達の個人生活に於て繰り返すものであることは、エルンスト・グローセが其の著「芸術の始源」に於てとくに述べて居るところである。

こゝに掲げた［＝北村の主張する］「文化史的教科課程案」と言ふのは、今述べた様に人間の発達して行く有様は原始民族が段々と発達して今日の文化を開いた「文化史的発展の過程」と同様であると云ふ見解から、教科課程《カリキユラム》の標準根拠をこれにもとめると云ふ立場である。[46]

ここで特筆すべきは、北村がエルンスト・グロッセ（Ernst Grosse, 1862–1927）の『芸術の始源』（*Die Anfänge der Kunst*, 1894, 邦訳一九二一）に言及していることである。[47] グロッセは、従来の芸術学が個人的形式の記述に偏重してきたため、社会的な形式を社会学的な方法によって追求する必要があると主張した。『芸術の始源』には、当時の人類学的手法によって原始民族の芸術を研究することにより、芸術の起源についての考察が示された。[48] また、北村は一九二四年の記事の中ですでに、美学者の渡辺吉治（1894–1930）による「音楽起源の学説」（一九二〇）を参照して、リヒャルト・ヴァラシェク（Richard Wallaschek, 1860–1917）の「リズム衝動起源説」、カール・シュトゥンプ（Carl Stumpf, 1848–1936）の「信号起源説」などの音楽の起源説について言及していた。[49]

プリミティブな音楽的行為を起点とした「音楽生活課程」

北村は、さまざまな音楽の起源説を紹介したうえで「原始民族に於ける音楽の特質が、原始民族の律動的作動と結びついて、そこにリズミカルな歌謡を伴つて来たことを見た」として、動作をともなっていることにプリミティブな音楽の様態を捉えたのであった。(50) これはグロッセにも共通した理解である。

音楽は、文化の最低階級に於ては、極めて密接に舞踊並びに詩と結びついて現はれて居る。音楽的伴奏を伴はない舞踊は、原始種族も亦、吾人文化民族の如く、少しも是れを知らない。(51)

音楽の発生についての知見は、北村の幼児期の子どもの音楽的行為を捉える視点に生かされていた。

幼児が訳の分らぬことを、でたらめに節づけてうたつて居るところを見ると、［中略］この歌謡的動作が単独に行はれているといふことは無く、必ず他の生活つまり本能的な衝動的な遊戯的動作と結びついて居る。即ち幼児に於てはその音楽性は渾然として他の生活要素と融け合つて居るのである。(52)

北村は、渾然一体となった幼児の行為を根拠とした「カリキユラム」の改造が「未分科の学習とか、合科的な学習とか作戯的学習など」であるという。(53) しかし彼は、音楽の発生的知見を通して幼児の音楽的行為の特徴を捉えることで「寧ろ合科など丶呼ばれる以前の立場」としての「自然的学習生活」の必要を認識するに至った。合科以前の立場というのは「全く家庭に於ける自然的な生活状態を指すので、遊戯中心的な生活」のことである。そのため彼は、小学校入学期の児童に対しては「唱歌科と云ふ様な特殊な時間を設けて、唱歌ばかりを教へるといふ仕方に依らないで」、「遊戯的学習の中に歌を謡はせたり、踊らせたり、聞かせたりする」必要を説いたのであった。(54)

北村が合科以前の遊びを中心とした活動を「音楽生活課程」の起点とするのは、それが単に人類の文化的発展と人間の発達が一致しているために、前者の経路を子どもたちになぞらせるためではない。彼が認めているように原始民族と文明社会に生きる児童では、生活の様相は異なるのである。それでも幼児の遊びを中心としたプリミティブな活動を尊重するのは、幼児が持つ「原始性」にこそ、「やがて立派な文化人として伸びて行く真実の姿、生の活力が必然されて居る」からである。(55) 原始民族の音楽的な行為の中に、音楽文化発展の起源を確認したように、幼児の本能的な遊びの中に、「音楽生活」の根源、すなわち音楽的興味を充足することでより高い美的価値を求め続ける活動の根源を見出したのである。そして、彼は源泉から発展する児童の「音楽生活」のさらなる連続的発展を促す環境として「音楽生活課程」を構成したのであった。(56)

おわりに

北村は唱歌専科教師初期キャリアに「生命」概念を獲得して以来、一貫して児童が「音楽すること」を音楽教育の方法原理に据えていたといえよう。それは音楽することによる「音楽的美的直観」の体験を通した「生命」の成長という目的以外のあらゆる目的を退けること、いわば手段としての音楽教育という見方を脱することを意味していた。したがって彼の「音楽生活の指導」は、日常生活や将来においてうたうための準備を意味しないし、音楽を通した生活指導を意味しない。教師の眼前でより高き価値を求める、すなわちよりよく生きようとしている児童のうたいたいという根元的な欲求に即して、よりよくうたえるように導いていくことを意味していたのである。

よりよくうたいたいという興味と意欲を満たす連続的で発展的な活動である「音楽生活」を指導する方針となるの

が「音楽生活課程」であった。従来のように「個々の教材を児童の模倣と記憶に依つて」学習させる音楽指導は、断片的で無方針であったために児童が音楽することに寄与しないものであったという。[57] したがって、彼が提案する「音楽生活課程」には、指導内容が系統的に配列されている。しかしそれは、あくまでも児童が音楽することを指導するために教師が指針とするものであって、児童の音楽的興味の連続的発展に即して不断につくりかえられる動態であり、児童の音楽的能力の飛躍をも内包したものであった。ここには、児童と音楽の相互作用に即して構成される動態としてのカリキュラム概念が看取される。

こうした「音楽生活の指導」を企図する北村の音楽教育実践は、必然的に個別学習へと展開していった。彼は一九三一（昭和六）年の『楽譜生活の新指導』において「楽譜指導の反省」として、自身が開発した「楽譜練習帳」[58]を用いた実践について振り返っている。一斉指導によって楽譜指導にあたってきた北村は、この頃になると楽譜練習帳を自由に進めたい児童には、一人ひとりうたを聴いて指導するようになっていた。非常に乗り気になった児童たちは、休み時間や放課後に彼の部屋を訪ね、中には彼の自宅にまで押しかけて指導を求めるようになった。こうした意欲的な児童の一人である尋常五年の男子児童が発した「先生此頃幾らか譜が分つて来ました」という一言は、北村に「楽譜指導に対する深い反省と貴い暗示を与へた」という。この児童の告白から、一斉に楽譜指導を行うのでは真の意味での体験になり得ず、「適切なる楽譜練習帳に依る個人的学習に越したものは無い」という認識に至っている。個々の児童が「自ら楽譜にぶつかって音程や拍子を解決しようと欲する時に楽譜の性能《はたらき》を自ら体得して行く」のであって、「その性能が児童に依つて表現されるところに楽譜生活が発展する」ためである。[59]『楽譜生活の新指導』が公刊されたのは、彼が「音楽生活の指導」に関する論考を発表し始めた時期であり、以上のような実際の児童の姿から得た知見と理論的な追究との両面から、彼の「音楽生活の指導」論が構築されたと考えられる。

本章で検討してきたように児童と音楽の二元論を脱し、音楽するという一元論を音楽教育の方法原理に据えることを可能にしたのは、「生命」概念を基盤とした「音楽生活」の理論的追究であった。そして、それを「音楽生活課程」という眼前の児童を指導する実際的指針へ敷衍するうえで核となったのが、発生的な知見を通じて得た、人間の発達過程における音楽的行為の発生についての理解であったといえよう。すなわち、北村は音楽の起源の考察によって、踊りや詩などが不可分なプリミティブな音楽的行為に注目し、そこに深化発展していく「音楽生活」の根源を見出し、そのさらなる連続的発展を促すために、児童の音楽的興味に即した「音楽生活課程」を構成したのである。

以上からは、北村が唱歌専科教師という「一実際者」として、児童の専門家としてでも音楽の専門家としてでもなく、児童の音楽表現の専門家としてあろうとしたことが看取される。彼は児童の現実や声に向き合うことで生起した実践的課題に立脚し、理論的な追究によって音楽教育の根拠と方法原理、実際的方針を得ようとした。そこで展開された理論的探究が、歌謡教材や教授法の研究にとどまらず、音楽が人間における根元的な活動様態であるという基本理解に基づき、児童にとっての音楽の意味の探究として展開されていたことは注目に値する。こうした彼の実際家としての研究姿勢の実践的展開が「音楽生活の指導」であったといえよう。

註

（1）三村真弓「大正期から昭和初期の小学校唱歌科における指導法の史的展開――教科主義と児童中心主義との接点の探求――」広島大学博士論文、二〇〇一年、二四二頁。

（2）同前。当時の唱歌教育実践を対象とした研究のすべてが、この枠組みによって評価されてきたとはいえない。しかし、大正新教育の成果を引き継ぎながら実践が展開された一九三〇年代の東京市における簡易楽器指導を対象とした菅道子「1930年代の山本栄による簡易楽器指導の導入」（『和歌山大学教育学部教育実践総合センター紀要』第二一号、二〇一一年、一四三―一五一頁）においても、この評価枠組みが用いられている。また、北村の生活信念と音楽教育論との関係を検討した藤井康之「北村久雄の音楽教育論と生活の信念」（『東京大学大学院教育学研究科紀要』第四三巻、二〇〇四年、二八七―二九四頁）でも、彼が音楽の価値を重視し、個別的な存在としての子どもを看過したと評価が行われている点において、従来の通説を前提としていると考えられる。北村を対象とした先行研究の整理は、拙稿「北村久雄の「音楽的美的直観」概念――音楽教師としての音楽と「生命」の理解――」（『音楽教育研究ジャーナル』第四二号、二〇一四年、二頁）を参照されたい。

（3）寺田貴雄「北村久雄」日本音楽教育学会編『日本音楽教育事典』音楽之友社、二〇〇四年、二八三頁。その他「音楽生活の指導」に言及した研究に、石田陽子「「音楽的美的直観の教育」をめざして――北村久雄の音楽教育論と教育方法論――」（『四天王寺大学紀要』第五一号、二〇一一年、一五七―一七三頁）がある。しかしこの研究では、「北村は、音楽の授業を「音楽生活」と呼び、「児童に音楽の授業を行うこと」あるいは「児童に音楽の指導をする」ことを「音楽生活の指導」と表現する」（同前論文、一六五頁）と指摘されているように、明らかな誤解が生じている。そのため本章では、「音楽生活の指導」の内実を検討したい。

（4）北村久雄「音楽生活指導の原理」『唱歌と遊戯の研究』第二巻第八号、一九三一年、五二頁。

（5）拙稿、前掲論文。

（6）しかし、北村（『低学年音楽生活の指導』文化書房、一九三一年、三頁）は、すでに「カリキュラム」という言葉を用いている。本章で定義したカリキュラムと、北村の用法を区別する必要がある場合は、後者にカギ括弧を付して表記する。

（7）北村久雄「夏の講演生活断片」『教育音楽』第一一巻第九号、一九三三年、二四―三四頁。

（8）拙稿、前掲論文、二頁。

（9）北村の問題関心の変容やその過程での教師としての成長については、拙稿「北村久雄における唱歌科教師としての専門性認識の変容――実践的問題関心の検討を通して――」（『東京成徳大学子ども学部紀要』第三号、二〇一四年、六七―七七頁）に詳しい。

（10）同前論文、七二頁。

(11)「音楽的美的直観」とベルクソンの「純粋持続」との関連については、拙稿、前掲「北村久雄の「音楽的美的直観」概念」を参照されたい。
(12) 同前論文、六頁。
(13) アンリ・ベルクソン／竹内信夫訳『意識に直接与えられているものについての試論』白水社、二〇一〇年、二一六頁。
(14) 北村久雄『音楽教育の新研究』モナス、一九二六年、一二一一四頁。
(15) 拙稿、前掲「北村久雄の「音楽的美的直観」概念」九頁。
(16) 北村久雄『新音楽教育の研究』厚生閣、一九三四年、二四頁。
(17) 北村久雄「音楽的生活課程に於ける器楽指導」『教育音楽』第八巻第四号、一九三〇年、八―一三頁。
(18) 北村久雄「音楽生活指導の原理（一）～（七）」『唱歌と遊戯の研究』第二巻第八号～第一二号、第三巻第一号～第三号、一九三一年～一九三二年。
(19) 北村久雄『高学年音楽生活の指導』厚生閣、一九三五年、五―七頁。
(20) 同前書、六頁。
(21) 西田幾多郎『自覚に於ける直観と反省』岩波書店、一九一七年、一頁。
(22) 北村、前掲『新音楽教育の研究』二〇―二三頁。
(23) 北村久雄「文部省の小学校教科課程改革案と音楽教育（三）」『学校音楽』第五巻第六号、一九三七年、一三頁。
(24) 同前。
(25) 北村、前掲『新音楽教育の研究』二二頁。
(26) 同前。
(27) 北村、前掲「文部省の小学校教科課程改革案と音楽教育（三）」一六頁。
(28) 北村、前掲『低学年音楽生活の指導』一三六―一三七頁。
(29) 低学年では、「楽譜生活」は設定されていない。
(30) 北村、前掲『低学年音楽生活の指導』二八五―二九二頁。北村久雄『正しい音楽生活の指導』厚生閣、一九三四年、一五〇―一五五頁、二八八―二九三頁。北村、前掲『高学年音楽生活の指導』一四〇―一四六頁、一九〇―二九七頁。
(31) 北村、前掲『正しい音楽生活の指導』一五〇―一五五頁。
(32) 北村、前掲『低学年音楽生活の指導』二八四頁。
(33) 同前書、一六二頁。
(34) 北村、前掲「文部省の小学校教科課程改革案と音楽教育（三）」一六頁。
(35) 北村久雄「歌謡的精神と歌謡的態度――唱歌科の狙ひどころ――」『兵庫教育』第五四四号、一九三五年、五五頁。
(36) 北村、前掲『新音楽教育の研究』二二五頁。
(37) 北村、前掲『正しい音楽生活の指導』一四頁。
(38) 同前書、一四―二三頁。
(39) 北村、前掲『高学年音楽生活の指導』九―一〇頁。
(40) 北村、前掲『正しい音楽生活の指導』九頁。
(41) 北村、前掲『低学年音楽生活の指導』六頁。
(42) 北村、前掲『新音楽教育の研究』一八三―一八四頁。
(43) 北村、前掲『低学年音楽生活の指導』五頁。
(44) 北村、前掲「音楽的生活課程に於ける器楽指導」一二頁。
(45) 北村久雄「文部省の小学校教科課程改革案と音楽教育（二）」『学校音楽』第五巻第四号、一九三七年、一二頁。
(46) 同前論文、一一―一二頁。
(47) 管見の限り、北村によるグロッセの『芸術の始源』への言及が初めてみられるのは、北村久雄「音楽の鑑賞教育」（『帝国教育』第五一一号、一九二五年、二六頁）である。また、北村、前掲『音楽教育の新研究』（三四頁）には、グロッセの著書からの引用がみられる。この引用がみられる節は、一九二二（大正一一）年の二つの記事（北村久雄「唱歌科に於ける芸術的陶冶」『帝国教育』第四八一号、一九二二年、三九―六〇頁。北村久雄「音楽教育と芸術陶冶」『音楽』第一三巻第一〇号、一九二二年、一一―一八頁）とほぼ同じの内容であるが、一九二二年の二つの記事にはグロッセへの言及はない。そこで、北村、前掲『音楽教育の新研究』（三四頁）における引用と『芸術の始源』の邦訳初版（エルンスト・グローセ／安藤弘訳『芸術の始源――比較人種学的――』岩波書店、一九二一年、三九九頁）を対照したところ、接続詞など部分的な言い回しの差異があるものの、ほとんどが同一であった。したがって、一九二二年時点ではグロッセの引用がみられないことからも、北村は一九二一（大正一〇）年の邦訳初版の第一刷もしくは一九二五（大正一四）年の第二刷を参照していたと考えられる。

(48) 『芸術の始源』の概要については、邦訳初版の第一刷、および桂直美「S．コールマンの「創造的音楽」の再評価――「発生的方法」による教科カリキュラム観転換への視点――」（『カリキュラム研究』第七号、一九九八年、二七―三八頁）を参照した。

(49) 北村久雄「童謡と唱歌教授に就ての根本的考察」（『帝国教育』第四九八号、一九二四年、一五―五一頁）では、ヴァラシェクやシュトゥンプの学説は「渡辺文学士」の要約に依拠したことが明記されている。本記事における記述との対照を行った結果、北村が渡辺吉治「音楽起源の学説」（『心理研究』第一八巻第一〇六号、一九二〇年、二八三―二九〇頁）を参照していたと断定できた。

(50) 北村、前掲「童謡と唱歌教授に就ての根本的考察」二六頁。

(51) グローセ前掲書、三六三頁。

(52) 北村、前掲『低学年音楽生活の指導』二頁。

(53) 同前書、三頁。

(54) 同前書、一一八―一二二頁。

(55) 北村、前掲「童謡と唱歌教授に就ての根本的考察」三〇―三一頁。

(56) 北村、前掲『低学年音楽生活の指導』三―四頁。

(57) 北村久雄「土台無き現時の音楽教育の指導と其改革」『学校音楽』第一巻第三号、一九三三年、一二―一三頁。

(58) 彼が開発した楽譜練習帳は公刊されていた。一九三八（昭和一三）年の訂正一〇六版（北村久雄『新案楽譜練習帳　標準編』訂正一〇六版、柳原書店、一九三八年）の現存が確認できている。初版は一九三一（昭和六）年となっている。

(59) 北村久雄『楽譜学習の新指導』京文社、一九三一年、三二八―三二九頁。

あとがき

本書は、当初『大正新教育の受容史』の続編として構想されたものである。前著では大正新教育期における西洋教育情報の普及状況（第Ⅰ部）と新教育運動に取り組んだ実際家たちの実践改革（第Ⅱ部）について、その実態調査を並行して行うことを試みた。情報の流れに注目して、受容主体の内面の変化を明らかにする方法に手応えを感じた執筆者たちは、引き続きこの手法で実際家による実践改革の事例研究を蓄積することに取り組んできた。私たちが「受容史の方法」にこだわるのは、教師たちに摂取された情報が実践に「どう活かされているか」ではなく、教師が接した情報を「どのように活かしていったのか」を詳らかにしたいからである。その過程にこそ、彼らが実際家として成長した内的ないしは外的要因を見ることができると考えている。

こうした研究の根底には、実践の質を高めるために現在もさまざまな教師教育の施策が講じられている一方で、教師の能力形成に関する基礎的な研究が少ないのではないかという前著からの問題意識がある。教師の能力形成のメカニズムやそれに関与する環境要因の解明に、大正新教育の実際家の事例研究が有効であると考えている私たちは、昨夏に同じ志を有する研究仲間を得て、「大正新教育の実際家研究会」を持つことができた。編者の呼びかけに応じて下さった一一名の研究者とともに、九月以降半年の間に六回の研究会を行った。一二名の研究者はもともと大正新教育の個別事例に関心を持っていたが、その専門は必ずしも教育史だけではなく、教育方法やカリキュラム、教育思想、幼児教育などさまざまである。名前だけは知っていたが研究交流は初めてという方もあって、自分が誘っておきながら、内心どのような研究会になるのか不安でもあった。研究会に際してはほとんど日程調整をせず、報告希望者が自身の都合の良い日時に研究発表を行うというお気楽な設定で始めたのであるが、毎回半数から八割の参加者があり、予定時間をオーバーして議論が伯仲した。お互いに褒め合うことはせず忌憚のない意見をぶつけ合うという方針に、最初は驚いて物怖じしていた人もあったが、（毒舌にも慣れ？）途中からは出席者全員がそれぞれの率直な表現で議論することを楽しめるようになった。こんな小さな研究会においても、考え方や表現の多様性が重要な気づきをもたらすと同時に、それが「創造」の契機となることを実感することができた。

本書にはこの研究会の一二名が執筆した一三本の論文を収めた。第1章では実際家たちを教育研究の当事者として覚醒させた教育教授研究会、第7章では保育界の実際家が「幼稚園令内容案」を審議した全国保育者代表協議会に注目した。両章では、会の性格や議論の内容を分析して、当時の教育問題に対する実際家たちの意識や制度改革への寄与の一端を明らかにした。この二章以外の章は個別の実際家や実践校を取り上げている。第2章では「分団式動的教育法」の原点である宮城県師範学校時代の及川平治、第3章では科学的・宗教的視点から自立的に保育研究に取り組んだ和久山きそ、第4章では幼児教育の実地研究を通して修養概念を深化させた平田華蔵、第5章では、国定理科教科書の全廃を主張して理科教育の改造を図った諸見里朝賢、第6章では児童教育研究会を組織して協同的な研究に従事した東京女子高等師範学校附属小学校の教師たち、第8章では教児共学の環境整理によって生活単元を開発した鶴居滋一、第9章では公立小学校で学習環境の整備と拡充に取り組んだ斎藤諸平と守安了、第10章ではドクロリー教育法を受容してカリキュラム開発能力を形成した奈良靖規、第11章では児童の自治による秩序形成を目論んだ池袋児童の村小学校の教師たち、第12章では自身の実践から「協働自治」の思想と方法を生み出した野村芳兵衛、第13章では音楽的行為の発生論的考察から「音楽生活の指導」を提唱した北村久雄、に注目して実際家たちの実践思想の形成や活動実態を解明することを試みた。それぞれの章では、これまで「経歴」や「実践」などと表現されてきた実際家たちの経験を、彼らが接した情報および表出した情報という次元に掘り下げて分析・考察することで、彼らの意識変容や態度変容のプロセスをより精緻に描き出すことができたと考えている。もちろん、本書によって私たちの問題意識が解決できたわけではない。本書に収載した研究の成果は、問題解決のために次に取り組むべき課題を明確にできたにすぎないが、それでも目的に向かって確実に歩を進めるものであると自負している。引き続き、私たちの試みによって得られた知見と課題を、できるだけ多くの研究者と共有して研究を進めていくことができれば幸せである。どのような視点からでも、大正新教育の研究が増えていくことを願っている。大正新教育期の実際家たちがそうであったように、教育学研究にはさまざまなチャンネルで研究交流を拡げていく貪欲さが必要ではないかと思う。

最後に、共同研究の遂行に際してお世話になった方々に感謝の意を表したい。各執筆者の調査に際しては、章末に付記したとおり、多くの史料所蔵機関および個人の方々にご協力をいただいた。研究会の幹事香山太輝さんと本書の編集幹事望月ユリオさんには、研究会の運営や原稿の取り纏め、校正・索引作りにご尽力いただいた。また、本書は株式会社風間書房の風間敬子社長より格別のご厚情を賜り公刊することができた。思い起こせば、編者は二七年前、今春逝去された恩師三好信浩先生に先代の風間務社長を紹介していただき、学位論文を出版した。同社には、今回執筆に加わってくださった湯川嘉津美先輩をはじめ、遠座知恵さん、永井優美さん、宮野尚さんが学位論文を出版する際にも大変お世話になっている。学術書の出版事情が厳しい中、本書の出版を快くお引き受けくださり、丁寧な編集作業をしてくださった風間さんに衷心より御礼を申し上げます。

二〇二四年皐月

橋本　美保

初出一覧

すべての原稿には、大幅な加筆および修正を行った。

第1章　遠座知恵・橋本美保「教育教授研究会の設立とその活動――「実際家」による教育学研究の当事者化――」『日本の教育史学』第六六集、二〇二三年、六―一九頁。

第2章　冨士原紀絵「日本の学校教育における「実践」と「実験」の関係――及川平治『分団式動的教育法』の原点を探る（1）――」『お茶の水女子大学人文科学研究』第一七巻、二〇二一年、一七七―一八九頁。冨士原紀絵「日本の学校教育における「実践」と「実験」の関係――及川平治『分団式動的教育法』の原点を探る（2）――」『お茶の水女子大学人文科学研究』第一八巻、二〇二二年、九五―一〇七頁。

第3章　書き下ろし。

第4章　宮野尚「平田華蔵における道徳教育論の形成過程――指導法をめぐる葛藤と模索――」『教育学研究年報』東京学芸大学教育学講座学校教育学分野・生涯教育学分野、第四一号、二〇二二年、三一―四九頁。

第5章　書き下ろし。

第6章　書き下ろし。

第7章　湯川嘉津美「大正期における幼稚園発達構想――幼稚園令制定をめぐる保育界の動向を中心に――」『上智大学教育学論集』第三一号、一九九七年、一―二〇頁。

第8章　望月ユリオ「鶴居滋一における指導観の変容――「環境整理」概念の理解に着目して――」『日本の教育史学』第六五集、二〇二二年、一九―三二頁。

第9章　鈴木和正「子どもの学びを広げる「学習空間」の創造――岡山県倉敷小学校の大正新教育と学校図書館――」『子ども

の文化』文民教育協会子どもの文化研究所、第五四巻五号、二〇二二年、一二三―一三三頁。鈴木和正「大正新教育期における「学級文庫」の創設と展開――岡山県倉敷小学校訓導の守安了を事例として――」『教育学研究紀要(CD-ROM版)』中国四国教育学会、第六八巻、二〇二三年、三一八―三二三頁。

第10章　橋本美保「富士尋常小学校奈良靖規におけるドクロリー教育法の受容――大正新教育期公立小学校教師の修養とカリキュラム開発――」『東京学芸大学紀要』総合教育科学系、第七三集、二〇二二年、一―一五頁。

第11章　香山太輝「池袋児童の村小学校における道徳教育の特質――創設期「相談会」の取り組みと「道徳の創造」――」『個性化教育研究』第一五号、二〇二四年、二一―一一頁。

第12章　書き下ろし。

第13章　塚原健太「北村久雄の「音楽生活の指導」の特質――カリキュラム論の視点からの検討を通して――」『音楽教育学』第四六巻第一号、二〇一六年、一三―二四頁。甲斐万里子・髙橋潤子・千葉修平・塚原健太・今田匡彦・坪能由紀子「若手研究者が考える音楽教育学の今後(第二年次)――研究方法論の追求から学と学会の在り方を見通す――」『音楽教育学』第四七巻第二号、二〇一八年、八二―八九頁。

人 名 索 引

事 項 索 引

宮野　尚（みやの　ひさし）（第４章）

1991年　千葉県生まれ

2019年　東京学芸大学大学院連合学校教育学研究科（博士課程）修了

日本学術振興会特別研究員（DC）、同（PD）を経て

現職：信州大学教育学部助教、博士（教育学）東京学芸大学

主要業績：「ウィネトカ・プラン成立期における活動領域の意義――教師の力量形成のための構想――」（『日本の教育史学』第61集 2018）

「大阪市大宝尋常小学校における児童研究――大正期の実践改革に与えたアメリカ教育測定研究の影響――」（『アメリカ教育研究』第31号 2021）

『ウィネトカ・プランにおける教職大学院の成立過程』（風間書房 2021）

望月ユリオ（もちづき　ゆりお）（第８章）

1996年　長野県生まれ

2024年　東京学芸大学大学院連合学校教育学研究科（博士課程）修了

現職：東京学芸大学教育学部非常勤講師、博士（教育学）東京学芸大学

主要業績：「山路兵一による生活単元カリキュラムの開発過程――教科観に着目して――」（『カリキュラム研究』第30号 2021）

「山路兵一による中学年カリキュラムの開発過程」（『東京学芸大学紀要』第73集 2022）

「鶴居滋一における指導観の変容――「環境整理」概念の理解に着目して――」（『日本の教育史学』第65集 2022）

湯川嘉津美（ゆかわ　かつみ）（第７章）

1958年　広島県生まれ

1987年　広島大学大学院教育学研究科博士課程後期単位取得退学

現職：上智大学総合人間科学部特別契約教授、博士（教育学）広島大学

主要業績：『日本幼稚園成立史の研究』（風間書房 2001）

「学制期の大学区教育会議に関する研究――第一大学区第一回教育会議日誌の分析を中心に――」（『日本教育史研究』第28号 2009）

「明治一五年の学事諮問会における府県答議――第二次教育令下の地方教育の実態――」（『日本教育史研究』第35号 2016）

主要業績：『子どもの側に立つ学校――生活教育に根ざした主体的・対話的で深い学びの実現――』（北大路書房 2017）

『野村芳兵衛の教育思想――往相・還相としての「生命信順」と「仲間作り」――』（春風社 2021）

『子どもたちの創造力を育む総合的な学習の時間』（大学教育出版 2021）

永井優美（ながい　ゆみ）（第3章）

1985年　石川県生まれ

2013年　東京学芸大学大学院連合学校教育学研究科（博士課程）修了

日本学術振興会特別研究員（DC）、同（PD）を経て

現職：東京成徳短期大学幼児教育科准教授、博士（教育学）東京学芸大学

主要業績：『近代日本保育者養成史の研究――キリスト教系保姆養成機関を中心に――』（風間書房 2016）

「甲賀ふじのアメリカ留学と幼稚園教育実践」（『日本の教育史学』第60集 2017）

「ランバス女学院附属幼稚園における自由保育の実践――高森富士の保育論に着目して――」（分担執筆、橋本美保・田中智志編著『大正新教育の実践――交響する自由へ』東信堂 2021）

橋本美保（はしもと　みほ）（編著者、まえがき・第1・10章・あとがき）

冨士原紀絵（ふじわら　きえ）（第2章）

1969年　宮城県生まれ

1999年　お茶の水女子大学大学院博士後期課程単位取得満期退学

現職：お茶の水女子大学基幹研究院人間科学系教授、修士（人文科学）お茶の水女子大学

主要業績：「カリキュラムの歴史的研究」日本カリキュラム学会編『現代カリキュラム研究の動向と展望』第Ⅲ部第2章（教育出版 2019）

「大正新教育と学習経済論――「能率の共同体」における自由――」（分担執筆、橋本美保・田中智志編著『大正新教育の実践――交響する自由へ』東信堂 2021）

「日本の教育における資質・能力の育成とその評価の史的変遷」（『教育目標・評価学会紀要』第33号 2023）

モデルを中心に――」（『教育学研究』第88巻第3号 2021）
「近代日本におけるゲマインシャフトシューレ情報の普及――教育雑誌記事の分析を中心として――」（『学校教育学研究論集』第46号 2022）

鈴木和正（すずき　かずまさ）（第9章）
1986年　兵庫県生まれ
2014年　広島大学大学院教育学研究科博士後期課程修了
現職：常葉大学教育学部教授、博士（教育学）広島大学
主要業績：『日本の教育史を学ぶ』（共著、東信堂 2019）
『資料とアクティブラーニングで学ぶ初等・幼児教育の原理』（共著、萌文書林 2022）
『教育学へのいざない』（東信堂 2023）

塚原健太（つかはら　けんた）（第13章）
1984年　東京都生まれ
2009年　洗足学園音楽大学大学院音楽研究科修士課程修了
2014年　日本学術振興会特別研究員（DC）
2022年　東京学芸大学大学院連合学校教育学研究科（博士課程）単位取得満期退学
現職：琉球大学教育学部准教授、修士（音楽研究科音楽）洗足学園音楽大学
主要業績：「大正新教育期におけるアメリカ音楽教育情報の受容――サティス・コールマンの「創造的音楽」を中心に――」（『アメリカ教育学会紀要』第25号 2014）
「北村久雄の「音楽生活の指導」の特質――カリキュラム論の視点からの検討を通して――」（『音楽教育学』第46巻第1号 2016）
「東京女子高等師範学校附属小学校における「作業科」の特質」（『日本の教育史学』第59集 2016）

冨澤美千子（とみざわ　みちこ）（第12章）
1966年　東京都生まれ
2013年　大阪大学大学院人間科学研究科教育人間学専攻博士前期課程修了
2014年　日本学術振興会特別研究員（DC）
2021年　奈良女子大学大学院人間文化総合科学研究科社会生活環境学専攻博士後期課程修了
現職：横浜美術大学美術学部教授、博士（文学）奈良女子大学

執筆者紹介（50音順）

足立　淳（あだち　あつし）（第5章）

1984年　愛知県生まれ

2012年　名古屋大学大学院教育発達科学研究科博士課程後期課程単位取得退学

現職：朝日大学教職課程センター准教授、博士（教育学）名古屋大学

主要業績：「成城小学校におけるドルトン・プランの本格的実践」（『カリキュラム研究』第23号 2014）

「赤井米吉の教育思想における西田哲学の影響――両者の「自覚」概念の同質性に着目して――」（『教育新世界』第65号 2017）

「成城小学校におけるカリキュラム改革の基本方針とその展開――大正新教育の到達点と限界性に関する史的再検討の一環として――」（『成城学園百年史紀要』第6号 2020）

遠座知恵（えんざ　ちえ）（第1・6章）

1976年　群馬県生まれ

2007年　筑波大学大学院人間総合科学研究科（博士課程）単位取得満期退学
　　　　日本学術振興会特別研究員（PD）を経て

現職：東京学芸大学教育学部准教授、博士（教育学）東京学芸大学

主要業績：『近代日本におけるプロジェクト・メソッドの受容』（風間書房 2013）

「北澤種一によるデモクラシー概念の受容――共通主義の基底としての興味――」（『教育学研究』第84巻第1号 2017）

「東京女子高等師範学校附属小学校における作業教育実践の展開――評価概念の導入によるカリキュラム改革の深化――」（『カリキュラム研究』第27号 2018）

香山太輝（こうやま　たいき）（第11章）

1995年　神奈川県生まれ

2023年　東京学芸大学大学院連合学校教育学研究科（博士課程）修了

現職：福井大学大学院連合教職開発研究科講師、博士（教育学）東京学芸大学

主要業績：「野口援太郎の修養論――教師における科学的態度の形成――」（分担執筆、橋本美保・田中智志編著『大正新教育の実践――交響する自由へ』東信堂 2021）

「教育の世紀社による池袋児童の村小学校の構想――設立理念の形成とその

編著者紹介

橋本美保（はしもと　みほ）

1963年　広島県生まれ

1990年　日本学術振興会特別研究員（DC）

広島大学大学院教育学研究科博士課程後期中途退学

東京学芸大学教育学部専任講師、助教授、准教授を経て

現職：東京学芸大学教育学部教授、博士（教育学）広島大学

著書：『明治初期におけるアメリカ教育情報受容の研究』（風間書房 1998）

『プロジェクト活動――知と生を結ぶ学び』（共著、東京大学出版会 2012）

『大正新教育の思想――生命の躍動』（共編著、東信堂 2015）

『教育から見る日本の社会と歴史』第２版（共著、八千代出版 2017）

『文献資料集成 大正新教育』（監修・解説、日本図書センター 2016〜2017）

『大正新教育の受容史』（編著、東信堂 2018）

『新しい時代の教育方法 改訂版』（共著、有斐閣 2019）

『教職用語辞典 改訂版』（共編著、一藝社 2019）

『大正新教育 学級・学校経営重要文献選』（共編著、不二出版 2019〜2020）

『大正新教育の実践――交響する自由へ』（共編著、東信堂 2021）

『教育の理念と歴史』（共編著、一藝社 2024）など

大正新教育の実際家

2024年10月10日　初版第１刷発行

編著者　橋　本　美　保

発行者　風　間　敬　子

発行所　株式会社　風　間　書　房

〒101-0051　東京都千代田区神田神保町 1-34
電話 03（3291）5729　FAX 03（3291）5757

印刷　太平印刷社　　製本　高地製本所

NDC分類：370

ISBN978-4-7599-2516-6　　Printed in Japan